쉬운성경주석

NT03

누가복음

쉬운
성경
주석
NT03

누가복음

황원하

생명의 양식
THE BREAD OF LIFE

『쉬운 성경 주석』 시리즈는 성경을 정확하고 깊이 있게 이해하기를 원하는 성도들을 위해서 기획되었습니다. 즉 주 독자층이 일반 성도입니다. 성경을 읽다가 잘 모르는 부분이 있으면 언제든지 찾아보실 수 있기를 바랍니다. 물론 목회자들과 신학생들도 참고할 수 있습니다.

편집장은 주석 시리즈의 특징과 목적을 다음과 같이 설정했고 저자들은 이에 부응했습니다.

첫째, 저자들은 성경이 하나님의 말씀이며 정확하고 오류가 없는 진리이며 신앙과 행위의 유일한 규범임을 믿는 가운데 주석을 집필했습니다. 저자들은 모두 전문 신학자들이면서 동시에 성경의 권위를 존중하는 목사들입니다. 그러므로 안심하고 주석을 읽으실 수 있습니다.

둘째, 학문적인 엄밀성을 지키되, 신학을 전공하지 않은 독자들이 읽기에 부담이 되지 않게 했습니다. 성경 주석은 결코 신학자나 목회자만의 전

유물이 아닙니다. 하나님의 말씀은 모든 사람에게 주어진 진리이며 생명의 양식입니다. 누구든지 이 주석을 읽으실 수 있습니다.

셋째, 설명이 이론이나 사상에서 그치지 않고 실생활에서 적용될 수 있게 했습니다. 즉 실천적인 방향성을 추구했습니다. 이는 말씀을 듣고 난 후에는 행해야 하기 때문입니다. 독자들은 주석을 읽으면서 성경을 이해할 수 있을 뿐 아니라 은혜와 감동을 얻으실 수 있습니다.

넷째, 본문의 의미를 선명히 알고자 하는 분들께 도움을 드리고자 노력했습니다. 독자들의 편의를 위하여 지나친 학문적 논의를 생략했으며, 각주와 참고문헌도 제시하지 않았습니다. 더 깊은 연구를 원하시는 분들은 전문 주석과 관련된 연구서를 보시기를 바랍니다.

『쉬운 성경 주석』 시리즈가 성경을 사랑하고 공부하는 성도들에게 큰 유익이 되기를 기대합니다. 주석을 읽으면서 진리의 오묘함과 적실함을 경험하기를 바랍니다. 최선을 다해서 집필해 주신 저자들께 감사드리며, 원고를 편집하여 탁월한 책으로 출간해 주신 총회교육원 이기룡 원장과 출판실장 김은덕 목사와 연구원들에게 감사드립니다. 『쉬운 성경 주석』을 읽으시는 모든 독자에게 우리 주님께서 은혜와 지혜를 풍성히 내려주시기를 기도합니다.

2025년 7월

편집장 황원하

누가복음은 복음서 중에서 가장 역사적이고 체계적이며, 동시에 포괄적인 교훈을 담고 있습니다. 누가는 그리스도인으로서 신실함과 역사가로서 철저함을 가지고 예수 그리스도의 생애와 사역을 기술했습니다. 그는 사건을 단지 나열한 것이 아니라, 일어난 일을 더욱 확실하게 전하기 위해 목격자들의 증언을 듣고 자료를 수집하며 선별한 후 정확하게 썼습니다.

저는 이 복음서를 연구하고 주석을 집필하면서 누가가 예수님과 복음에 대하여 느꼈던 감동과 교훈을 배우고자 노력했습니다. 또한, 그가 전하려던 복음적 열정에 공감하고자 애썼습니다. 그러면서도 냉철하게 본문을 탐구했습니다. 헬라어 원문을 분석하고 주후 1세기 지중해 연안의 문화와 풍습을 고려하면서 본문을 해석했습니다.

저는 누가복음의 구조와 문맥을 따라가면서 그 안에 담긴 신학적 의미와 실천적 적용을 모색하려고 노력했습니다. 이 복음서에는 많은 주제가 담겨 있습니다. 누가는 이 주제들을 체계적이고 생생하게 풀어냅니다. 저와 마찬가지로 독자들께서 누가가 지향하는 관점과 신학을 고려하면 누가의 에토스와 로고스를 배우고 공감함으로 그의 교훈을 잘 배울 수 있을 것입니다.

저는 오랫동안 성경을 연구했고 많은 주석을 집필했습니다. 또한, 다수의 목회자와 신학생에게 성경을 강의했으며, 목회 현장에서 성도들을 향해 설교했습니다. 이 주석에는 제가 그동안 쌓아 온 학문과 경험이 잘 스며들어 있습니다. 이 주석이 누가복음을 정확하게 이해하기를 원하시는 분들, 특히 신학을 공부하지 않은 일반 성도들에게 도움이 되기를 소망합니다.

『쉬운 성경 주석』 시리즈의 의도 상 각주와 참고문헌을 붙이지 않았으며, 복잡한 신학적 논의를 다루지 않았습니다. 누가복음을 전문적으로 연구할 분들은 그에 맞는 책과 논문을 읽으시길 바랍니다. 이 주석을 읽으시는 분들이 말씀 속에 담긴 하나님의 위로와 확신, 회복과 도전, 기쁨과 은혜를 누리게 되기를 기도합니다. 우리에게 생명의 양식을 내려주신 하나님께 감사드립니다.

2025년 7월

저자 황원하

목차

들어가며

누가복음 주석

1. 저자

누가복음의 저자는 '누가'('루카스', Luke)이다. 이렇게 보는 이유는 분명하다. 누가복음과 사도행전은 동일 인물의 작품이다. 누가복음과 사도행전의 서두(눅 1:1-4; 행 1:1-5)에 드러났듯이, 두 책의 기록 목적이 같으며, 두 책 모두 '데오빌로'에 보냈고(눅 1:3; 행 1:1), 누가복음의 마지막 부분(눅 24:36-53)과 사도행전의 첫 부분(행 1:1-14)이 연결된다. 따라서 누가복음을 쓴 사람이 사도행전을 썼다고 보는 것에는 전혀 무리가 없다. 그렇다면 사도행전의 저자는 누구인가? 사도행전에는 독특한 본문이 있는데, 네 개의 '우리' 단락('we-sections': 16:10-17; 20:5-15; 21:1-18; 27:1-28:16)이다. '우리' 단락은 사도행전의 저자가 바울과 동행하면서 바울의 사역을 목격했다는 점을 시사한다. 그러면 바울과 가장 오랫동안 동행한 사람은 누구일까? '누가'이다. 그는 초기 기독교 사회에서 일어난 일들을 잘 알고 있었다. 신약성경에서 누가는 사도행전에 자주 나올 뿐 아니라(예. 16:10-17; 20:5-15; 21:1-18; 27:1-28:16), 골로새서 4:14, 빌레몬서 1:24, 디모데후서 4:11 등에도 나온다. 더욱이 보드머 파피루스[P75], 무라토리 정경, 이레니우스, 터툴리아누스, 알렉산드리아의 클레멘트, 오리게네스, 제롬 등 고대 문헌들과 교부들도 누가복음의 저자를 '누가'라고 증언한다. '누가'라는 이름은 로마식이지만, 그 이름을 가지고 그가 유대인인지 이방인인지를 판가름하기란 어려운데, 이는 당시 많은 유대인이 유대식 이름과 더불어 헬라-로마식 이름을 함께 가지고 있었기 때문이다. 고대 문서 '반마르시온주의 서문'(Anti-Marcionite Prologue)은 누가를 의사이며 안디옥 출신의 시리아 사람이라고 소개한다. 고대 교회사가 유세비우스(Eusebius) 역시 누가에 대해서 안디옥 사람이며, 의사이고, 바울의 동역자라고 증언한다(Ecclesiastical History 3.4.6).

2. 독자

누가복음의 독자는 '데오빌로'이다. 이 사실은 1:3에 명확히 기록되어 있다. '데오빌로'는 '하나님의 친구'(friend of God)라는 뜻이다. 그는 실존 인물로 보인다. 하지만 그가 누구인지는 알려지지 않았다. 그의 이름에는 '각하'(크라티스토스)라는 칭호가 붙어 있는데, 이것은 정치적인 힘을 가지고 있는 사람을 가리키거나, 아니면 어떤 사람을 공손하게 부를 때 사용되었다. 이 칭호는 벨릭스(참고. 행 23:23-26)와 베스도(참고. 행 26:25)에게도 붙였다. 데오빌로는 사도행전의 수신자이기도 하다(참고. 행 1:1). 따라서 누가복음은 전편이고, 사도행전이 후편이라고 할 수 있다. 그러나 데오빌로가 비록 수신자일지라도 이 복음서가 데오빌로 개인만을 위한 것은 아니다. 이 책은 모든 세대의 모든 사람이 읽도록 의도되었다.

3. 기록 시기와 장소

누가복음의 기록 시기는 알려지지 않았다. 하지만 누가복음이 사도행전보다 앞서 기록된 것은 분명하다. 학자들은 사도행전의 기록 시기를 주후 57-59년부터 주후 135년까지 다양하게 제시한다. 필시 사도행전의 기록 시기는 주후 60년 중반에서 70년 중반 사이일 것이다. 이는 바울이 주후 60년 중반에 순교했는데, 사도행전에 그의 죽음 이야기가 기록되어 있지 않기 때문이다. 누가가 바울의 죽음과 같은 중대 사건을 기록하지 않은 것은 그가 아직 바울의 죽음을 목격하지 않았기 때문일 것이다. 그렇다고 해서 사도행전이 바울의 생애 전체를 기록한 책은 아니기에 시기를 늦추어서 주후 70년 중반으로 볼 가능성은 남아 있다. 그러므로 누가복음의 기록 시기를 주후 60년 초중반 정도로 보는 것이 무난하다. 누가복음의 기록 장소는 알려지지 않았다. 하지만 기록 시기를 위와 같이 본다면 로마일 가능성이 크다.

4. 기록 목적

누가는 1:4에서 데오빌로를 향하여 "이는 각하가 알고 있는 바를 더 확실하게 하려 함이로라"고 기술한다. 데오빌로는 기독교에 대해서 어느 정도 알고 있었으나 자세히 몰랐다. 따라서 누가는 데오빌로가 어렴풋이 알고 있는 사실을 더욱 확실하게 알게 해 주려고 이 복음서를 기록했다. 말로 전한 것은 듣는 것보다 글로 기록된 것을 읽는 것이 효과적이기 때문이다. 실상, 이런 원리는 모든 세대의 모든 사람에게 똑같이 적용된다. 그러므로 우리는 누가복음을 통해서 당시에 일어난 사실을 정확하게 그리고 더 확실하게 알 수 있다. 이런 면에서 누가복음은 역사 기록의 성격을 가진다. 하지만 이 복음서는 우리에게 역사 기록 이상의 의미를 제공한다. 그것은 예수 그리스도에 관한 정확하면서도 포괄적인 지식과 교훈이다.

5. 주요 주제

1) 하나님 나라

누가복음에는 하나님 나라가 매우 강조되어 있다. 이는 하나님 나라에 관한 언급이 네 복음서 중에서 누가복음에 가장 많다는 점에서도 드러난다(약 40회). 예수님은 '야곱의 집', 곧 하나님 나라를 왕으로 다스리실 분으로 예고되며(1:33), 공적 사역을 시작하신 후에는 자신이 하나님 나라를 전파하기 위해서 오셨다고 밝히시고(4:43), 실제로 각 성과 마을에 두루 다니시며 하나님 나라를 선포하신다(8:1). 또한, 제자들에게 하나님 나라를 전파하라고 하시며(9:2), 자신이 행한 이적을 하나님 나라가 임한 표식이라고 설명하신다(11:20). 제자들은 하나님 나라가 임하기를 기도해야 하며(11:2), 하나님 나라 잔치에 참여하기를 사모해야 한다(13:29).

2) 구원과 선교

구원과 선교는 누가복음의 중요한 주제이다. 이 복음서에는 다른 복음서들보다 구원에 관한 언어, 즉 '구원'(사테리아), '구주'(사테르), '구원하다'(소조)라는 단어가 많이 나온다. 누가복음에서 예수님의 계보는 마태복음에 있는 계보와 달리 아담(심지어 하나님)에게로 올라가면서 예수님이 모든 인류의 구원자로 오셨음을 말한다(3장). 그리고 누가복음은 이방인과 사마리아인과 여인과 가난한 자와 유대인 가운데 죄인으로 취급받는 사람 등이 구원의 대상임을 밝힌다(3:4-6; 4:16-30; 7:1-10; 13:23-35; 14:16-24; 17:12-19). 예수님은 사마리아 성으로 가시고(9:51-56), 사마리아인을 주인공으로 등장시켜 비유를 말씀하신다(10:25-37). 또한, 하나님께서 잃어버린 죄인들을 애타게 찾으신다는 메시지를 전하신다(15장). 예수님은 가난한 사람들에게 복음을 전하신다(4:16-30). 그리고 제자들에게 복음을 전하라고 명령하신다(9:1-6; 10:1-24).

3) 성령

네 복음서 중에서 누가복음에 성령의 역할이 가장 두드러진다. 특히 누가복음의 후편이라 할 수 있는 사도행전에는 더욱 성령이 강조된다. 누가복음 1장에 세례 요한과 예수님의 출생이 예고되어 있는데, 천사는 세례 요한의 아버지 사가랴를 향해서 세례 요한이 "모태로부터 성령의 충만함을" 받는다고 말하고(1:15), 예수님의 어머니 마리아에 대해서는 "성령이 네게 임하시고 지극히 높으신 이의 능력이 너를 덮으시리니"라고 계시한다(1:35). 예수님은 성령으로 충만하셨으며 성령의 능력과 인도를 받으셨다. 제자들은 성령의 능력으로 복음을 전할 수 있으며, 성령으로 말미암아 눈이 밝아져서 말씀을 깨닫게 될 수 있다. 예수님은 누가복음의 마지막 부분에서 "볼지어다 내가 내 아버지께서 약속하신 것을 너희에게 보내리니 너희는 위로부터 능력으로 입혀질 때까지 이 성에 머물라"고 말씀하신다(24:49).

4) 예수 그리스도

네 복음서는 모두 예수 그리스도를 말한다. 사실 성경 전체가 예수 그리스도에 관한 진술이라고 해도 과언이 아니다(참고. 요 5:39). 누가복음(과 마태복음)은 예수님의 탄생 이야기로 시작되는데, 예수님은 "야곱의 집을 왕으로 다스리실 것"으로 예고된다(1:33). 여기서 "야곱"은 이스라엘 열두 지파의 조상이다. 따라서 "야곱의 집"은 이스라엘 전체, 곧 온 교회를 의미한다. 누가복음에서 예수님은 매우 다양한 칭호를 가진다. 예수님은 윤리적 선생(6:20-48), 선지자(4:21-30), 그리스도(9:18-20), 사람의 아들(5:17-26; 9:21-27), 주님(20:41-44) 등으로 묘사된다. 예수님은 사역과 행적을 통하여 자신에게 부여된 이런 칭호들이 사실임을 입증하신다. 진정 그분은 잃어버린 자들을 찾아 구원하러 오셨다(19:10).

5) 기도

누가복음은 예수님의 기도에 대해서 많은 보도를 한다. 그리고 이는 제자가 된 우리가 기도해야 한다는 사실을 시사한다. 누가복음에 기록된 예수님의 기도는 다음과 같다. 세례받으신 후 기도하실 때 성령이 강림하심(3:21-22), 한적한 곳에서 기도하심(5:16), 열두 제자를 선택하시기 전에 산에서 밤새워 기도하심(6:12), 베드로가 신앙을 고백하기 전에 따로 기도하심(9:18), 산에서 기도할 때 용모가 변화하심(9:28-29), 주기도문을 가르치시기 전에 기도하심(11:1), 베드로를 위해서 기도하심(22:31-32). 잡히시기 전에 감람산에서 간절히 기도하심(22:39-46). 십자가 위에서 용서의 기도를 하심(23:34). 하나님을 향해 최후 기도를 하심(23:46) 등.

6) 찬송

누가복음은 찬송의 복음서다. 누가복음은 찬송으로 시작된다. 세례 요한과 예수님의 수태 이야기에 찬송이 있다(1-2장). 그것은 '마리아의 노래'(1:46-56), '사가랴의 노래'(1:68-79), 그리고 '시므온의 노래'(2:29-32)다. 예수님은 "우는 자는 복이 있나니 너희가 웃을 것임이요"라고 하시며(6:21), "죄인 한 사람이 회개하면 하나님의 사자들 앞에 기쁨이 되느니라"고 하신다(15:10). 누가복음은 찬송으로 시작할 뿐 아니라 찬송으로 끝맺는다. 24:52-53에서 제자들은 예수님께 경배하고 큰 기쁨으로 예루살렘에 돌아간다. 그리고 성전에서 하나님을 찬송한다. 찬송은 구원에 대한 성도의 반응인 동시에 구원받은 성도의 의무이다.

7) 제자도

예수님은 제자들을 부르시고 훈련하시며 파송하신다(6:13-16; 9-10장). 이는 제자들을 통하여 예수님의 사역이 계승되기 때문이다. 제자들은 복음을 듣고 믿어야 하고, 성령의 능력과 인도를 구해야 한다. 성령은 복음(말씀)을 사용하셔서 구원을 베푸시며, 우리가 사명을 감당할 수 있게 하시고, 윤리적 삶을 능히 살 수 있게 하신다. 제자들이 추구해야 할 것은 사랑과 순종(6:20-49), 기도(11:1-13; 18:1-14), 인내(8:13-15; 9:23; 18:8; 21:19), 탐욕을 버림(8:14; 12:13-21; 16:1-15, 19-31; 18:18-25) 등이다. 이를 통해서 제자들은 예수님을 닮아갈 뿐 아니라, 다른 사람들에게 영향을 미쳐서 예수님 공동체(교회)를 확장할 수 있게 한다.

1장

누가복음 1:1-4는 이 복음서의 '서두'이다. 고대의 공식적인 글은 이러한 서두로 시작되었는데, 서두는 글 전체를 이해하는 데 매우 중요한 역할을 했다. 일반적으로 저자는 서두에서 자신이 글을 쓰는 목적과 방식을 밝혔다. 이어지는 1:5-2:52는 '유아기 내러티브'이다. 여기에는 예수 그리스도의 탄생과 유아 시절의 이야기가 기록되어 있다. 누가는 복음서를 시작하면서 두 특별한 사람의 출생을 언급하는데, 세례 요한과 예수 그리스도이다. 그들은 초자연적으로 출생했다. 한 사람은 나이가 많은 여인에게서, 그리고 다른 한 사람은 동정녀에게서 태어났다.

LUKE

1:1-4 서두

1:1-4는 누가복음의 '서두'이다. 누가는 이 단락을 통하여 자신이 복음서를 쓴 방법과 목적을 밝힌다. 여기서 그는 자료를 수집하고 배열하여 자기 의도와 목적에 따라 복음서를 썼음을 드러낸다. 이를 통하여 그는 자신의 글을 독자들이 신뢰할 수 있으리라고 설득한다.

1절: 누가는 "우리 중에 이루어진 사실에 대하여"라는 문구로 복음서를 시작한다. 그는 이 문구를 통하여 그의 복음서가 실제로 일어난 일이라는 점을 강조한다. 즉 예수 그리스도께서 구약의 예언을 이루시고 구속을 성취하신 일("우리 중에 이루어진")이 역사적인 "사실"이라고 주장한다. 우리는 이것을 '복음'(Good News, 복된 소식)이라고 부른다.

2절: "목격자와 말씀의 일꾼 된 자들"은 사도들과 교사들을 가리킨다. 사도들과 교사들은 "목격자들"이었고 또한 "말씀의 일꾼들"이었다. 그들은 예수 그리스도를 목격한 후 그분에 관한 이야기를 저술하고 전파했다. 그들 가운데 어떤 사람들(주로 사도들)은 성경을 기록했으나, 어떤 사람들(사도들 외의 사람들)은 그렇지 못했다. "전하여 준 그대로"라는 말은 '구전'(oral tradition)을 가리킨다. 당시에 구두로 전해진 이야기들이 있었다. 그것들 가운데 어떤 것은 분량이 많았을 것이고, 어떤 것은 쪽지에 간략하게 기록된 형태였을 것이다. 당시에 이러한 전승들을 글로 쓰려고 한 사람들이 많았다. 그러나 "많은"(many)이 몇 명을 가리키는지는 알 수 없다. 아마도 어떤 사람들은 사실적으로 글을 썼을 것이지만, 어떤 사람들은 허구적으로 기록했을 것이다. 따라서 누가는 사실을 파악하고 분별하기 위해서 노력했을 것이다.

3절: 누가는 예수 그리스도의 생애를 직접 목격한 사람들로부터 많은 이야기를 들었다. 그는 당시에 존재하던 구두로 전해진 말과 기록된 문서로 전해진 자료들을 수집했다. 그런 후 자료들을 자세히 검토하고 면밀히 살펴서 그의 복음서를 기록했다. 이러한 의사 표현은 자신의 글이 권위와 신빙성을 갖추었음을 입증한다. 따라서 우리는 누가의 글을 통해서 예수 그리스도의 복음에 관하여 정확히 알 수 있다. 누가는 이 복음서를 "데오빌로 각하"에게 보낸다고 하는데, 데오빌로는 이 복음서의 수신자이다(참고. '서론'). 누가는 "차례대로" 글을 썼다고 진술한다. "차례대로"에 해당하는 헬라어 '카텍세스'('orderly')는 연대기적, 장소적, 논리적, 수사학적 순서를 의미한다. 일반적으로 누가는 시간적 순서대로 글을 썼지만, 때로 자신의 의도에 따라 논리적이거나 수사학적으로 자료를 배열하여 쓰기도 했다.

4절: 누가는 이 복음서를 기록한 목적을 밝힌다(참고. '서론'). 그것은 데오빌로가 알고 있는 것을 더 확실하게 하려 함이다. 따라서 이 복음서를 읽는다면 예수 그리스도와 그분이 하신 일에 대해서 확실하고 체계적으로 알 수 있다.

특주 • 공관복음 문제(the Synoptic Problem)

'공관복음 문제'란 공관복음, 즉 마태복음과 마가복음과 누가복음이 형성된 과정을 탐구하는 학문 분야이다. 신약학자들은 세 복음서의 유사성과 차이점을 비교 분석하면서 어느 복음서가 먼저 기록되었으며, 누가 누구의 글을 참고했는지, 그리고 복음서 저자들이 성경 외의 다른 자료들을 다루었는지를 연구했다. 고대 교부들은 마태복음이 먼저 기록되었고(예. 알렉산드리아의 클레멘트, 오리겐, 터툴리안), 이를 참고하여(혹은 별도로) 마가복음과 누가복음이 기록되었다고 진술했다. 그러나 19세기 이후 학자들은 마가복음이 먼저 기록되었고, 마가복음과 다른 자료들(소위 Q, M, L 자료 등)을 참고하여 마태복음과 누가복음이 기록되었다고 주장했다. 이를 '마가 우선설'이라고 부른다. 그러나 학자들의 이론은 여전히 입증할 수 없는 '가설'이다. 우리는 복음서의 정확한 저술 과정을 모른다. 다만, 어떤 경로를 통해서인지 모르겠으나 하나님의 오묘한 섭리로 '네 권의 복음서'가 우리에게 주어졌다고 믿는다. 특별히, 복음서가 네 권으로 존재하기에 예수님과 당시 상황을 생생하고 입체적으로 살펴볼 수 있게 되었다.

1:5-10 사가랴와 엘리사벳

1:5-2:52는 '유아기 내러티브'(the infancy narrative)이다. 여기서 누가는 세례 요한과 예수님의 유아기 기사를 병행적으로 연결해서 서술한다. 누가는 세례 요한의 출생과 예수님의 출생을 번갈아 가며 묘사하면서 세례 요한이 '예수 그리스도의 길을 준비하는 자'임을 밝힌다(참고. 3:4). 즉 세례 요한은 주인공을 소개하는 사회자이고, 예수 그리스도는 사회자에 의해서 소개되는 주인공이다. 세례 요한을 통해서 예수 그리스도가 세상에 소개된다.

5절: 누가는 "유대 왕 헤롯 때에"로 이야기를 시작한다. 이는 헤롯 대왕(Herod the Great)을 가리킨다. 그는 주전 37년부터 주전 4년까지 유대 왕으로 재임했다. 복음서에 헤롯이라는 이름이 많이 나오는데, 당시에 헤롯 대왕이 있었고, 그의 사후 아들들인 헤롯 왕들(분봉왕, 영토의 1/4을 다스리는 왕)이 있었다. 따라서 '헤롯들'을 구분해야 한다. 아비야 반열의 제사장 사가랴와 그의 아내 아론의 자손 엘리사벳은 둘 다 레위 지파에 소속해 있었다. 당시 레위 지파 사람들끼리는 결혼하지 않았다. 일반적으로 그들은 다른 지파에 속한 이들과 결혼했다. 다만, 대제사장은 자기 지파 사람과 결혼해야 했다(참고. 레 21:14). 따라서 누가가 이를 언급한 것은 엘리사벳의 혈통이 고귀하다는 점을 알려주기 위해서이다. 구약 시대에 제사장들은 24 반열로 조직되어 있었는데, 아비야는 8번째 반열에 속했다(참고. 대상 24:4-19; 느 12:17).

6절: 사가랴와 엘리사벳은 하나님 앞에서 의인이었다. 그들은 하나님의 모든 계명과 규례대로 흠이 없이 행했다. 의인은 말씀을 온전히 행하는 사람이다. 물론 이 말은 율법을 완벽하게 지키는 사람이라는 뜻이 아니다. 사람으로서 그렇게 하는 것은 불가능하다(참고. 롬 3:10). 따라서 이 말은 그들이 최선을 다해서 율법을 지켰다는 뜻이다.

7절: 당시 사람들은 하나님이 잉태를 결정하시는데, 자식을 낳는 것이 복을 받은 증거이고, 그렇지 못한 것이 벌을 받은 결과라고 생각했다. 그러나 앞에서 언급했듯이, 사가랴와 엘리사벳은 의인이었고 흠이 없었다. 따라서 그들에게 자녀가 없던 것은 벌과 아무런 상관이 없었다.

8-9절: "제비를 뽑아"라는 말은 하나님의 섭리를 암시한다. 당시 제사장은 18,000명이나 되었다. 따라서 제사장은 평생 한 번 정도 성전에서 분향할 수 있었다. "제사장의 전례를 따라 제비를 뽑아"라는 말은 당시에 제사장들이 매우 많았고, 그들이 제비를 뽑아서 제사 업무를 행하던 관례에서 비롯되었다. 제사장이 다 성전에 들어갈 수는 없었기에 제비를 뽑아 일부만 들어간 것이다. 따라서 지금 사가랴는 큰 은총을 입은 상황이다. 제사장은 아침과 저녁에 성소에서 분향했다. 그러나 현재 분향이 아침인지 저녁

인지는 분명하지 않다.

10절: 직무에 참여하지 않은 제사장들과 백성들은 제사장이 성소에 들어가서 분향하는 시간에 성소 밖에서 기도했다. 성소 안에서 향을 피우는 것과 밖에서 무리가 기도하고 있는 장면은 교훈을 준다. 우리가 기도할 때 하나님이 일하신다는 메시지가 드러난다.

1:11-20 가브리엘이 세례 요한의 출생을 예고함

천사 가브리엘이 사가랴에게 나타나서 세례 요한의 출생을 예고한다. 따라서 세례 요한의 출생은 평범한 것이 아니다. 그는 매우 특별한 사람으로 간주된다.

11절: "주의 사자"가 사가랴에게 나타나 향단 "우편"에 선다. "주의 사자"는 '천사'를 가리키고(참고. 13절), "우편"은 '은혜의 자리'를 상징한다(참고. 행 7:55). 천사는 하나님의 보내심을 받아서 사가랴에게 나타나는데, 세례 요한의 출생을 예고할 것이다.

12절: 사가랴는 천사를 보고 놀라며 무서워한다. 이것은 고대에 사람이 천사를 만났을 때 보인 전형적인 반응이다(참고. 12:5; 출 15:16; 삿 13:20; 단 8:16-17, 10:7-8). 물론 하나님은 우리를 놀라게 하시거나 무섭게 하시려는 의도를 가지고 계시지 않는다. 단지 하나님의 거룩하심과 인간의 연약함 사이에 존재하는 커다란 간격 때문에 이런 놀라움과 두려움이 생긴다.

13절: "너의 간구함이 들린지라"는 어구는 사가랴가 오랫동안 기도했음을 암시한다. 그는 자식을 낳게 해 달라고 하나님께 오랫동안 간구했다.

14절: 사가라는 자식을 얻었기에 기뻐할 것이고, 많은 사람은 세례 요한의 출생이 메시아의 길을 예비하여 하나님의 구속 사역에 크게 이바지할 것이기에 기뻐할 것이다. 이어지는 15-17절에서 천사는 세례 요한이 어떤 사람인지를 소개한다. 이는 세례 요한의 출생이 왜 기쁨이 되는지를 알려준다.

15절: "주 앞에 큰 자"라는 말은 세례 요한이 주님의 일에 큰 공헌을 할 것이라는 뜻이다. 7:28에서 예수님은 세례 요한에 관하여 "여자가 낳은 자 중에 요한보다 큰 자가 없도다"라고 하신다. 세례 요한이 "주 앞에서" 활동한다는 표현은 말라기 3:1에서 가져온 것이다. 세례 요한은 포도주나 독한 술을 마시지 않을 것이다. 이는 나실인 서약과 연관되거나(참고. 민 6:2-5; 삿 13:4-5), 레위인들이 성막에 들어가서 하나님을 섬길 때 포도주나 독주를 마시지 말아야 한다는 명령과 연관된다(참고. 레 10:9). 여기서는 후자로 보인다. 특별히 이는 그가 하나님을 섬기는 사람이 될 것임을 시사한다. 천사는 이어서 세례 요한이 "모태로부터 성령의 충만함을" 받는다고 말한다. 이는 하나님이 그를 특별히 택하셔서 능력을 주셨음을 암시한다.

16절: 천사는 세례 요한의 사역을 간략하게 언급한다. 세례 요한은 이스라엘 자손을 하나님께로 많이 돌아오게 할 것이다. 그는 예수 그리스도를 소개함으로 이 일을 이룰 것이다.

17절: 천사는 이어서 세례 요한의 사역을 더욱 구체적으로 설명한다. "엘리야의 심령과 능력으로"라는 말은 세례 요한이 엘리야와 같은 열정과 능력을 지니고 있다는 뜻이다. 훗날 사람들은 그를 엘리야와 연관시킨다(참고. 9:8-9, 19). "주 앞에 먼저 와서"라는 문구는 세례 요한이 예수 그리스도보다 먼저 온다는 사실을 반영한다. "아버지의 마음을 자식에게, 거스르는 자를 의인의 슬기에 돌아오게 하고"라는 말은 그가 사람들을 회심하게 하는 일을 한다는 뜻이다. 그리고 "주를 위하여 세운 백성을 준비하리라"는 말은 그가 예수님 앞에 와서 백성들을 준비시킨다는 사실을 시사한다(참고. 3:4; 사 40:3-5; 말 3:1; 4:5-6).

18절: 사가랴는 천사에게 세례 요한의 출생을 믿을 수 있도록 징표(표적)를 줄 것을 요구한다. 이는 그와 그의 아내가 자식을 낳기에 너무 늙었기 때문이다. 하지만 이러한 태도는 불신앙적이고 바람직하지 않다. 하나님은 못 하시는 일이 없다.

19절: 사가랴의 표적 요구에 대하여 천사가 대답한다. 그는 자신의 이름을 '가브리엘'이라고 밝힌다. 성경에 나오는 두 중요한 천사의 이름은 '가브리엘'(참고. 단 8:16; 9:21)과 '미가엘'(참고. 단 10:13, 21; 유 9; 계 12:7)이다. 가브리엘은 자신이 "좋은 소식"(복음)을 전해주기 위해서 보내심을 받았다고 말한다. 성경에서 "좋은 소식"(복음)은 예수 그리스도에 관한 것이다. 세례 요한은 예수 그리스도를 전파하는 자임으로 그의 출생 역시 복음의 한 부분이 된다.

20절: 천사는 세례 요한이 태어날 때까지 사가랴가 말하지 못할 것이라고 한다. 이는 사가랴의 믿음이 부족하기 때문이다. 그는 천사가 전해주는 메시지를 의심했다. 말하지 못하는 것은 표적이자(참고. 겔 3:26; 24:27), 심판이다(참고. 마카비하 3:29). 따라서 사가랴는 뭔가 신비한 표적을 구했으나, 자신이 말하지 못하는 표적을 응답받고 말았다(참고. 22절).

1:21-25 엘리사벳이 임신함

이 단락에는 천사의 예언대로 엘리사벳이 세례 요한을 잉태했다는 사실이 담겨 있다. 엘리사벳이 임신함에 따라 사가랴에게 징조가 나타난다.

21절: 제사장은 분향을 마치면 성소에서 나와 민수기 6:23-26에 따라 백성들을 축복하는 절차를 가졌다. 따라서 지금 백성들은 제사장의 축복을 받기 위해서 기다리고 있다. 제사장이 분향하는 시간이 일정하기에 백성들은 그가 나올 시간이 되었다고 생각한다. 하지만 시간이 지나도 그가 나오지 않자, 이상하게 여긴다.

22절: 사가랴는 밖으로 나왔으나 말을 할 수 없었다. 그러자 백성들은 그가 성전 안에서 환상을 보았다고 생각한다. 아마도 그의 얼굴이 많이 놀라고 두려워한 모습이었을 것이다. 사가랴는 말하지 못한 채 몸짓으로 뜻을 표시한다.

23절: 당시 제사장이 성전에서 직무를 수행하는 날은 한 주간이었다(참고. 1:8). 제사장은 직무를 수행하는 동안 성소에 딸린 방에서 기거했다. 이제 그는 한 주간의 일과를 마치고 집으로 돌아간다. 1:39를 참고할 때 그의 집은 예루살렘 남쪽 유대의 산지에 있었다.

24절: 사가랴의 아내 엘리사벳이 잉태하는데, 그녀는 다섯 달 동안 숨어서 지낸다. 왜 그녀가 다섯 달 동안 숨어 있었는지 본문에는 그 이유가 나오지 않는다. 아마도 임신한 것이 표가 났기 때문일 것이다.

25절: 엘리사벳은 여인으로서 임신할 수 없었기에 부끄러웠는데, 이제 하나님이 그러한 부끄러움을 없애시려고 임신하게 되었다고 고백한다. 이러한 고백은 당시 문화를 반영한다. 창세기 30:23에서 라헬은 임신하여 아들을 낳고 "하나님이 내 부끄러움을 씻으셨다"라고 말했다.

1:26-38 가브리엘이 예수 그리스도의 탄생을 예고함

1:5-20에서 천사 가브리엘은 세례 요한의 출생을 예고했는데, 이제 1:26-38에서는 예수 그리스도의 탄생을 예고한다. 가브리엘이 사가랴에게 계시를 주어서 엘리사벳이 세례 요한을 잉태하고, 1:21-25에서 세례 요한이 태어나는데, 가브리엘이 마리아에게 계시를 주어서 그녀가 예수 그리스도를 잉태하고, 2:1-7에서 예수 그리스도가 태어나신다.

26절: 누가는 "여섯째 달에"라는 문구로 단락을 시작한다. 이것은 엘리사벳이 세례 요한을 임신한 지 여섯째 달이 되었다는 뜻이다(참고. 24, 36절). 그래서 세례 요한의 출생과 예수님의 탄생에는 6개월의 차이가 있다. 천사 가브리엘은 하나님의 보내심을 받아서 "갈릴리 나사렛이란 동네"(ESV: "a city of Galilee named Nazareth")에 간다(참고. 마 2:23). 당시에 나사렛이 알려지지 않은 지역이었고, 누가복음의 수신자가 주로 이방인이었으므로 누가는 나사렛이 어디에 있는지를 설명하기 위해서 이렇게 표현한다.

27절: 누가는 마리아의 관점에서 기사를 작성했다. "다윗의 자손 요셉이라 하는 사람"이라는 표현은 마리아의 약혼자 "요셉"을 설명하기 위한 것이다. 마태복음에서는 천사가 요셉에게 말하지만, 누가복음에서는 마리아에게 말한다. 따라서 두 복음서 사이에는 관점과 강조점의 차이가 있다. 당시에는 약혼하면 법적으로 부부가 되며, 헤어지면 이혼이 되었다. 즉 그들은 동거하지 않는 부부인 셈이다. 누가는 "그 처녀의 이름은 마리아라"고 말한다. 즉 마리아가 "처녀"('파르데논', 동정녀)임을 분명히 밝힌다(참고. 마 1:23). 마리아가 처녀(동정녀)라는 사실은 예수님의 정체성과 관련하여 대단히 중요하다. 예수님은 동정녀를 통해 탄생하심으로써 완전한 인간이시면서도 죄가 없으셨다.

28-29절: 가브리엘이 마리아에게 가서 인사한다. 그러자 마리아는 천사를 보았으므로 놀란 데다가 천사가 자신에게 인사를 건네니 더욱 놀란다.

30절: 가브리엘은 마리아를 향해 "무서워하지 말라"고 하는데, 이는 마리아가 그를 본 후 사가랴처럼 무서워했기 때문이다(참고. 12-13절). "네가 하나님께 은혜를 입었느니라"는 말은 마리아의 지위에 대한 언급이다. 마리아는 하나님께 은혜를 입은 자이다. 즉 그녀는 하나님의 은혜를 나누어 주는 자가 아니다. 그녀가 받은 은혜는 메시아를 출산하는 것인데, 이것은 인간이 받은 가장 큰 은혜이다. 로마 천주교는 마리아를 지나치게 높인다. 그들은 마리아를 은혜의 원천, 곧 중보자의 자리에 둔다. 그래서 천주교회에 가면 마리아의 상이 세워져 있고 그 앞에 '마리아여 우리의 연약함을 도우소서'라는 문구가 적혀 있다. 반면에 개신교는 마리아의 존재를 그리 중요하게 여기지 않는 경향이 있다. 그러나 우리가 마리아를 인간 이상으로 높일(숭배할) 필요는 없지만, 그렇다고 해서 존중하지 않는 것도 바람직하지 않다.

31절: 31-33절에서 가브리엘은 마리아가 낳을 아들에 관하여 말한다. "보라 네가 잉태하여 아들을 낳으리니 그 이름을 예수라 하라"는 말은 이사야 7:14에 담긴 예언의 성취이다. "예수"는 '하나님이 우리를 구원하신다'라는 뜻으로 예수님의 사역을 알려준다(참고. 마 1:21). 그리고 "임마누엘"은 '하나님이 우리와 함께하신다'라는 뜻으로 예수님의 속성을 보여준다.

32-33절: 마리아는 이제 곧 태어날 아이의 위대함을 구약의 방식으로 듣는다. 예수님에 대하여 "큰 자"라고 한 것은 15절에서 세례 요한에 대하여 "주 앞에 큰 자"라고 표현된 것과 대조된다. 즉 예수님은 세례 요한과 비교할 수 없을 만큼 위대하시다. 예수님은 메시아로서 인류를 구원하는 일을 하실 것이다. "지극히 높으신 이의 아들이라 일컬어질 것이요"에서 "지극히 높으신 이"는 하나님을 가리킨다(참고. 창 14:18; 민 24:16). 이 문구 역시 세례 요한에 대한 소개와 대조를 이룬다. 예수님은 "지극히 높으신 이의 아들"이지만, 세례 요한은 "지극히 높으신 이의 선지자"이다(참고. 1:76). "그 조상 다윗의 왕위를 그에게 주시리니"라는 언급은 예수님이 사무엘하 7:12-16에 언급된 다윗 언약을 실현하실 분임을 보여준다. 예수님은 다윗의 후손으로서 다윗의 왕위를 이어받으실 것이다. 복음서에서 예수님은 종종 '다윗의 후손'으로 불리는데, '다윗의 후손'은 메시아적 칭호였다. "야곱의 집을 왕으로 다스리실 것이며"에서 "야곱"은 이스라엘 열두 지파의 조상이다. 따라서 "야곱의 집"은 이스라엘 전체, 곧 온 교회를 의미한다. 그러므로 32-33절은 예수 그리스도가 구약에 약속된 메시아로서 하나님 나라를 성취하실 분임을 의미한다.

34절: 34-38절은 마리아의 질문과 가브리엘의 답변으로 구성되어 있다. 마리아가 가브리엘에게 질문한다. "나는 남자를 알지 못하니 어찌 이 일이 있으리이까?" 이는 자신이 남자와 동침한 적이 없는 처녀라는 뜻이다. 마리아가 보기에 이 일은 불가능했다. 그녀는 앞으로 일어날 일들을 생각하면서 심경이 복잡해졌다.

35절: 마리아의 질문에 가브리엘이 답변한다. “성령이 네게 임하시고 지극히 높으신 이의 능력이 너를 덮으시리니”라는 말은 성령께서 마리아에게 임하시고 하나님께서 마리아에게 역사하실 것이라는 뜻이다. 성령은 특별한 능력의 원천이시다. “능력이 너를 덮으시리니”라는 표현은 하나님의 역사가 그녀에게 강력하게 임할 것임을 보여준다. 그리하여 마리아는 남자와 동침하지 않고도 아이를 잉태하게 될 것이다. “이러므로 나실 바 거룩한 이는 하나님의 아들이라 일컬어지리라”는 말은 예수님이 누구신지를 보여준다. 예수님은 “거룩한 이”시며, 또한 “하나님의 아들”이라고 일컬어지실 것이다. “하나님의 아들”은 메시아적 칭호이다.(참고. 시 2:7; 롬 1:4). 그러므로 마리아를 향한 가브리엘의 계시에는 예수 그리스도가 메시아라는 사실이 선명하게 담겨 있다.

36-37절: 가브리엘은 마리아가 자기 말을 믿지 못하는 것을 알고 엘리사벳을 언급한다. 엘리사벳이 나이가 많아서 아이를 낳을 수 없었으나 이미 임신한 지 여섯 달이 되었다고 말한다. 그런 후 “하나님의 모든 말씀은 능하지 못하심이 없느니라”고 선언한다. 이러한 증거와 선언은 마리아가 계시에 순종하는 데 큰 힘이 될 것이다.

38절: 마리아는 가브리엘의 말에 순종한다. 따라서 마태복음에서는 천사가 요셉에게 말하고 요셉이 순종하지만, 누가복음에서는 천사가 마리아에게 말하고 마리아가 순종한다. 이는 천사가 이들 모두에게 계시를 주었고, 이들 모두가 천사의 말에 순종했다는 뜻이다. 당시에 마리아의 순종은 쉽지 않은 일이었다. 마리아는 요셉과 약혼한 사이였으므로 요셉과 동침하지 않은 상태에서 아이를 낳게 되면 미혼모로 낙인이 찍히며, 더욱이 자칫하면 간음 혐의로 무서운 처벌을 받을 수 있었다(참고. 신 22:13-21). 하지만 그녀는 자신을 “주의 여종”이라고 고백하면서 말씀이 그대로 이루어지기를 바란다. 그리고 그녀의 순종은 매우 위대한 결과를 낳았다. 이처럼 하나님은 순종하는 사람을 좋아하시며, 순종하는 사람을 통해서 일하시기를 기뻐하신다. 마리아가 순종을 결단하자, 천사는 자기 소임이 이루어진 것을 알고 하늘로 올라간다.

1:39-45 마리아가 엘리사벳을 방문함

마리아는 임신하자마자 엘리사벳을 만난다. 지금 엘리사벳은 임신 6개월째이다. 따라서 이 자리는 예수님과 세례 요한이 처음으로 만나는 기회가 된다. 각각 자기 어머니의 태중에 있으면서 말이다.

39-40절: 마리아가 유대의 한 동네에 이른다. 이 동네는 사가랴의 집이 있는 곳이다. 마리아는 엘리사벳을 찾아가서 그녀가 임신한 것을 확인함으로써(참고. 36절) 천사가 자신에게 한 말이 사실인지를 알고 싶어 했던 것으로 보인다. 그래서 그녀는 "일어나" "빨리" 엘리사벳을 찾아간다. 마리아는 사가랴의 집에 들어가 엘리사벳에게 문안한다. 마리아와 엘리사벳은 친족 사이임으로 서로 왕래가 잦았을 것이다(참고. 36절).

41절: 마리아가 엘리사벳을 문안할 때 엘리사벳의 태중에 있는 아이(세례 요한)가 뛰놀았다. 태아가 어머니의 배 속에서 뛰노는 것은 자연스러울 수 있겠지만, 여기서는 특별한 상황을 가리키는 것이 분명하다. 즉 엘리사벳이 성령의 충만함을 받았기에 이러한 일이 일어났다.

42절: 엘리사벳은 성령의 충만함을 받아서 큰 소리로 말한다. 그녀의 말은 동정녀 마리아에게 복이 있으며, 또한 그리스도에게 복이 있다는 뜻이다. 따라서 마리아가 엘리사벳에게 갔을 때는 이미 임신 상태였음을 알 수 있다.

43절: "내 주의 어머니"는 마리아가 품고 있는 태아가 '주'('퀴리오스'), 곧 예수 그리스도라는 사실을 선언한다. 엘리사벳은 그리스도를 '주'로 고백하고, 마리아를 '주의 어머니'로 인정한다. 엘리사벳이 예수님을 칭송한 것은 훗날 세례 요한이 예수님을 위대한 분이라고 치켜세우는 것을 예고한다(참고. 3:15-17).

44절: 엘리사벳은 아직 임신한 지 6개월밖에 되지 않았다. 그런데 그녀는 자기 복중에서 아이가 기쁨으로 뛰놀았음을 느낀다. 이것은 일반적인 현상이 아니다. 이것은 1:15에서 천사가 말한 바 세례 요한이 "모태로부터 성령의 충만함을 받아"라는 말씀으로 입증한 것이다. 세례 요한은 어머니의 배 속에서 이미 성령의 충만함을 받아 마리아의 배 속에 있으므로 아직 태어나지도 않은 메시아를 알아보고 기뻐한다.

45절: 엘리사벳의 말은 마리아가 천사로부터 들은 메시아 잉태 예언을 믿은 것을 반영한다. 마리아는 엘리사벳이 노년에 임신한 일과 그녀가 성령의 충만함을 받아서 큰 소리로 말한 것들을 통하여 천사가 자신에게 고지한 내용을 확신할 수 있었다.

1:46-56 마리아의 노래

누가복음 1-2장에는 세 개의 노래가 있다. 그것은 '마리아의 노래'(1:46-56), '사가랴의 노래'(1:68-79), 그리고 '시므온의 노래'(2:29-32)이다. 우선, 1:46-56은 전통적으로 '마리아 찬가'(the Magnificat)라고 불린다. 라틴어 번역(Vulgate)의 첫 단어("찬양하며": '마그니피캇')에서 이런 명칭이 유래했다. 마리아는 구약을 많이 인용하면서 메시아를 통해 이루어질 일을 노래한다. 마리아의 노래는 사무엘상 2:1-10에 있는 한나의 노래와 유사하다. 마리아와 한나는 자기 아들을 통하여 하나님이 하실 일을 알고 있었다.

46절: 46-47절은 같은 말을 반복한 것이다. 마리아는 "내 영혼이 주를 찬양하며"라는 말로 노래를 시작한다. 여기서 "주"는 누구인가? 이어지는 구절(47절)에 "하나님 내 구주"가 나오는 것을 볼 때 하나님이다.

47절: 마리아는 46절에서 언급한 것을 다르게 표현한다. 46절의 "내 영혼이 주를 찬양하며"와 47절의 "내 마음이 하나님 내 구주를 기뻐하였음은"은 같은 말을 반복한 것인데(영혼 = 마음 / 주 = 하나님 내 구주 / 찬양하며 = 기뻐하였음), 마리아가 진정으로 하나님을 찬양하고 그분을 기뻐한다는 사실을 강조한다.

48절: 여기서 마리아는 하나님을 찬양하며 그분을 기뻐하는 이유를 밝힌다. "그의 여종의 비천함을 돌보셨음이라"라는 말은 마리아 자신의 신분에 대한 깨달음이다. 그녀는 신분이 비천했다. 드러낼 만한 것을 지니고 있지 않았다. 하지만 하나님은 그녀를 복된 여인으로 삼아주셨다. "보라 이제 후로는 만세에 나를 복이 있다 일컬으리로다"는 말은 마리아가 메시아를 낳음으로써 모든 세대의 사람들부터 복이 있는 여인으로 여겨질 것이라는 뜻이다.

49절: "능하신 이"는 하나님을 가리킨다. "큰 일을 내게 행하셨으니"란 표현은 마리아가 예수 그리스도를 잉태한 일을 의미한다. "그 이름이 거룩하시며"란 말은 하나님을 향한 찬양이다.

50절: "두려워하는 자"란 '그를 두려워하는 자들'(ESV: "those who fear him"), 곧 하나님을 두려워하는 자들을 가리킨다. 즉 하나님을 경외하는 자들을 의미한다. 당시 '하나님을 두려워하는 자들'(God-fearers)이라는 사람들이 있었다. 그들은 이방인들로서 하나님을 믿었으나 유대의 규례를 따르지 않았다. 따라서 48절의 "이제 후로는 만세에 나를 복이 있다"라는 표현과 더불어 이 구절은 메시아의 사역이 이방인에까지 확장될 것임을 보여준다. 하나님은 메시아를 통하여 하나님을 경외하는 자들에게 긍휼을 베푸실 것이다(참고. 시 103:17).

51-53절: "그의 팔로 힘을 보이사"라는 표현은 하나님의 전능하신 능력을 의인화한 것이다(참고. 신 26:8; 시 89:13). 51-53절에 두 부류의 사람들에

대한 하나님의 보응이 나온다. “마음의 생각이 교만한 자들”과 “권세 있는 자”와 “부자”는 불의한 부류를 가리킨다. 그들은 교만하고 자랑하며 탐욕적이다. 하나님은 그들의 교만과 횡포와 재물을 심판하실 것이다. 반면에 하나님은 “주리는 자”를 좋은 것으로 배 불리실 것이다. 연약한 가운데서도 하나님을 갈망하는 자들에게 은혜를 풍성히 내리실 것이다.

54절: 마리아의 노래는 공동체적 찬송으로 확장된다. 예수님의 탄생은 마리아 개인에게 기쁨과 감사가 되는 데서 그치지 않고 이스라엘 전체의 유익과 영광이 된다.

55절: 예수님의 탄생은 하나님이 아브라함과 맺으신 언약을 기억하셔서 성취하시는 것이다(참고. 창 17:7-8).

56절: 엘리사벳이 해산할 때가 다가오자, 마리아는 자기 집으로 돌아간다. 마리아는 임신 상태에 있었으나 아직 요셉과 혼인하지 않았기에 요셉의 집이 아닌 자기 집으로 간다.

1:57-66 세례 요한의 출생

세례 요한이 태어난다. 그가 태어날 때 일어난 에피소드는 그가 범상치 않은 인물임을 시사한다. 그는 천사의 예언에 따라서 태어난 특별한 사람이었다.

57절: 엘리사벳이 해산할 기한이 차서 아들을 낳는다.

58절: 세례 요한이 태어나자 이웃과 친족이 주께서 그를 크게 긍휼히 여기심을 듣고 함께 즐거워한다. 당시에 아이를 낳으면 사람들이 와서 함께 기뻐해 주었던 관습이 있었다. 사가랴와 엘리사벳에게 자식이 없었고, 더욱이 이들이 나이가 많아서 잉태할 수 없었으나, 이제 하나님의 특별한 능력으로 아들을 낳았기 때문에 사람들이 더욱 즐거워했을 것이다.

59절: 율법에는 아이가 태어난 지 팔 일이 되면 할례를 행하라고 규정되어 있다(참고. 창 17:12-14; 레 12:3). 이때 친척들과 친구들이 참석한다. 사람들은 아이의 이름을 아버지의 이름을 따라 사가랴로 부르고자 한다. 당시 유대에는 할례를 행할 때 아이의 이름을 지어주는 전통이 있었던 것으로 보인다. 구약성경에는 이런 관습이 나오지 않는다. 아마도 제2성전기(구약과 신약 사이 기간)에 만들어진 것 같다.

60절: 엘리사벳은 아들의 이름을 요한이라 지으려고 한다. 이는 천사 가브리엘이 사가랴에게 지시한 것(참고. 13절)을 사가랴가 글로 써서 엘리사벳에게 알려주었을 것이기 때문이다. 따라서 엘리사벳은 지금 사가랴가 말을 할 수 없는 상황이기에 천사가 그녀의 남편에게 지시한 것을 따라서 아이의 이름을 요한이라 지으려고 한다.

61절: 이웃들과 친족들은 엘리사벳이 아이의 이름을 요한이라고 짓는 것을 반대한다. 이는 당시에 아이의 이름을 지을 때 아버지나 친족의 이름을 따라 짓는 관습이 있었기 때문이다.

62절: 사람들이 사가랴에게 몸짓으로 물어본 것은 사가랴가 아직 듣지도 못하고 말하지도 못하기 때문이다(참고. 22절).

63절: '서판'('피나키디온')은 나무 판에다 왁스를 칠한 것이다. 사가랴는 천사가 아이의 이름을 일찌감치 알려준 대로 요한이라고 쓴다. 그러자 사람들이 다 놀랍게 여긴다. 이는 사가랴가 듣지 못하는 상황에서 엘리사벳이 제시한 것과 똑같은 이름을 썼기 때문이다.

64절: 사가랴가 말할 수 있게 된 것은 천사의 예언이 모두 이루어졌기 때문이다(참고. 20절).

65절: 사람들이 두려워한 것은 하나님의 역사가 일어났음을 인식했기 때문이다. 세례 요한의 이름을 짓는 과정에서 생긴 특별한 에피소드가 온 유대 산골에 퍼진다.

66절: 사람들은 이 아이가 평범한 아이가 아니라는 사실을 깨닫는다. 그래서 아이가 장차 어떻게 될지를 궁금해한다. “이는 주의 손이 그와 함께 하심이러라”는 말은 누가의 해설이다. 이 말은 하나님이 세례 요한에게 특별한 지혜와 명철을 주셨음을 시사한다.

1:67-80 사가랴의 예언

이 단락은 ‘사가랴의 예언’이다. 이것은 전통적으로 ‘베네딕투스’(the Benedictus)라고 불린다. 이 예언에는 메시아를 통해 이루어질 일과 세례 요한이 메시아의 길을 준비할 것이라는 내용이 담겨 있다. 사가랴는 노래를 부르면서 ‘우리’라는 일인칭 복수 대명사를 사용하는데(예. 69, 71, 72, 74, 78, 79절), 이는 그가 공동체를 대표하는 제사장이기 때문이며, 나아가서 이 일이 개인적인 사안이 아니라 공동체적 사안이기 때문이다.

67절: 세례 요한의 아버지 사가랴가 성령의 충만함을 받아 예언한다.

68절: 사가랴는 “찬송하리로다 주 이스라엘의 하나님이여”라는 문구로 예언을 시작한다. 이것은 당시 찬송이나 기도에 일반적으로 사용된 표현이었다. ‘속량’(贖良, redemption)은 몸값을 받고 종을 놓아주어 양민이 되게 하는 것을 뜻한다. 하나님은 예수님을 이 땅에 보내셔서 백성을 속량하실 것이다.

69절: 사가랴는 예언을 시작하는데, 먼저 예수님에 관하여 예언하고(69-75절), 이어서 자신의 아이 세례 요한에 관하여 예언한다(76-79절). 69-75절은 예수님을 통해서 이루어질 일에 대한 예언이다. ‘뿔’은 짐승의 강력한 힘을 상징한다. 따라서 “구원의 뿔”은 하나님의 강한 능력으로 구원이 이루어질 것을 의미한다(참고. 삼하 22:3; 시 18:2). “다윗의 집”이란 표현은 메시아가 다윗의 후손으로 오시는 것을 의미한다. 따라서 하나님이 구원의 뿔을 다윗의 집에 일으키셨다는 말은 메시아가 다윗의 후손으로 오셔서 구원의 능력을 발휘하신다는 뜻이다.

70절: 사가랴는 이 일이 선지자, 곧 구약에서 예언된 것이라고 고백한다. 그는 구약을 직접 인용하지 않지만, 구약 전반에 계시된 메시아 예언을 넌지시 드러낸다.

71절: 이 구절은 메시아가 하시는 일을 요약한다. 여기서 "원수"와 "미워하는 모든 자"는 영적인 존재, 곧 사탄과 그를 위해 일하는 자들을 가리킨다. 메시아는 사탄과 그를 따르는 세력들을 물리치시고 그들의 손에서 자기 백성을 구원하실 것이다.

72-73절: "거룩한 언약"은 하나님이 아브라함과 맺으신 것인데, 사가랴는 그것을 하나님이 하신 "맹세"라고 표현한다. 그는 이러한 용어를 사용하여 하나님께서 아브라함과 맺으신 언약을 지키셨다는 사실을 강조한다(참고. 창 22:16).

74-75절: 이 구절들은 하나님이 아브라함에게 하신 맹세가 무엇인지를 알려준다.

76절: 이제 사가랴는 자신이 낳은 아이, 즉 세례 요한에 관하여 예언한다. "이 아이여 네가"는 세례 요한을 가리킨다. 예수 그리스도는 "지극히 높으신 이의 아들"이라고 불릴 것이나(참고. 32절), 세례 요한은 "지극히 높으신 이의 선지자"라고 불릴 것이다(참고. 마 11:9). "주 앞에 앞서 가서 그 길을 준비하여"라는 문구는 세례 요한이 예수 그리스도의 길을 준비하는 임무를 수행할 존재임을 알려준다(참고. 마 3:3; 사 40:3; 말 4:5).

77절: 하나님은 인간의 죄를 사하심으로 인간을 죽음의 권세에서 구원하신다. 이러한 일은 예수 그리스도를 통하여 이루어지는데, 사가랴는 세례 요한이 그러한 일을 알게 할 것이라고 예언한다. 즉 그리스도를 통해서 이루어지는 구원이 있음을 선포(전도)할 것이라고 말한다.

78절: 사가랴는 하나님이 백성에게 죄 사함으로 말미암는 구원을 알게 하시는 이유를 "우리 하나님의 긍휼"이라고 표현한다. 즉 하나님이 우리를 사랑하시기 때문에 우리를 구원하신다는 것이다. "돋는 해"에 해당하는 헬라어 '아나톨레'는 메시아를 가리킨다(참고. 민 24:17; 사 9:2; 11:1-10; 60:2-3; 말 4:2; 벧후 1:19).

79절: 사가랴는 구원의 은총이 "어둠과 죽음의 그늘에 앉은 자에게" 비친다고 예언한다. "우리 발을 평강의 길로 인도하시리로다"라는 말은 메시아가 우리에게 평강을 주신다는 뜻이다. 우리는 메시아를 통해 하나님과 화목하게 되고, 내적인 평화를 얻으며, 나아가서 다른 인간 및 피조물들과 화해하게 된다.

80절: 이 구절은 세례 요한의 어린 시절에 관한 기술이다. 세례 요한은 몸과 심령, 곧 전인이 튼튼하게 자라갔다. "이스라엘에게 나타나는 날까지"란 때가 되면 세례 요한이 활동을 시작할 것임을 시사한다. "빈 들"은 광야를 가리킨다. 세례 요한은 광야에서 말씀을 전할 것이다.

• 토론과 나눔 •

1. 누가복음의 기록 목적은 무엇입니까?

2. 세례 요한의 부모 사가랴와 엘리사벳은 어떤 사람이었습니까?

3. 아들을 낳으리라는 천사의 계시를 들은 마리아의 반응은 어떠했습니까?

4. 엘리사벳이 마리아를 향해서 말한 것은 무엇입니까?

5. 사가랴가 성령의 충만함을 받아 예언한 내용은 무엇입니까?

• 핵심과 실천 •

세례 요한은 비범한 인물이 될 것입니다. 그는 천사의 계시에 따라 경건한 부모에게서 태어났는데, 장차 예수 그리스도의 사역을 준비하게 될 것입니다. 세례 요한의 부모와 세례 요한은 제자의 전형이 됩니다. 우리는 경건한 부모가 되기 위해서 노력해야 합니다. 항상 성령으로 충만해지도록 기도해야 합니다. 또한, 예수 그리스도께서 맡기신 일을 수행할 준비를 갖추어야 합니다. 주님이 우리를 사용해 주시기를 소원해야 합니다.

2장

누가복음 1장에는 세례 요한의 출생이 언급되었는데, 이제 2장에는 예수님의 탄생이 기록되어 있다. 세례 요한의 출생 기사와 예수님의 탄생 기사 사이에는 강한 병행이 있다. 그것은 둘 다 천사 가브리엘이 나타나서 아이의 출생을 예언한 점, 둘 다 부모가 아이를 낳기 힘든 상황인 점(세례 요한의 어머니는 나이가 많아서 잉태가 어렵고, 예수님의 어머니는 처녀여서 잉태가 불가능함), 둘 다 유대인의 관습을 따라서 할례를 받은 점, 그리고 둘 다 천사가 일러준 대로 이름을 지은 점 등이다. 하지만 예수님은 세례 요한보다 큰 분이시다. 세례 요한의 출생 기사는 단 2구절(1:57–58)에 불과하지만, 예수님의 탄생 기사는 20구절(2:1–20)이나 된다.

LUKE

2:1-7 예수님의 탄생

천사 가브리엘의 예언대로 마리아의 몸에서 예수님이 태어나신다. 예수님의 탄생은 하나님의 섭리와 계획에 따른 것이었다. 누가는 예수님의 탄생을 구약 예언 성취의 관점에서 서술한다.

1절: 문두의 "그 때에"라는 단어는 하나님의 섭리적 시기를 암시한다. 가이사 아구스도(Augustus Ceasar)는 율리우스 카이사르(Julius Caesar)의 아들로 가이우스 옥타비우스(Gaius Octavius)이다. 주전 27년에 로마의 원로원은 옥타비우스를 로마의 황제로 선포하면서, 그에게 아우구스투스(Augustus)라는 칭호를 내려주었다. 그리하여 그는 주후 14년까지 로마 제국을 다스렸다. 이 시기에 헤롯 대왕은 로마 원로원에 의해 유대의 왕으로 임명되어 다스렸다. 여기에 나오는 "천하"는 로마 제국에 속한 모든 지역을 가리킨다. 로마 황제는 각 지역의 인구를 정확히 파악하여 세금을 효율적으로 걷으려는 목적으로 호적을 조사하게 했다. 당시 호적조사(인구 조사)

는 주기적으로 실시되었는데, 시간이 오래 걸렸다.

2절: 우리말 성경 개역개정판의 번역은 연대기적인 혼란을 일으킨다(특주. '예수님의 탄생 시기 논쟁'을 보라). 이 구절은 '이 호적은 구레뇨가 수리아 총독이 되기 전에 한 것이라'로 번역되어야 한다.

3-4절: 요셉은 나사렛에 살고 있었으나 유다 지파 다윗의 후손이므로 유다 지파 땅의 주요 성읍인 베들레헴으로 간다.

5절: 나사렛은 해발 550m 정도에 있었고, 베들레헴은 해발 800m 정도에 있었으므로 비록 북쪽에서 남쪽으로 간다고 하더라도 "올라가니"라는 표현을 사용할 수 있다. 나사렛에서 베들레헴의 거리는 약 145km였다. 마리아는 임신한 지 3개월 동안 엘리사벳과 함께 있다가 집으로 돌아갔는데, 그 후 얼마나 있다가 요셉과 결혼했는지 알기가 어렵다. 당시 호적 등록을 할 때 남편 혼자만 가도 되는데, 만삭이 된 아내가 함께 간 이유도 알기 어렵다. 다만, 요셉과 마리아가 함께 베들레헴으로 가서 아이를 낳은 일은 메시아가 베들레헴에서 태어날 것이라고 예언된 것을 성취하는 수단이 되었다(참고. 미 5:2; 룻 1:1, 19; 2:4; 삼상 17:12, 15; 삼하 5:2).

6절: 예수 그리스도의 탄생 기사에서 '때'에 관한 언급이 두드러진다. 로마 황제는 자신의 경제적 번영을 위하여 호적조사를 명령했다. 그러나 이것은 하나님의 오묘한 섭리 가운데 이루어진 일이었다. 곧 하나님의 뜻에 따라 호적조사가 이루어졌고, 예수님이 구약의 예언대로 베들레헴에서 탄생하신 것이다.

7절: '첫아들'(장자)이라는 단어 자체가 유대적 함의를 가지고 있는 것은 사실이지만, 이 단어를 통해서 마리아가 예수님 이외의 아들(들)도 낳았음을 알 수 있다. '강보'는 아기를 감싸는 천 조각이다. '구유'('파트네')는 짐승이 음식을 먹는 통인데, 이 단어를 근거로 그리스도가 마구간에서 태어나셨다고 생각하는 이들이 있으나, 이를 단언하는 것은 바람직하지 않다. 당시 유대의 시골집에는 집 안에서 가축을 키우는 경우가 많았다. 그리고 구유는 이동할 수 있는 물건이었다. 따라서 예수님이 마구간에서 태어나셨는지 아니면 방 안 어딘가 가축을 위해서 마련된 곳에서 태어나셨는지 정확하게 알기가 어렵다. '여관'('카탈뤼마')이라는 단어의 의미에 대해서 논쟁이 있으나 '방' 혹은 '객실' 정도로 이해하는 것이 무난하다. "있을 곳이 없음이러라"는 말은 당시 많은 사람이 호적 등록하러 본적지로 갔기 때문에 머물 곳이 없었음을 암시한다. 게다가 아이를 낳을 만한 장소는 더욱 마땅치 않았을 것이다.

특주 • 예수님의 탄생 시기 논쟁

예수님은 언제 태어나셨을까? 유대 역사가 요세푸스(Josephus)는 구레뇨(Quirinius)가 주후 6-7년에 수리아 총독이 되었고, 그 시기에 수리아에서 인구 조사가 시행되었다고 기술한다(Antiquities 17.13.2; 17.13.5; 18.1.1). 따라서 요세푸스의 기록대로라면 예수님이 태어나신 때는 주후 6-7년경이 된다. 하지만 이렇게 결론을 내리면 예수님께서 헤롯 대왕이 재임할 때 태어나신 것이 분명한데(참고. 마 2:1; 눅 1:5), 헤롯 대왕이 주전 4년에 죽었으므로 연대기적 불일치가 발생하게 된다. 그리하여 학계에서 다양한 견해가 제기되었다. 1) 누가가 당시 연대기를 몰랐다는 견해, 2) 요세푸스의 기록이 틀렸다고 보는 견해, 3) 구레뇨는 주전 12년에 수리아의 집정관(consul)으로 부임했고 주후 6년에 총독이 되었는데, 여기서 구레뇨가 수리아 총독이 되었다는 말은 주전 12년 이후의 어느 시기를 가리킨다는 견해(이는 '총독'이라는 단어를 단순히 '통치자'로 이해할 경우다), 4) '처음'에 해당하는 헬라어 단어 '프로테'(원형: '프로토스')를 '이전에'로 번역하여 '이 호적은 구레뇨가 수리아 총독이 되기 전에 한 것이라'고 보는 견해 등이 있다. 이 중에서 네 번째 견해가 타당하다. 곧 예수님이 헤롯 대왕 시절에, 그리고 구레뇨가 수리아 총독이 되기 전에 태어나셨다고 보아야 한다. 그에 따르면, 예수님은 주전 4년 이전에 탄생하셨다. 한편, 요세푸스가 언급한 구레뇨의 인구 조사(주후 6-7년 시행)는 사도행전 5:37에 언급된 일과 같은 것으로 보인다. 누가는 이러한 상황을 잘 알고 있었다.

2:8-20 목자들이 예수님의 탄생 소식을 들음

예수님의 탄생 소식을 가장 먼저 접한 사람들은 목자들이다. 천사들이 그들에게 나타나서 그리스도가 태어나셨음을 알려준다.

8절: 팔레스타인 지역에서 목자들은 날씨가 온화한 3월부터 11월 사이에 밖에서 양을 쳤다. 따라서 예수님이 추운 12월에 태어나셨을 가능성은 크지 않다. 하지만 예수님이 태어나신 구체적인 날짜를 결정하기란 쉽지 않다.

9절: "주의 사자"는 천사를 가리킨다. 천사들이 나타날 때 엄청나게 밝은 빛이 "주의 영광"을 드러냈을 것이다(참고. 겔 1:28; 계 21:23). 그리고 목자들은 천사들을 보고 크게 두려워한다.

10절: "좋은 소식"은 '복음'('유앙겔리온')이다. 고대에 왕자가 태어났을 때 '유앙겔리온'이란 단어를 사용했다. "온 백성"은 유대인과 이방인을 포괄한다(참고. 행 15:1-29; 18:10).

11절: "다윗의 동네"는 베들레헴을 가리킨다. 베들레헴은 다윗이 태어난 곳이다(참고. 삼상 16:1). 천사는 예수님을 설명하면서 '구주', '그리스도', '주'라는 신적인 칭호를 모두 사용한다. '구주'('소테르')는 하나님에 의해 보냄을 받은 구원자를 가리킨다. '그리스도'('크리스토스')는 히브리어 '메시아'에 해당하는 헬라어로 '기름 부음을 받은 자'라는 뜻이다. '주'('퀴리오스')는 신약에서 다양한 의미로 사용되는데, 여기서는 하나님을 뜻한다(참고. 1:47).

12절: 천사는 예수님이 태어나신 모습을 구체적으로 설명한다. 천사는 "표적"이라는 단어를 사용하는데, 목자들은 강보에 싸여 구유에 뉘어 있는 아기를 보면서 천사가 한 말이 사실인지 아닌지를 확인할 수 있다.

13절: 홀연히 수많은 천군과 천사가 하나님을 찬송한다. 예수님의 탄생은 수많은 천군과 천사의 찬송으로 축하받는다.

14절: 천사들의 찬송은 예수님의 탄생이 어떠한 의미를 주는지를 가르쳐준다. “지극히 높은 곳”은 하늘을 가리킨다. “하나님께 영광”이란 예수님이 태어나심으로 인류를 향한 하나님의 뜻이 이루어지게 되었음을 알려준다. “평화”란 단어가 시사하는 것은 예수 그리스도가 온 세상에 ‘샬롬’을 가져오시는 분이라는 사실이다.

15절: “주께서 우리에게 알리신 바”라는 표현은 천사들이 전해 준 소식이 하나님이 전해 주신 소식임을 뜻한다. 천사는 계시의 원천이 아니라 전달자이다. 계시의 원천은 하나님이시다.

16-17절: 목자들은 베들레헴으로 빨리 가서 마리아와 요셉과 구유에 누인 아기를 찾아서 보고 천사가 자기들에게 이 아기에 대하여 말한 것을 전한다.

18절: “듣는 사람들”은 마리아의 출산을 도운 사람들 혹은 출산 소식을 듣고 온 사람들이다.

19절: 마리아는 이 모든 말을 마음에 새기어 생각한다. 따라서 그녀는 18절에 언급된 사람들과 대조를 보인다. “이 모든 말”(‘타 흐레마타 타우타’)이란 단어가 “모든”(‘판타’)이라는 단어와 함께 복수형으로 사용되었을 때는 ‘이 모든 말과 일’을 가리킨다. 즉 목자들이 말한 것뿐 아니라 1:5에서부터 지금까지 들려진 모든 말과 일어난 일을 가리킨다. 그래서 많은 영어 성경은 “이 모든 말”을 ‘이 모든 일’(“all these things”)로 번역했다(예. ESV, NIV, NASB 등). “새기어”에 해당하는 헬라어 단어 ‘쉬네테레이’는 미완료 형인데, 이는 마리아가 이 모든 일에 대하여 계속해서 생각했음을 의미한다.

20절: 목자들은 하나님께 영광을 돌리고 찬송하며 자신들의 자리로 돌아간다.

2:21-40 아기 예수님의 정결 예식

아기 예수님의 정결 예식 과정에서 시므온과 안나가 등장한다. 그들은 예수님을 안고 찬양하며 예수님의 부모를 축복하는데, 그들의 예언적 찬양은 예수님이 앞으로 어떤 일을 하실 분인지를 가르쳐준다.

21절: 예수님께서 태어나신 지 8일이 되자 유대의 전통에 따라 할례를 행한다(참고. 창 17:12; 레 12:3). 이때 유대의 관습대로 아기 이름을 짓는데, 천사가 이미 잉태하기 전에 일러준 대로 '예수'라고 한다(참고. 1:31). 이러한 언급은 세례 요한의 출생 기사와 병행을 이룬다(참고. 1:59). '예수'라는 이름의 의미는 '여호와가 구원하신다'이다.

22절: "정결 예식의 날"은 레위기 12장을 따른 것이다. 여인이 아들을 출산하면 7일 동안 부정하고, 8일째에는 할례를 행해야 하며, 그 후 33일이 지나야 정결하게 된다. 그리고 딸을 출산하면 14일 동안 부정하고, 그 후 66일이 지나야 정결하게 된다. 그러므로 마리아가 정결 예식을 행할 수 있는 시기는 할례를 행하는 8일에다 33일을 더해서 40일이 지난 후이다. 예루살렘은 높은 곳에 있었고 가장 중요한 도시였기에, 성경에는 항상 '예루살렘으로 올라간다'라는 표현이 사용되었다.

23절: 요셉과 마리아는 경건한 유대인이었기에 유대의 규례를 지킨다.

24절: 요셉과 마리아는 율법에 따라 산비둘기 한 쌍이나 혹은 어린 집비둘기 둘로 제사하려고 한다. 당시에 일반적으로 여인이 정결하게 되기 위하여 어린 양을 드렸다. 하지만 가난한 사람의 경우에는 산비둘기 두 마리나 집비둘기 새끼 두 마리를 바쳤다(참고. 레 12:6, 8). 따라서 이 기록은 요셉과 마리아가 가난했음을 알려준다.

25절: 25-35절에 시므온이 등장한다. 그에 관한 역사적인(성경과 성경 외적) 기록은 없다. 누가는 시므온이 "이스라엘의 위로를 기다리는 자"였다고 말한다. 이는 메시아가 오셔서 이스라엘을 회복시켜 주시기를 바라는 것을 뜻한다. 당시 이스라엘은 로마의 압제 아래 있어서 고통을 받고 있었기에 많은 이스라엘 사람이 하나님의 도우심을 기다렸다. 그들은 메시아가 오셔서 자신들을 정치적으로 해방해 주리라고 기대했다. 하지만 시므온이 기다리는 "이스라엘의 위로"는 이러한 정치적인 해방을 뜻하는 것이 아니었다. 그는 메시아를 통하여 죄와 고통으로부터 구원받을 순간을 기다렸다(참고. 사 25:9; 40:1-2; 66:1-11; 렘 31:13).

26-27절: 시므온은 "주의 그리스도를 보기 전에는 죽지 아니하리라"는 성령의 지시를 받았다. 그런데 그가 성령의 감동으로 성전에 들어가는데, 마침 요셉과 마리아가 율법의 관례대로 행하고자 하여 아기 예수님을 데리고 온다. 따라서 섭리적 만남이 이루어진다.

28절: 시므온은 성령께서 그 위에 계시는 사람이기에 아기 예수님을 금방 알아본다. 그는 아기 예수님을 안고 하나님을 찬송한다.

29절: 29-32절은 '시므온의 노래'이다. 누가복음 앞부분에 있는 세 개의 노래는 '마리아의 노래'(the Magnificat, 1:46-56), '사가랴의 노래'(the Benedictus, 1:68-79), 그리고 '시므온의 노래'(the Nunc Dimittis, 2:29-32)이다. "주재여"('데스포테스', Lord)는 하나님을 부를 때 사용되었다. "종을 평안히 놓아 주시는도다"라는 말은 시므온의 죽음을 의미한다. 시므온은 그리스도를 보기 전에 죽지 않을 것이라는 성령의 지시를 받았는데(참고. 26절), 이제 그리스도를 보았으니 죽을 수 있게 되었다고 고백한다.

30절: "주의 구원"은 25절의 "이스라엘의 위로"와 같은 말이다. 예수님을 통하여 이스라엘의 구원이 이루어진다는 뜻이다.

31절: "만민"은 유대인과 이방인 모두를 의미한다. 예수님의 구원은 유대인과 이방인 모두에게 적용된다(참고. 시 98:2; 사 11:10; 52:10).

32절: "만민"의 의미가 구체적으로 적시된다. 만민은 이방인과 이스라엘 백성을 포함한다. 먼저, 이방인에 관한 언급이 나온다. "이방을 비추는 빛"이란 지금까지 이방이 어둠 가운데 있었는데, 이제 그리스도가 오셔서 이방에 빛을 비추실 것임을 뜻한다(참고. 행 26:18). 다음으로, 이스라엘 백성에 관한 언급이 나온다. "주의 백성 이스라엘의 영광"은 그리스도께서 이스라엘 민족 가운데 오심으로 그들에게 영광이 되었음을 의미한다.

33절: 요셉과 마리아는 시므온이 아기 예수님에 관해서 한 말들을 놀랍게 여긴다. 그 이유는 시므온이 예수님의 앞날에 대하여 정확히 예언했기 때문인데, 그의 예언은 1장에서 이미 언급된 것들과 맥을 같이 한다. 이것은 예수님의 생애와 사역에 대한 다중적인 확인이 된다.

34-35절: 시므온이 예수님의 부모를 축복하면서 예수님의 어머니 마리아에게 예언한다. "이스라엘 중 많은 사람을 패하거나 흥하게 하며"란 그리스도의 심판과 구원을 의미한다. "비방을 받는 표적이 되기 위하여 세움을 받았고"란 그리스도가 많은 사람으로부터 비방받을 것이라는 뜻이다. "칼이 네 마음을 찌르듯 하리니"란 그리스도가 고난을 받으시고 십자가에서 돌아가심으로 마리아가 마음에 큰 고통을 겪을 것이라는 뜻이다. "이는 여러 사람의 마음의 생각을 드러내려 함이니라"란 그리스도를 비방하고 박해함으로 사람들 속에 있는 악한 생각이 드러나게 될 것이라는 뜻이다.

36절: 여성 선지자 안나가 등장한다. 누가는 안나의 말을 직접 인용하지 않으면서도 안나가 예수님에 대하여 무엇이라 말했는지를 소개한다. '선지자'는 말씀을 전하는 사람이다.

37절: "팔십사 세"라는 문구 자체로는 안나의 현재 나이가 84세라는 뜻인지 아니면 그녀가 과부가 된 지 84년이 되었다는 뜻인지 분명하지 않다. 그러나 나이가 84세라는 뜻으로 사용되었다고 보는 것이 현실적이다. 안나는 성전에서 주야로 금식하며 기도하는 여인이었다. 당시 성전에는 여인들이 머물 수 있는 공간이 있었다. 하지만 안나는 선지자라는 특별한 지위를 지녔기에 성전 별도의 거처에서 오랫동안 머물렀을 것이다.

38절: 안나는 시므온이 아기 예수님을 안고 하나님을 찬송하는 것을 보았을 것이다. "예루살렘의 속량"(참고. 1:68)은 25절의 "이스라엘의 위로"와 30절의 "주의 구원"과 같은 말이다. 안나는 사람들이 소원하던 일(속량)이 예수님을 통해서 이루어질 것이라고 예언한다.

39절: 요셉과 마리아는 주의 율법을 따라 모든 일을 마치고 갈릴리로 돌아가 본 동네 나사렛에 이른다. 그들은 율법을 충실히 지켰다. 이것은 1:6에서 사가랴와 엘리사벳에 대하여 "이 두 사람이 하나님 앞에 의인이니 주의 모든 계명과 규례대로 흠이 없이 행하더라"와 병행을 이룬다. 그들은 정결 예식을 치르려고 예루살렘으로 올라갔다가 시므온의 예언과 축복을 받았고 안나의 확인을 들었다. 그리하여 그들이 낳은 아기가 어떤 인물인지를 확신할 수 있었다. 한편, 마태복음 2:1-18에는 동방박사의 방문과 예수님의 부모가 아기 예수님을 데리고 헤롯 대왕의 박해를 피해 이집트로 피신하는 장면이 나오는데, 누가복음에는 그러한 이야기가 없다. 그들이 이집트로 피신한 것은 누가복음 2:38과 2:39 사이에 일어난 일로 보인다.

40절: 누가는 '유아기 내러티브'를 예수님의 어린 시절 성장에 관한 언급으로 마친다. 이것은 1:80에 나오는 세례 요한의 어린 시절 이야기와 병행을 이룬다. 그러나 예수님은 세례 요한보다 우월하신 분으로 묘사된다.

2:41-50 성전에서 소년 예수님

성전에서 어린 예수님과 랍비들이 율법을 토론한다. 누가는 토론 주제가 무엇이었는지를 언급하지 않지만, 예수님의 어린 시절 행적을 통해서 그분이 어떤 분이신지를 드러낸다.

41절: 예수님의 부모는 해마다 유월절이 되면 예루살렘으로 올라갔다. 당시 경건한 유대인들은 3대 절기(유월절, 오순절, 초막절)에 예루살렘을 방문했다. 따라서 예수님의 부모가 경건한 사람들이었음을 알 수 있다.

42-45절: 예수님이 열두 살 되셨을 때 요셉과 마리아는 유월절의 관례를 따라 예루살렘으로 올라간다. 그들이 유월절 절기 행사를 마치고 고향으로 돌아갈 때 아이 예수님이 예루살렘에 머무셨으나 그의 부모는 이 일을 알

지 못한다. 부모는 아이가 없다는 사실을 뒤늦게 알고서야 아이를 찾으면서 예루살렘으로 돌아간다. 아마도 그들은 "하룻길", 즉 약 30km를 걸어가다가 예루살렘으로 되돌아갔을 것이다.

46절: "사흘 후에"는 부활 모티프와 연관되지 않는다. 이것은 기간 표기일 뿐이다. 사흘이란 예수님의 부모가 예루살렘을 떠나 고향으로 가는 데 하루가 걸렸고, 예루살렘으로 돌아오는 데 하루가 걸렸으며, 예루살렘에서 예수님을 찾는데 또 하루가 걸렸기 때문이다. 어린 예수님은 성전에서 랍비들과 토론하고 계셨다. 당시 유대인들은 랍비들에게 율법을 물어보거나 배울 수 있었다. 그런데 예수님은 열두 살에 불과했으나 탁월한 지식과 지혜로 그들과 토론하신다.

47절: 예수님과 랍비들 사이의 대화를 들은 사람들이 놀랍게 여긴다(참고. 8:56; 행 2:7, 12; 8:13; 9:21). 이를 통하여 예수님이 누구신지가 넌지시 드러난다.

48절: 예수님의 부모가 그 광경을 보고 놀라면서, 어머니가 예수님을 부드럽게 꾸짖는다. 이것은 부모로서 아이에게 당연히 할 만한 책망이다. 하지만 어머니의 꾸짖음은 예수님의 자기 계시를 드러내게 하는 계기를 마련해준다(참고. 49절).

49절: 예수님이 하나님을 "내 아버지"라고 부르신 것은 매우 독특하다. 당시 유대인들은 하나님을 아버지라고 함부로 부르지 못했다. 예수님은 자신이 하나님의 아들이신 것을 잘 알고 계시기에 이렇게 말씀하신다. 예수님은 자신이 성전에 있는 것이 당연하다고 말씀하신다. 성전은 누가복음에서 매우 중요한 주제이다. 그러므로 예수님은 어려서부터 분명한 자기의식(신적 신분)과 사명에 대한 자각(구속 사역)을 가지고 계셨다. 곧 예수님은 육신의 부모에게 종속되지 않으셨으며, 그들의 기대에 제한되지도 않으셨다.

50절: 요셉과 마리아는 예수님이 하신 말씀을 깨닫지 못한다. 이것은 놀랄만한 일이다. 그들은 누구보다도 예수님의 정체와 신분을 잘 알아야 했다.

2:51-52 예수님의 성장 과정

예수님의 성장 과정이 짤막하게 언급되어 있다. 특히 이 단락을 통해서 예수님의 어머니 마리아의 기억 속에 예수님이 어떤 분으로 남으셨는지를 엿볼 수 있다.

51절: 예수님은 어린 시절에 효성이 지극한 아들이셨다(5계명 순종). "그 어머니는 이 모든 말을 마음에 두니라"에서 "말"에 해당하는 헬라어는 '흐레마'의 복수형 '흐레마타'이다. 이 단어는 '말들'(words, sayings)로 번역될 수 있지만, '일들'(things, matters)로 번역될 수도 있다(참고. 19절). 상당수 영어 성경은 "이 모든 말"을 '이 모든 일'("all these things")로 번역했다(예. ESV, NIV, NASB, NRSV 등). 그러므로 여기서 "이 모든 말"이란 '예수님에 관한 모든 사실'이다. 마리아는 예수님과 관련해서 일어난 모든 일을 마음에 두고 기억하며 생각했다. 필시 그녀는 많은 사람에게 예수님에 관한 소식을 전했을 것이다. 이 복음서의 저자 누가 역시 마리아로부터 예수님에 관한 지식을 상당히 많이 얻었을 가능성이 있다.

52절: 이 구절은 예수님의 성장 과정에 관한 간략한 언급이다. 우리는 예수님이 공생애를 시작하시기 전까지 무엇을 하셨는지 자세히 알 수 없다.

• 토론과 나눔 •

1. 누가는 요셉과 마리아를 어떤 인물로 묘사합니까?

2. 예수님의 탄생 소식이 목자들에게 가장 먼저 전해진 이유는 무엇이라고 생각하십니까?

3. 아기 예수님을 만난 시므온과 안나는 성령의 감동을 입어 예수님을 어떻게 칭송했습니까?

4. 소년 예수님이 성전에서 랍비들과 율법에 대해서 토론한 일은 어떤 사실을 알려줍니까?

5. 누가는 예수님의 성장 과정을 어떻게 묘사합니까?

• 핵심과 실천 •

예수님은 성령으로 말미암아 동정녀 마리아의 몸에서 태어나셨습니다. 그리하여 완전한 인간이시지만 원죄가 없으신 분이 되심으로 구세주의 조건을 완벽히 갖추셨습니다. 예수님이 탄생하신 후 경건한 사람들로부터 들으신 사실들은 그분의 메시아 사역을 예고해 줍니다. 그들은 예수님을 이스라엘의 위로시며, 평강을 주시는 분이시고, 만민에게 비추어지는 빛이라고 칭송합니다. 우리는 예수님을 통해서만 구원받을 수 있음을 알아야 합니다. 이것이 '복음'입니다.

3장

누가복음 1-2장에는 세례 요한과 예수님의 출생이 언급되었다. 이제 3:1-4:13에는 세례 요한과 예수님이 나온다. 우선, 3:1-20에는 세례 요한이 등장한다. 세례 요한은 예수님의 길을 준비한 사람이다. 그를 통해 예수님이 어떤 분이시며 어떤 일을 하실지가 드러난다. 이어지는 3:21-4:13에는 예수님의 사역 준비가 세 측면에서 기술된다. 그것은 예수님이 세례받으신 일(3:21-22)과 예수님의 계보(3:23-38)와 예수님이 시험받으신 일(4:1-13)이다.

LUKE

3:1–20 세례 요한의 사역

세례 요한은 매우 특별한 사람이다. 그는 하나님의 말씀을 받아서 "죄 사함을 받게 하는 회개의 세례"를 전파했다. 그의 사역으로 예수 그리스도께서 오시는 길이 준비된다.

1–2a절: 일곱 명의 통치자가 소개된다. 그들은 로마 황제 디베료, 유대 총독 본디오 빌라도, 갈릴리의 분봉왕 헤롯, 이두래와 드라고닛의 분봉왕 빌립, 아빌레네의 분봉왕 루사니아, 전임 대제사장 안나스, 그리고 현직 대제사장 가야바이다. 고대 역사가들은 시대의 인물들을 언급함으로 역사를 서술하는 방식을 선호했다. 이러한 방식은 구약성경에도 매우 흔하게 발견된다. 즉 구약 선지자들은 책을 쓰면서 왕들의 이름을 언급하는 경우가 많았다. 특히 누가는 역사적으로 중요한 인물들을 적시함으로 자신의 기록이 신뢰할 만하다는 인상을 주려고 한다.

디베료 황제(Tiberius Caesar)는 아우구스투스 황제가 죽자마자 주후 14년

8월 19일에 로마 황제로 즉위했다. 따라서 "디베료 황제가 통치한 지 열다섯 해"는 주후 28년 8월에서 29년 8월 사이다. 하지만 디베료는 주후 11/12년에 이미 아우구스투스와 섭정을 했는데, 그렇다면 그의 재위 15년은 주후 25/26년일 수도 있다. 그런데 당시 유대인들은 통치자의 재임 연대를 그가 등극한 다음 해 1월 1일부터 계산했기에 만일 누가가 이러한 유대인들의 계산 체계를 따랐다면 디베료 황제가 통치한 지 15년은 앞의 시기보다 조금 늦어진다. 이런 복잡한 사정으로 인해 세례 요한이 활동을 시작한 연대를 정확히 측정하기가 쉽지 않다.

헤롯 대왕이 죽은 후 로마는 팔레스타인을 네 부분으로 나누어서 분봉 왕(tetrarch, 영토 1/4을 다스리는 왕)이 다스리는 체제로 전환했다. 헤롯 대왕이 죽은 후 헤롯 아켈라오스(Herod Archelaus)가 유대 지역을 주전 4년-주후 6년에 다스렸다. 하지만 그는 성격이 포악하여 유대인들과 자주 충돌했고, 결국 로마 정부는 총독을 파견하여 직접 유대를 다스렸다. 이때 본디오 빌라도(Potius Pilate)는 주후 26-36년에 유대 총독으로 있었다. 헤롯 안티파스(Herod Antipas)는 주전 4년-주후 39년에 갈릴리와 베레아를 다스렸다. 헤롯 빌립(Herod Philip)은 주전 4년-주후 34년에 갈릴리 호수 북동쪽에 위치한 이두래와 드라고닛을 다스렸다. 그리고 루사니아(Lysanias)는 다메섹 북쪽을 다스렸는데, 아빌레네는 그 지역 어딘가를 가리키는 것으로 보인다.

대제사장은 한 명인데, 누가가 "안나스와 가야바가 대제사장으로 있을 때"라고 기술한 이유는 무엇일까? 역사가 요세푸스에 따르면, 안나스는 주후 6-15년에 대제사장으로 재임했고, 가야바는 안나스의 사위로서 주후 18-36년에 대제사장으로 재임했다(Antiquities 18.2.1-2). 즉 안나스는 전임 대제사장임으로 여전히 대제사장으로 불렸고, 가야바는 현직 대제사장이었다. 안나스는 가야바의 장인인데, 대제사장직을 가야바에게 물려준 후에도 실권을 쥐고 있었다(참고. 요 18:19; 행 4:6). 예수님이 잡히셨을 때 먼저 안나스에게서 심문을 받으시고 이후에 가야바에게 받으신 것은 이러한 맥락에서 이해할 수 있다.

2b절: '하나님의 말씀이 요한에게 임했다'라는 표현은 세례 요한이 하나님의 말씀을 받아서 전하는 선지자가 되었다는 뜻이다. 구약의 마지막 책 말라기 이후 하나님의 말씀은 공적으로 사람에게 임한 적이 없었다. 따라서 하나님의 말씀이 요한에게 임했다는 기술은 놀랍다. "빈 들"('에레모', desert)은 광야를 의미한다. 이곳은 지나치게 황량해서 사람이 살 수 없는 지역이다. 세례 요한은 이런 곳에서 활동을 시작했다(참고. 1:80; 7:24-28). 아마도 이곳은 세례 요한이 요단강 세례 주던 근처일 것이다.

3절: 세례 요한은 요단강 부근에서 "죄 사함을 받게 하는 회개의 세례"를 전파한다(참고. 막 1:4). 그가 전한 메시지는 예수님이 전하신 것과 같았고(참고. 4:18-19, 44) 초기 기독교회가 전파한 것과도 같았다(참고. 행 8:5). 그가 전한 메시지는 '복음'이다(참고. 3:18). 다른 복음서 저자들과 달리 누가는 세례 요한의 의복이나 식사에 대해서 말하지 않는다. 그는 오로지 세례 요한이 전한 말씀의 내용에 집중한다. "죄 사함을 받게 하는 회개의 세례"란 표현은 의미심장하다. 세례 요한은 사람들을 회개하게 하려고 말씀을 전했으며, 회개의 외적인 상징이자 증표로서 세례를 베풀었다. 그는 요단강 여러 곳에서 세례를 베풀었을 것이다. 세례 요한이 베푼 세례의 기원에 관해서는 학계에서 여전히 이견이 있다. 필시 구약의 정결례에서 아이디어를 얻었을 것이지만, 독창적으로 이 의식을 만든 것 같다. 그는 회개에 관한 말씀을 전한 후 물로 씻어 줌으로 죄로 오염된 것을 씻어버린다는 이미지(증표, 상징)를 가지게 했다.

4절: 4-6절에서 누가는 이사야 40:3-5를 인용한다. 네 복음서 모두 이사야의 말을 세례 요한에게 적용한다(참고. 마 11:10; 막 1:2-3; 요 1:23). "광야에서 외치는 자의 소리"란 세례 요한의 등장 예언이다. 그는 그리스도의 길을 준비하고 그분이 오실 길을 곧게 하는 존재이다.

5절: 이 구절은 고대에 왕이 행차할 때 선발대가 미리 가서 왕이 지나갈 길을 고르게 한 일을 반영한다. 세례 요한은 메시아 앞에 와서 사람들의 울퉁불퉁한 생각과 굽은 내면을 정리해 주는 역할을 한다. 그래서 메시아가 말씀을 전할 때 사람들이 잘 받아들일 수 있게 한다.

6절: "모든 육체"는 유대인과 이방인을 포함한다. 복음은 이스라엘에 국한되지 않고 온 세상으로 나아간다. 구원은 유대인과 이방인을 차별하지 않는다.

7절: 7-9절은 세례 요한의 설교이다. 세례 요한에게 많은 사람이 세례받으러 나아온다. "독사의 자식들"이란 사탄의 후손들을 가리킨다(참고. 창 3:15; 마 12:34; 23:33; 요 8:44). 독사는 강한 독으로 사람을 죽이는 동물이다. 따라서 이는 유대인들의 말과 행동이 다른 사람을 죽인다는 사실을 암시한다. 세례 요한은 장차 그들에게 진노가 임할 것이라고 경고한다. 그런데 마태복음 3:7-10에서는 세례 요한이 바리새인들과 사두개인들을 향하여 이 말을 했다. 이러한 차이를 어떻게 이해할 수 있을까? 세례 요한이 바리새인들과 사두개인들에게 이렇게 말했으나 둘러선 사람들이 들었을 것이기 때문에 그의 말은 모든 사람에게 한 말이라고 볼 수 있다.

8절: "회개에 합당한 열매"란 회개가 삶의 변화를 포함한다는 사실을 의미한다. 잘못을 시인하는 것으로는 부족하다. 구체적인 삶의 변화가 있어야 한다. 유대인들은 자신들을 아브라함의 후손이라고 생각하면서 상당한 민족적 자부심을 지니고 있었다. 하나님이 자신들을 특별히 선택하셨기에 자신들은 자동으로 구원받는다는 선민의식을 가지고 있었다. "하나님이 능히 이 돌들로도 아브라함의 자손이 되게 하시리라"라는 말은 하나님께서 원하시면 돌과 같은 무생물도, 즉 마음이 굳은 이방인이라도 아브라함의 자손이 되게 하실 수 있다는 뜻이다. 따라서 유대인들이 혈통적인 아브라함의 후손이라고 자만하는 것은 부질없는 일이다.

9절: 세례 요한은 다소 무서운 이미지를 사용하여 무리를 책망한다. "이미"('에데', already)라는 단어가 시사하는 것은 이스라엘 백성이 지금 심판받을 만큼 충분히 타락했다는 사실이다. 즉 하나님의 심판이 임박했음을 강조한다. 하나님의 심판은 먼 미래에만 있는 것이 아니라 이미 여기에 있다. 세례 요한은 도끼로 나무를 찍어서 불에 던지는 일상의 광경을 사용하여 이스라엘이 받을 끔찍한 심판을 경고한다(참고. 사 10:33-34; 겔 31:12; 단 4:14; 호 10:1-2). 도끼에 찍혀서 불에 던져진다는 말은 지옥에 간다는 뜻이다.

10절: 10-14절은 세례 요한과 사람들 사이에 오간 질문과 대답이다. 여기에 세 부류의 질문자가 나온다. 10절은 무리의 질문이며, 12절은 세리의 질문이고, 14a절은 군인의 질문이다. 그들의 질문과 세례 요한의 대답은 세례 요한의 설교에 대한 구체적인 윤리 지침을 제공한다.

11절: 무리의 질문에 대해 세례 요한이 대답한다. 회개의 열매에 관한 세례 요한의 답변은 구체적인 행위와 밀접하게 연관되어 있다. 세례 요한은 자신이 가지고 있는 여분의 옷과 먹을 것을 나누어주라고 촉구한다. 이것은 경건을 실천하라는 뜻이다. 세례 요한은 사랑을 말로만 하지 말고 실제로 행하라고 당부한다.

12-13절: 세리들이 질문하고 세례 요한이 대답한다. 세리는 세금을 부과하는 사람이었는데, 당시에 세금을 지나치게 많이 거두어서 착복하는 경우가 있었다. 게다가 그들은 세금을 거두어서 로마 제국에 가져다주었기 때문에 매국노로 취급되었다.

14절: 군인들이 질문하고 세례 요한이 대답한다. 여기에 나오는 군인들이 로마 군인들이라는 주장이 있으나, 그들이 세례 요한에게 나아왔다고 생각하기란 어렵다. 아마도 헤롯 안티파스가 세리들의 업무를 지원하고자 고용한 유대 군인들일 것이다(참고. Antiquities 18.5.1).

15절: 세례 요한이 강렬하면서도 호소력 있는 메시지를 전하자, 백성들은 큰 매력과 기대감을 가진다. 그래서 백성들은 세례 요한이 혹시 자신들이 그토록 기다리고 열망하던 그리스도일 수도 있다고 심중에 생각한다.

16절: 세례 요한은 사람들이 자신을 그리스도라고 여기는 것을 단호히 거부한다(참고. 마 3:11-12; 막 1:7-8). "나보다 능력이 많으신 이"는 그리스도를 가리킨다. 이것은 그리스도의 우월함과 위대함을 시사한다. 신발 끈을 푸는 일은 너무나 하찮은 일이었다. 그래서 당시 유대인 종들은 주인의 신발 끈을 푸는 일을 하지 않았고 이방인 종들만 그 일을 했다. 세례 요한은 물로 세례를 베풀지만, 예수님은 성령과 불로 세례를 베푸실 것이다. 물로 세례를 베푸는 일은 성령과 불로 세례를 베푸는 일에 비할 수 없다. 여기서 '불'의 의미에 대하여 논란이 있다. 이 단어가 긍정적으로 사용되었으면 성령께서 신자를 정결하게 하시는 사역을 의미한다. 그러나 부정적으로 사용되었으면 성령께서 비신자를 심판하셔서 지옥 불에 떨어지게 하시는 사역을 시사한다. 이어지는 구절을 고려할 때 두 가지 모두를 뜻한다고 볼 수 있다. 성령께서는 알곡(신자)을 정결하게 하시고, 쭉정이(불신자)를 모아 불에 태우신다.

17절: 이 구절은 그리스도께서 오셔서 하시는 일을 소개한 것으로 앞 구절과 연관 지어서 이해해야 한다. 추수 때는 구원과 심판이 동시에 이루어진다. 그날에 메시아는 두 가지 일을 모두 수행하신다. 곧 타작마당에서 알곡과 쭉정이를 분리하시는데, 알곡을 구원하시고 쭉정이를 심판하신다. "꺼지지 않는 불"은 영원한 지옥을 뜻한다.

18절: "좋은 소식"은 '복음'(Good News)을 가리킨다. 복음은 메시아가 오시는 소식과 메시아를 통해서 이루어질 일을 포괄한다. "그밖에 여러 가지로 권하여"라는 표현을 통해서 누가는 그의 복음서(다른 복음서도 마찬가지지만)에 기록된 내용이 세례 요한이 선한 메시지의 일부 혹은 요지임을 암시한다.

19-20절: 이 구절들에 기록된 내용은 연대기를 따른 것이 아니다. 이것은 훗날에 일어난 일이다. 하지만 누가는 세례 요한에 관한 이야기를 한곳에 모아서 진술하고자 이 기사를 이곳에 배치한다. 여기에 나오는 "분봉왕 헤롯"은 헤롯 안티파스(Herod Antipas)이다. 헤롯 안티파스는 로마로 여

행하던 중 그의 이복동생 헤롯 빌립(Herod Philip I)의 집에 들렀다가 빌립의 아내 헤로디아(Herodias)를 좋아하게 되어서 자기 아내로 삼았다. 그리하여 세례 요한은 헤롯 안티파스가 옳지 않게 결혼했다고 비판했다. 그리고 세례 요한은 헤롯 안티파스가 행한 다른 악한 일들도 책망했다. 이에 헤롯 안티파스는 세례 요한에게 앙심을 품었다. 그러나 사람들이 세례 요한을 좋아했기에 그를 죽이지는 못하고 옥에 가두었다(참고. 마 14:1-12; 막 6:14-29; 요 3:22-24). 요세푸스에 따르면, 세례 요한은 사해 동쪽의 마케루스(Machaerus) 성에 갇혔다(참고. Antiquities 18.5.2). 마케루스 성은 원래 알렉산더 얀네우스에 의해 와디 제르카 마인과 와디 엘모지브 사이, 곧 사해 동편 외진 봉우리에 건설되었는데, 훗날 헤롯 대왕에 의해서 웅장하게 복원되었다. 그리고 그 잔해는 오늘날까지 남아있다. 세례 요한은 여기서 죽음을 맞이했다(참고. 마 14:1-2; 막 6:14-29).

3:21-22 예수님이 세례받으심

예수님이 세례받으신다. 이때 성령이 임하시고 성부께서 예수님을 아들(성자)이라고 선언하신다. 따라서 이 사건에 삼위 하나님이 모두 등장하신다. 성령과 성부의 사역으로 성자의 신성이 드러난다. 문예적으로, 21-22절은 세례 요한에서 예수님에게로 전환되는 역할을 한다. 이제 복음의 주인공이신 예수님이 등장하신다.

21절: 백성들이 세례 요한에게서 세례를 받을 때 예수님도 세례를 받으신다. 당시 세례 요한은 사람들에게서 상당한 호의를 얻었다. 전체를 살펴볼 때 예수님이 세례를 받으시는 이유는 다음 세 가지라고 할 수 있다. 첫째, 세례는 죄를 씻는 것이다. 예수님은 아무런 죄를 짓지 않았기에 세례받으실 필요가 없었으나, 자신을 죄인의 위치에 두시기 위해서 이렇게 하셨다(참고. 고후 5:21). 둘째, 예수님은 세례를 통해서 자신이 메시아이신 것을 세상에 드러내셨다(참고. 요 1:31). 셋째, 특히 누가복음에서 예수님이 세례를 받으신 이유는 자신이 하나님의 아들임을 알게 하려는 의도가 강하다. 이는 이어지는 성부의 선언을 통해서 드러난다. 예수님이 세례를 받으시고 기도하실 때 하늘이 열린다. 하늘이 열리는 것은 하나님이 임재하시는 것을 의미한다.

22절: 예수님 위에 성령이 강림하셨다는 말은 예수님이 성령의 권능을 입었다는 뜻이다. 예수님은 사역을 시작하시기 전에 성령의 능력을 입으신다. 이것은 예수님이 성령으로 세례를 받았다는 뜻이 아니다. 성령 세례는 예수님이 하시는 일이지 받으시는 일이 아니다. 그렇다면 성령이 비둘기 같은 형체로 예수님의 위에 강림하신 것은 어떤 의미일까? 실제로 비둘기가 임한 것은 아니다. 우리는 이 상황이 어떤 모습인지 정확히 파악하기가 어렵다. 부드럽고 평화로운 이미지이거나 아니면 장엄하게 하늘에서 내려오는 이미지일 것이다. 어쨌든 비둘기 자체에 의미를 둘 필요는 없다. 성령과 비둘기는 연관되지 않는다. 이때 하늘로부터 소리가 난다. "너는 내 사랑하는 아들이라 내가 너를 기뻐하노라"는 성부 하나님의 음성이다. 이것은 시편 2:7과 이사야 42:1에 담긴 개념을 인용한 것이다. 시편 2:7은 왕으로 오시는 메시아를 예언하고, 이사야 42:1은 종으로 오시는 메시아를 예언한다. 따라서 이 음성을 통해서 예수님이 어떤 분이신지가 드러난다. 주의할 것은 예수님이 이때 비로소 하나님의 아들이 되신 것이 아니라는 점이다. 예수님은 이미 선재 하시는 하나님의 아들이셨다. 다만 여기서는 하나님의 아들이시라는 사실이 선포된 것이다.

3:23-38 예수님의 계보

예수님의 계보가 소개된다. 이를 통해서 예수님이 구약에서 오시리라고 예언된 메시아임이 밝혀진다. 예수님의 계보는 아담을 거쳐서 하나님께 도달한다. 이것은 예수님이 하나님의 아들이시라는 사실을 알려준다. 하나님은 아들 예수님을 세상에 보내셨고, 예수님은 아버지 하나님의 명령을 받아 세상에 오셔서 구속의 일을 성취하셨다.

23a절: 예수님은 헤롯 대왕이 죽기 전인 주전 4년 이전에 태어나셨다(참고. 특주: 예수님의 탄생 시기 논쟁). 따라서 지금은 주후 28-29년이므로 "삼십 세쯤"('호세이 에톤 트리아콘타', ESV: "about thirty years of age", 30대 초반)이라고 볼 수 있다. 구약에서 30세는 선지자(참고. 겔 1:1), 제사장(참고. 민 4:3), 특별한 일꾼(참고. 대상 23:3), 왕(참고. 삼하 5:4) 등이 취임하는 나이로 언급되었다. 하지만 구약 여러 곳에 제시된 30세라는 나이와 여기서 예수님이 30세쯤이 되셨다는 언급 사이에 어떤 관계가 있다고 보이지는 않는다. 30세에 신학적이거나 상징적인 의미를 부여할 필요는 없다. 이것은 단지 나이에 관한 언급일 뿐이다. 누가는 이를 통해서 예수님의 역사성을 보여주고자 한다.

23b절: 누가는 예수님의 계보를 기록한다. 그는 예수님의 조상 77명을 언급한다. "사람들이 아는 대로는"이란 헬라어로 '호스 에노미제토'인데, NASB에서 "supposedly"로 번역되었고, ESV에서 "as was supposed"로 번역되었다. 이 문구는 유대인들이 예수님을 요셉의 아들(육신적인 아들)로 알고 있으나, 사실이 아니라는 뜻을 담고 있다. 누가는 이 표현을 통해 예수님이 동정녀 마리아의 몸에서 태어나셨다는 사실을 밝힌다. "요셉의 위는 헬리요"라는 문구는 마태복음의 계보와 차이를 보인다. 마태복음 1:16은 요셉의 아버지가 야곱이라고 말하기 때문이다. 이 차이를 어떻게 이해해야 할까? 두 가지 가능성이 있다. 첫째, 형사취수혼법에 근거하여 요셉의 친아버지는 헬리이고, 요셉의 양아버지가 야곱이다. 둘째, 마리아의 아버지가 헬리인데, 고대에는 장인도 아버지라고 불렀다(참고. 룻 1:11에서 나

오미가 며느리들을 "내 딸들"이라고 불렀듯이). 후자가 더 가능성이 있으나 단정하기가 쉽지 않다.

24-31절: 계보는 위로 올라가는 형태를 취한다. 31절은 나단의 위에 다윗이 있다고 말한다. 다윗의 아들로 왕이 된 인물은 솔로몬인데(참고. 마 1:6-7), 여기에는 다윗의 또 다른 아들 나단이 나온다(참고. 대상 3:5). 이것은 솔로몬이 요셉의 조상인 반면에, 나단이 마리아의 조상이기 때문이다. 누가는 마리아의 관점에서 계보를 설명한다.

32-38절: 예수님의 계보는 아담에게로 올라가다가 심지어 하나님께 도달한다. 하나님은 예수님의 진정한 아버지이시다. 하나님은 예수님에게 능력을 주셨고 구속의 일을 위하여 예수님을 세상에 보내셨다. 그리고 예수님은 아버지 하나님의 명령에 따라 세상에 오셔서 구속의 일을 수행하시게 되었다.

특주 • 마태복음의 계보와 누가복음의 계보 사이의 차이점

마태복음의 계보(마 1:1-17)와 누가복음의 계보(눅 3:23-38) 사이에는 차이가 있다. 첫째, 마태복음은 아브라함에서 시작하여 예수님으로 내려가지만, 누가복음은 예수님에서 시작하여 아담으로 올라가고 마지막에는 하나님께 도달한다. 둘째, 마태복음은 예수님이 아브라함과 다윗의 후손이라는 사실을 강조하지만, 누가복음은 아브라함과 다윗의 이름을 단순히 언급하기만 한다. 셋째, 마태복음의 계보와 누가복음의 계보 사이에는 서로 소개하지 않는 이름이 상당히 많은데, 이는 유대인들이 통상 이름을 두 개 혹은 세 개 가지고 있었기 때문이기도 하지만, 그것만으로 차이를 해소하기 어렵다. 넷째, 마태복음은 특정한 문예적 구성(예. 다윗을 중심으로 한 14개X3묶음)을 시도하지만, 누가복음은 아무런 문예적 의도도 보이지 않는다. 그렇다면 두 복음서의 계보 차이를 어떻게 이해해야 할까? 학자들은 다양한 의견을 개진해 왔다. 여기서 우리가 그 논의를 다룰 수는 없다. 다만, 다음과 같이 결론을 내리고자 한다. 마태복음의 계보는 예수님의 법적인 계보(요셉 중심)로써 예수님이 다윗의 왕위를 물려받으실 분임을 보여주지만(유대인 고려), 누가복음의 계보는 예수님의 육적인 계보(마리아 중심)로써 예수님이 온 인류가 기다려 온 메시아이심을 강조한다(이방인 고려). 따라서 두 복음서의 계보는 상호보완적으로 예수님이 구약에 약속되고 예언된 메시아이시며, 유대인과 이방인 모두를 구원하시기 위해서 오신 분이라는 사실을 알려준다.

• 토론과 나눔 •

1. 세례 요한이 전파한 메시지는 무엇인가요?

2. 세례 요한이 행한 '세례'는 어떤 의미를 지니나요?

3. 10-14절에 있는 세례 요한과 사람들 사이에 오간 질문과 대답은 무엇입니까?

4. 세례는 죄를 씻는 의식인데, 죄 없으신 예수님이 세례받으신 이유는 무엇인가요?

5. 예수님의 계보에 담긴 의미를 서술해 보십시오.

• 핵심과 실천 •

세례 요한은 예수 그리스도의 길을 준비하는 역할을 했습니다. 그가 전한 말과 행동은 예수 그리스도께서 하실 일을 예고했습니다. 세례 요한은 자신에게 주어진 사역을 감당한 후 옥에 갇혔습니다. 우리는 하나님으로부터 어떤 사명을 받았는지 생각해 보아야 합니다. 자신에게 주어진 사명을 모르면 삶의 방향을 잃게 되고 공허해집니다. 우리는 사명을 수행하는 일에 전심전력해야 합니다. 이를 위해서 지혜를 얻어야 하고 실력을 연마해야 합니다.

4장

예수님은 시험받으심으로 사역 준비를 마치신다(4:1–13). 이제 예수님은 갈릴리에서 사역을 시작하시고(4:14–15), 나사렛에서 메시아적 사역에 관한 말씀을 선포하신 후(4:16–30), 가버나움에 머물면서 다양한 사역을 펼치신다(4:31–44). 예수님은 공생애 기간에 주로 갈릴리에 계신다. 누가복음 4–9장은 8:22–39를 제외하면, 모두 갈릴리 서쪽에서 일어난 일이다.

LUKE

4:1-13 예수님이 시험받으심

예수님이 시험받으신 이야기는 아담이 에덴동산에서 겪은 일, 그리고 이스라엘 백성이 광야에서 40년간 지낸 일과 연관해서 이해해야 한다. 예수님은 하늘로부터 화려하고 멋지게 등장하시지 않고, 오히려 아담과 이스라엘의 실패를 극복하심으로 자신이 메시아인 것을 드러내신다. 즉 예수님은 이스라엘의 집약으로서 그분의 승리가 곧 우리의 승리가 된다.

1절: "성령의 충만함"이란 표현은 성령께서 예수님에게 힘을 주셨음을 의미한다. 예수님이 세례를 받으실 때 성령이 그분 위에 임하셨다(참고. 3:22). 그리고 예수님은 항상 성령으로 충만해 계셨다(참고. 4:14; 요 3:34). "요단강에서 돌아오사"란 문구는 예수님이 세례 요한에게서 세례를 받으시고 돌아오셨다는 뜻이다(참고. 3:21-22). 여기서 '광야'가 어디인지 정확히 알기는 어렵다. 아마도 요단강 주변 어딘가일 것이다. "성령의 충만함을 입어"와 "성령에게 이끌리시며"란 단어가 같이 나오는 것은 성령의 능력과 인도를 강조한다.

2절: "시험을 받으시더라"('페이라조메노스')라는 문구는 현재분사이다. 이것은 예수님이 40일 동안 계속해서 시험받으셨다는 뜻이다. 예수님은 성령에 이끌리어 광야에서 마귀에게 시험을 받으셨다. 따라서 마귀가 예수님을 시험하지만, 이 시험은 성령에 의해 마련된 것이다. 예수님이 힘이 없어서 마귀에게 끌려다니신 것은 아니다. 성령께서 예수님이 특정한 목적을 이루시도록 마귀를 통하여 시험을 당하게 하셨을 뿐이다. 성경에서 '마귀'는 '사탄'과 교호적으로(interchangeably) 사용된다. 예수님은 광야에서 40일을 지내시면서 아무것도 드시지 않았으므로 40일이 다하자 주리셨다. 아마도 예수님은 물 정도만 마시면서 지내셨을 것이다. 40일간의 금식은 극단적인 고통이며, 죽음 직전까지 가는 상황이다. '40'은 실제 숫자지만 성경에서 강한 상징성을 가진다. 노아의 때에 40일 동안 비가 땅에 쏟아졌고(참고. 창 7:4, 12), 이스라엘 백성들은 40년 동안 광야에서 지냈으며(참고. 민 14:33; 32:13; 신 8:2), 모세는 40일을 금식했다(참고. 출 34:28; 신 9:9). 아담은 에덴에서 풍족히 먹었으나 예수님은 광야에서 굶으셨다. 아담은 사탄의 시험에 넘어갔으나 예수님은 이기셨다. 특히 예수님이 40일 동안 금식하신 것은 과거 이스라엘 백성이 40년 동안 광야에서 지낸 일을 떠올린다. 누가는 예수님이 광야에서 40일간 시험받으신 사건을 구약의 성취적 행동으로 묘사한다.

3절: 3-4절은 첫 번째 시험이다. 마귀는 "네가 만일 하나님의 아들이어든"이라는 문구를 세 번의 시험에서 두 번이나 사용한다. 예수님은 세례받으실 때 성부 하나님으로부터 친히 '하나님의 아들'이라는 선언을 들으셨다(참고. 3:22). 그리고 누가는 예수님의 계보를 언급하면서 예수님이 '하나님의 아들'이심을 부각했다(참고. 3:38). 따라서 지금 마귀는 '예수님이 하나님의 아들이다'라는 사실에 도전한다. 마귀는 예수님이 하나님의 아들이라는 사실의 의미를 왜곡하고 예수님 자신이 하나님의 아들 됨을 포기할 것을 종용한다. "이 돌들에게 명하여 떡이 되게 하라"라는 말은 예수님에게 하나님의 아들이라는 증거를 보이라는 것이다. 지금 예수님은 40일간 금식하셔서 배가 고픈 상태이다. 따라서 마귀는 먹는 것으로 시험한다. 예수님에게 있어서 현재 가장 약한 부분을 공격한다.

4절: 예수님은 신명기 8:3을 인용하시면서 대답하신다. 곧 성경 말씀을 인용하시면서 마귀의 시험을 물리치신다. 이처럼 예수님은 시험을 받으실 때마다 성경 말씀을 인용하시는데, 이는 말씀이 마귀를 물리치는 '성령의 검'이기 때문이다(참고. 엡 6:17). "사람이 떡으로만 살 것이 아니라"라는 말씀은 이스라엘 백성이 광야에서 오로지 하나님만 의지했어야 한다는 사실을 암시한다. 따라서 예수님의 말씀은 자신이 하나님의 아들로서 하나님을 전적으로 신뢰하며 하나님이 하시는 말씀에 순종한다는 사실을 보여준다. 그러나 오해하지 말아야 할 것은 예수님이 떡으로 사는 것을 부정하시는 것이 아니라는 점이다. 다만, 그분은 '떡으로만' 사는 것이 아니라고 하신다. 여기에 기록된 예수님의 말씀에서 생략된 것은 '하나님의 입으로부터 나오는 모든 말씀으로 산다'라는 사실이다(참고. 마 4:4).

5절: 5-8절은 두 번째 시험이다. 마귀는 예수님을 이끌고 올라가서 순식간에 천하만국을 보이며 다시 말한다. 마귀가 예수님을 이끌고 높은 곳에 올라간 일이 어떤 식으로 이루어졌는지 알 수가 없다. 이것이 물리적인(실제) 이동인지 아니면 환상인지도 알기가 어렵다. 누가를 비롯한 복음서 저자들은 이에 대해서 아무런 암시를 주지 않는다.

6-7절: 마귀는 자신을 경배하면 천하만국을 주겠다고 유혹한다. 이것은 하나님을 버리고 자신을 섬기면 세상의 부귀와 권세를 주겠다는 뜻이다. 따라서 제1계명을 버리라는 것이다(참고. 출 20:3). 마귀는 이 세상의 임금이며(참고. 요 12:31; 14:30; 16:11), 통치자요(참고. 고전 2:6), 신이고(참고. 고후 4:4), 공중 권세를 잡은 자(참고. 엡 2:2)이다. 하나님은 잠시 그에게 세상의 많은 것을 맡기셨다. 그러나 그에게 세상의 모든 것을 주시지는 않았다. 그는 하나님의 절대적인 권위와 전능하신 능력 아래 단지 제한적으로 세상을

다스릴 뿐이다. 따라서 마귀는 자기 마음대로 "이 모든 권위와 영광"을 누군가에게 줄 수 없다. 그는 거짓말하고 있다.

8절: 예수님은 신명기 6:13을 인용하심으로 대답하신다. 따라서 예수님은 다시금 성경 말씀을 인용하시면서 마귀의 시험을 물리치신다. 이 말씀은 제1계명 준수와 연관된다. 제1계명은 기독교 신앙의 근본이며 요지이다.

9절: 9-12절은 세 번째 시험이다. 마귀는 예루살렘으로 가서 예수님을 성전 꼭대기에 세우고 말한다. 두 번째 시험과 마찬가지로 이것이 물리적인 이동인지 아니면 환상 속에서 일어난 일인지 정확히 모른다. "성전 꼭대기"가 성전 어느 꼭대기인지도 알 수가 없다. 필시 성전 남동쪽 끝부분(Royal Porch)일 가능성이 있다. 여기에 올라서면 기드론 골짜기가 훤히 내려다보인다. 마귀는 다시금 예수님을 향하여 "네가 만일 하나님의 아들이어든"이라고 말한다. 앞에서 말했듯이, 이것은 예수님이 하나님의 아들이시라는 사실에 도전하는 것이다.

10-11절: 그런데 마귀는 이번에 자신이 성경을 인용한다. 그는 시편 91:11-12를 교묘하게 잘못 인용하여 원래 의미를 훼손한다. 마귀는 예수님이 성전에서 뛰어내리면 사람들이 영웅으로 우러러볼 것이라고 유혹한다. 따라서 마귀는 성전을 모독하고, 예수님을 세속적인 욕망에 찌든 인간으로 낮추려고 한다. 궁극적으로 이것은 하나님의 능력(천사들을 통한)을 시험하는 것이다. 그런데 이 시험은 이스라엘 백성이 맛사(므리바)에서 하나님을 시험한 사건을 연상시킨다(참고. 출 17:1-7). 당시 그들은 물을 증거(표적)로 삼아서 하나님이 그들 가운데 계신지 아니면 안 계신지를 증명할 수 있다고 주장했다.

12절: 예수님은 신명기 6:16을 인용하심으로 대답하신다. 즉 하나님을 시험하지 말라고 하신 말씀을 인용하신다. 이것은 예수님 자신이 하나님의 아들로서 하나님 아버지를 시험하지 않겠다는 의지를 표명한 것이며, 나아가서 신자들이 명심해야 한다는 메시지를 주시는 것이다.

13절: 마귀는 "모든 시험"을 한 후 얼마 동안 예수님을 떠난다. "모든 시험"이란 마귀가 40일 동안 예수님을 시험한 일을 가리킨다. 특히 마지막 세 가지 시험은 인류를 향한 시험이며 시험의 절정이다. 마귀는 예수님에게 행한 모든 시험이 실패하자 "얼마 동안" 예수님을 떠난다. "얼마 동안"('아크리 카이로스')이란 그가 반드시 다시 돌아올 것임을 암시한다.

특주 • 시험 기사가 주는 교훈

마귀는 예수님을 세 번 시험한다. 시험의 순서는 마태복음에 기록된 것과 다르게 되어 있다. 즉 마태복음에서 두 번째 시험과 세 번째 시험이 누가복음에서는 각각 세 번째 시험과 두 번째 시험으로 되어 있다. 하지만 시험의 순서가 중요한 것은 아니다. 시험의 내용과 의미를 눈여겨보아야 한다. 예수님은 마귀에게서 세 가지 시험을 당하신다. 이것은 예수님이 40일 동안 마귀에게서 계속하여 시험을 받으시다가 마지막으로 세 가지 시험을 받으신 것이다. 따라서 세 가지 시험은 '시험의 절정'(culmination)이라고 할 수 있다. 특별히 세 가지 시험은 매우 중요한 구속사적인 의미를 가진다. 예수님의 시험 기사가 주는 교훈은 다음과 같다.

첫째, 마귀는 예수님을 향해서 "네가 만일 하나님의 아들이어든"이라고 두 번이나 말한다. 예수님이 세례받으실 때 하나님은 예수님을 자신의 아들이라고 선언하셨다. 더욱이 예수님의 계보를 통해서 예수님이 하나님의 아들이라는 사실이 드러났다. 따라서 마귀는 이것을 부정하고 모독하려는 의도를 가지고 있다. 마귀는 예수님에게 "네가 만일 하나님의 아들이어든" 자신이 요구하는 대로 해 보라고 유혹했으나, 예수님은 이를 물리치심으로 자신이 하나님의 진정한 아들이라는 사실을 입증하셨다.

둘째, 예수님이 받으신 시험은 이스라엘의 실패를 회복하시는 일이 되었다. 예수님이 세례받으신 것과 40일간 금식하신 것은 이스라엘의 홍해 도하와 40년 광야 생활의 성취라고 할 수 있다. 예수님은 '집단적 인격'(corperate personality), 곧 온 인류의 대표자로서 이스라엘 백성의 삶이 예수님 안에 집약되어 있다. 오래전 광야에서 이스라엘은 먹고 마시는 문제로 실패했다. 세상의 부귀와 명예를 얻고자 하는 마음을 강하게 가지고 있었다. 하나님이 계시는지 혹은 안 계시는지를 시험하고자 하는 악한 의도를 지니고 있었다. 그러나 예수님은 이런 실패를 이기셨다. 그리고 예수님이 시험을 이기신 것은 이스라엘 전체가 시험을 이긴 것이 된다.

셋째, 예수님이 받으신 시험은 인간이 보편적으로 받는 시험이다. 이것은 각각 육신의 정욕, 부귀와 권세, 그리고 명예와 자랑을 시사한다. 인간은 이러한 유혹 거리를 항상 맞닥뜨린다. 첫 사람 아담은 유혹에 넘어가서 실패했다. 이후 아담의 후손들도 실패에 실패를 거듭했다. 그러나 예수님은 아담을 비롯하여 인간이 본능적으로 열망하던 것들을 성령의 능력으로 극복하셨다. 그러므로 우리도 예수님 안에서 성령의 능력으로 모든 시험을 이겨야 한다.

4:14-15 갈릴리에서 사역을 시작하심

이제 예수님은 사역을 시작하신다. 14-15절은 예수님의 사역에 대한 요약적 설명이다.

14절: "성령의 능력으로"란 표현은 성령이 예수님 위에 늘 계시는 것을 의미한다. 예수님은 세례받으실 때 성령의 충만함을 입으셨다(참고. 3:22; 요 3:34). 그리고 성령에게 이끌리시어 광야에서 40일간 시험을 받으실 때 승리하셨다(참고. 4:1-13). 이제 예수님은 성령의 능력으로 갈릴리에 돌아가신다. 소문이 사방에 퍼졌다는 말은 예수님의 말씀과 이적에 대한 소문이 빠르게 퍼졌다는 뜻이다. 누가는 예수님이 갈릴리에 돌아가셨다고 기술한다. 마태와 마가는 예수님께서 세례 요한이 잡히셨다는 소식을 들으시고 갈릴리로 물러가셨다고 말한다(마 4:12-17; 막 1:14-15). 따라서 복음서 기사를 종합해보면 예수님은 유대 종교 지도자들의 박해를 피하시기 위하여 갈릴리에 피하신 것이다. 갈릴리는 적대적 세력이 별로 없는 비교적 안전한 지역이었다. 갈릴리에서 예수님은 사역을 시작하시며, 제자들을 부르신다.

15절: 당시 유대인들은 각 지역에 세워진 회당에서 예배를 드리고 말씀을 배웠는데, 유대인들은 회당장의 허락 아래 말씀을 읽고 말할 수 있었다(참고. 17절의 설명). 예수님에 대한 소문이 이미 널리 퍼져 있었기에 많은 사람이 예수님의 가르침을 듣기 위해서 모여들었을 것이다.

4:16-30 나사렛에서 말씀을 선포하심

예수님은 고향 나사렛에서 말씀을 선포하신다. 이 일은 매우 중요하다. 예수님은 설교를 통해서 자신이 구약에 예언된 메시아라는 사실을 선포하신다. 그리고 자신이 메시아로서 어떤 일을 하실지를 알려주신다. 하지만 나사렛 사람들은 예수님을 거부하며 심지어 그분을 죽이려고 하는데, 이는 훗날 이스라엘 백성이 할 일을 예고한다.

16절: 예수님은 갈릴리를 잠시 떠나 그분이 자라나신 나사렛으로 가신다(참고. 1:26; 2:4, 39-51). 그분은 "안식일에 늘 하시던 대로 회당에 들어가사 성경을 읽으려고" 서신다. "늘 하시던 대로"란 예수님이 경건한 유대인으로서 안식일이 되면 회당에 가셔서 예배에 참석하셨음을 보여준다. 성경을 읽으려고 일어서는 것은 당시 유대인들이 성경을 읽을 때 행하던 관습이다. 성경을 읽을 때는 일어섰고, 성경을 가르칠 때는 앉았다(참고. 20절; 마 5:1; 23:2).

17절: 당시 유대인 성인 남자들은 회당장의 허락 하에 성경을 해설할 기회를 얻을 수 있었다. 누군가가 예수님에게 선지자 이사야의 글을 드리니 예수님은 이사야 61:1-2(70인 역, LXX)를 펴신다. 당시 회당에서 주기적으로 율법서와 선지서를 읽었는데, 아마도 이때 이사야서를 읽기로 되어 있었던 것 같다. 하지만 어떤 학자들은 당시에 그런 성경 읽기 전통이 존재하지 않았다고 주장하면서 예수님이 자신의 신적 정체를 알리려고 일부러 이사야서를 읽으셨다고 말한다. 예수님은 두루마리로 되어 있는 이사야서를 펴서 61:1-2를 읽으신다.

18-19절: 예수님은 성령이 자신에게 임하셨다고 하신다. 즉 이스라엘 백성이 오랫동안 기다려온 메시아가 바로 자신임을 밝히신다. 여기서 "포로된 자", "눈먼 자", "눌린 자"는 인간의 영적인 상태를 반영한다. 메시아는 이들에게 자유와 치유와 회복을 선사하신다.

20절: 회당에는 책을 맡은 사람이 있었다. 그는 책을 서고로부터 꺼내와서 그날 읽을 사람에게 주었다가 그가 읽고 나면 다시 받아서 서고에 보관했다. 앞에서 언급했듯이(참고. 16절), 당시 회당에서 유대인들은 성경을 읽을 때 일어섰고, 가르칠 때 앉았다. 따라서 이제 예수님이 앉으시는 것은 성경을 가르치는 자세를 취하시는 것이다.

21절: 누가는 예수님의 설교를 모두 기록하지 않는다. 헬라어 문장에서 "오늘"이 문장의 제일 앞에 나와서 강조된다. 이 단어는 예수님을 가리킨다. 예수님은 이사야의 예언이 자신을 통해서 성취되었다고 말씀하신다. 즉 자신이 구약에서 예언된 메시아라는 사실을 알리신다.

22절: "그들이 다 그를 증언하고"라는 말은 예수님께서 하신 말씀에 동의했다는 뜻이다. "그 입으로 나오는 바 은혜로운 말을 놀랍게 여겨"란 예수님이 전하신 은혜로운 말씀에 감탄했다는 뜻이다. "이 사람이 요셉의 아들이 아니냐"라는 문구는 예수님이 그 동네 출신의 평범한 사람이라는 뜻이다. 따라서 청중들은 예수님에 대해서 감탄하기도 하고 의심하기도 한다. 그들은 이사야서에 기록된 말씀의 의미를 안다고 생각하지만, 예수님이 이사야서에 예언된 메시아라는 사실에 대해서는 의문을 가진다. 예수님에 대한 선입견 때문에 그분을 믿지 못한다.

23절: 예수님은 나사렛 사람들의 생각을 알고 계신다(전지성: 참고. 5:22;

6:8; 7:39-40; 9:47; 11:17). 그들은 예수님의 출신을 알고 있었기에 그분이 전하는 말씀을 믿지 않았다. 예수님은 속담을 인용하시는데, 이것은 다양한 형태로 헬라 문헌(Euripides, Incertarum Fabularum Fragmenta 1086)과 유대 문헌(Genesis Rabbah 23:4), 그리고 누가복음 23:35("저가 남을 구원하였으니 만일 하나님이 택하신 자 그리스도이면 자신도 구원할지어다")에 나온다. 나사렛 사람들은 예수님에게 가버나움에서 행한 이적을 여기서도 행하라고 요구한다. 그런데 이 시점 전까지 예수님이 가버나움에서 이적을 행하신 일은 누가복음에 나오지 않는다. 그것은 4:31-37과 7:1-10에서야 나온다. 따라서 이것은 우리에게 알려지지 않은 일이다. 예수님의 말씀은 믿을 수 없고, 그분이 행하는 기적을 봐야 믿을 수 있겠다고 하는 것은 하나님을 시험하는 일이다.

24절: 예수님은 이적을 보여달라는 사람들의 요구를 책망하신다. 이 구절에서 예수님의 말씀은 "진실로"('아멘')라는 단어로 시작된다. 예수님은 엄숙하게 말씀하실 때 이 단어를 사용하셨다(참고. 4:24; 12:37; 18:17, 29; 21:32; 23:43). 예수님은 고향 나사렛에서 환영받지 못하는 현실을 안타까워하신다. 또한, 자신을 선지자로 소개하신다. 구약성경에는 선지자들이 사람들에게 거부당하는 일이 빈번했다.

25-27절: 예수님은 엘리야와 엘리사가 행한 일을 예로 드시면서 나사렛 사람들에게 경고하신다(참고. 7:11-17; 9:52-55, 61-62). 예수님은 엘리야가 이스라엘의 많은 과부 가운데 오직 시돈 땅에 있는 사렙다의 한 과부에게 보냄을 받은 일과(참고. 왕상 17장), 엘리사가 이스라엘의 많은 나병환자 가운데 오직 수리아 사람 나아만을 고친 일을(참고. 왕하 5장) 말씀하신다. 이처럼 예수님은 이스라엘 역사에서 가장 타락한 시대에 일어난 일을 언급하신다. 이것은 예수님이 유대 민족에 국한되지 않고 하나님의 선택을 받은 모든 사람을 위한 메시아라는 사실을 알려 준다. 하나님은 모든 사람에게 구원을 주시지 않는다. 하나님은 그분이 주권적으로 선택하신 사람들에게

만 구원을 허락하신다.

28절: 회당에서 예수님의 말씀을 들은 사람들은 예수님의 말씀에 긍정적으로 반응하지 않고 오히려 화를 낸다. 그 이유는 예수님이 나사렛 사람들을 이방 지역 사람들보다 나쁘다고 하셨기 때문이다. 곧 그들이 화내는 이유는 예수님이 이적 베풀기를 거부하셨기 때문이고, 또한 예수님이 유대인만 구원하는 메시아가 아니라 이방인도 구원하는 메시아임을 말씀하셨기 때문이며, 예수님께서 하나님이 특별히 선택하신 자들에게만 은혜를 베푸신다고 하셨기 때문이다.

29절: 나사렛 사람들은 예수님을 낭떠러지까지 끌고 가서 밀쳐 떨어뜨리고자 한다. 이 낭떠러지가 어디인지 정확히 모른다. 추정되는 곳이 몇 군데 있기는 하나 증거가 없다. 하여튼 사람들은 예수님이 자신들의 죄악된 실상을 드러내는 것을 기분 나빠하여 산 낭떠러지까지 끌고 가서 밀쳐 죽이려고 한다. 이것은 그들이 얼마나 사악하고 나쁜 존재인지를 보여준다.

30절: 예수님은 사람들의 위협으로부터 기적적으로 피하신다. 그분이 어떤 방법을 사용하셨는지는 알 수가 없다. 어쨌든 나사렛 사람들이 예수님을 죽이려는 시도는 실패했다. 아직 예수님은 하나님 아버지께로 돌아가실 때가 되지 않았다(참고. 22:53; 요 7:30; 8:59; 10:39). 예수님은 하나님 아버지께서 정하신 때가 되어서야 죽임을 당하실 것이다.

4:31-44 가버나움에서 사역하심

예수님이 가버나움에 오신다. 가버나움은 갈릴리 해변의 북서쪽에 있다. 예수님은 공생애 기간에 주로 이곳에 계신다. 예수님이 여기로 오신 이유는 이사야 9:1-2의 예언을 성취하시기 위해서이다(참고. 마 4:14-16). 예수님은 메시아로서 장차 어떤 일을 하실지를 보여주신다.

31-32절: 누가는 "갈릴리의 가버나움 동네"(ESV: "Capernaum, a city of Galilee")라는 표현을 사용한다. 그는 이방인 독자들을 위하여 가버나움이 갈릴리에 있다는 사실을 알려준다. 예수님이 나사렛에서 가버나움에 오실 때 "내려오사"라는 단어가 사용된 것은 나사렛이 높은 곳에 있고, 가버나움이 낮은 곳에 있기 때문이다. 예수님은 가버나움에서도 안식일에 회당에서 가르치신다. 그분은 안식일 예배에 정기적으로 참석하신 경건한 유대인이셨다(참고. 4:16).

32절: 사람들은 예수님의 가르치심에 놀라는데, 이는 그분의 말씀에 권위가 있었기 때문이다. '놀란다'라는 단어는 누가복음 앞부분에 자주 나온다(참고. 2:48; 4:22; 9:43). 그런데 누가복음에서 '놀란다'라는 말이 언제나 회심(마음의 변화)을 의미하는 것은 아니다. 감탄은 했으나 믿음으로 이어지지 않는 예가 많다(참고. 10:15). 예수님의 가르침은 다른 선생들의 가르침과 확연히 달랐다(참고. 막 1:22).

33-34절: 누가복음에서 처음으로 소개되는 이적은 귀신을 쫓아내는 것이었다. 이것은 의미심장하다. 예수님은 자신의 사역을 통하여 마귀의 일을 멸하신다. 예수님이 회당에서 말씀을 가르치실 때 그곳에 더러운 귀신 들린 사람이 있어 크게 소리 지른다. 복음서에서 귀신은 예수님과 마주칠 때 종종 크게 소리 지른다(참고. 마 8:29; 막 3:11; 5:7; 눅 4:41; 8:28). 귀신은 메시아가 자신들을 무저갱에 집어넣으신다는 사실을 알고 있었다(참고. 8:31). 그리하여 그는 "우리를 멸하러 왔나이까"라고 말한다. 귀신은 예수님의 신분을 알고 있다(참고. 8:28; 마 8:29; 막 1:24; 3:11; 5:7). 그들은 초자연적인 지식을 가지고 있다. 그래서 "나는 당신이 누구인 줄 아노니 하나님의 거룩한 자니이다"라고 말한다. 하지만 이것이 귀신의 믿음을 의미하는 것은 아니다. 지식과 믿음이 항상 일치하는 것은 아니다.

35절: "잠잠하고"라는 단어가 시사하는 것은 귀신이 예수님을 아는 것을 부정적인 측면에서 이해해야 한다는 사실이다. 예수님은 귀신이 말하는 것을 허락하지 않으신다. 즉 귀신을 통해서 복음이 전해지기를 원하지 않으신다. 귀신은 사람들에게 예수님에 대하여 왜곡된 지식을 심어줄 수 있다. 복음은 오직 은혜받은 사람을 통해서 전해진다.

36-37절: 예수님이 말씀을 전하시고 귀신을 쫓아내신 일에 대한 사람들의 반응이 소개되어 있다. 많은 사람이 서로 놀란다. 예수님의 소문이 근처 사방에 퍼진다(참고. 4:14; 5:15).

38절: 38-39절은 예수님이 시몬의 장모를 고쳐주신 사건이다. '시몬'은 베드로를 가리킨다(참고. 6:14). 누가는 예수님이 베드로를 비롯한 첫 제자들을 부르신 일을 여기서 언급하지 않는다(참고. 막 1:16-20). 그는 일어난 일의 순서를 바꾸어서 제자들을 부르신 이야기를 5-6장에서 다룬다. 아마도 누가는 당시에 시몬이 널리 알려진 인물이기에 굳이 소개할 필요를 느끼지 않았을 것이다. 베드로는 결혼했으며(참고. 고전 9:5), 장모와 함께 살았던 것 같다. 베드로의 아내에 대한 정보는 없다. 전승은 베드로의 아내가 여성 사역에 적극적으로 참여했다고 한다. 역사가 유세비우스(Eusebius)는 베드로 부부에게 자녀들이 있었다고 기록한다(Ecclesiasitcal History, 3.30.1). 본문 자체로는 '중한 열병'('퓌레토 메갈로')이 무엇으로 인하여 발생했는지 알 수 없다. 하지만 고대에 중한 열병은 대단히 위험했다.

39절: "가까이 서서"라는 문구는 예수님이 베드로의 장모에 친근함을 표시하는 것이다. 예수님은 환자를 두려워하지 않으신다. 열병을 꾸짖으신 것은 열병을 의인화한 것이다. 이것은 복음서에서 예수님이 질병을 향하여 말씀하신 유일한 예이다. 시몬의 장모가 앓은 열병이 귀신 때문이라고 단정하는 것은 옳지 않다. 이어지는 구절들에서 보듯이 질병과 귀신 들림이 언제나 같은 것은 아니다. 예수님이 열병을 꾸짖으시자 병이 떠나고 그녀가 곧 일어나 수종든다. 이것은 주님의 은혜를 입은 사람들이 봉사해야 함을 보여준다.

40절: 예나 지금이나 질병은 큰 고통이다. 더욱이 당시는 의학이 발달하지 않아서 더욱 두려운 대상이었다. 예수님은 사람들을 사랑하셔서 그들의 질병을 고쳐주신다. 우리는 "일일이"라는 단어에 주목해야 한다. 예수님은 병자들을 다수로 대하지 않으시고, 한 사람씩 돌보신다. "그 위에 손을 얹으사"는 안수 기도이다. 안수 기도는 구약성경의 치유 기사에서 발견되지 않는다(참고. 신 34:9). 하지만 신약 시대에는 보편화되었다(참고. 5:13; 13:13; 행 3:7; 4:30; 5:12; 9:12, 17; 28:8). 따라서 한 사람을 향한 예수님의 사랑과 관심이 돋보인다.

41절: 귀신들이 나가면서 예수님의 정체("당신은 하나님의 아들이니이다")를 발설한다. 이것은 33-34절과 같은 현상이다. 그러나 예수님은 그들을 꾸짖으시면서 그들이 말하는 것을 허락하지 않으신다. 이것도 35절과 같다. 예수님은 마귀로부터 자신의 신분이 알려지는 것을 원하지 않으신다. 복음은 사람을 통해서 전해져야 한다. 이것은 천사도 흠모하는 사역이다. 그렇다면 귀신들이 예수님을 향해 이렇게 말하는 이유는 무엇일까? 그것은 우리가 당신을 인정할 테니 우리를 괴롭게 하지 말라는 것이다. 결국, 예수님의 신분 두 가지가 드러난다. 그것은 "이는 자기를 그리스도인 줄 앎이러라"라는 누가의 해설을 통해서이다. 귀신은 예수님을 "하나님의 아들"이라고 소리쳤으며, 누가는 "그리스도"라고 해설했다. 귀신이 예수님을 하나님의 아들인 줄로 알고 있다면, 우리는 당연히 그분이 하나님의 아들이라는 사실을 알고 전해야 한다.

42절: 이 상황은 마가복음 1:35-39에 기록된 것과 같다. 예수님은 기도하시기 위해서 한적한 곳에 가신다. 하지만 사람들은 질병 치유를 위해서 예수님을 찾는다. 그들은 예수님을 자기들에게서 떠나지 못하시게 만류하려고 한다.

43절: 예수님은 다른 동네에도 가시겠다고 하신다. 가버나움에만 머물지는 않으시겠단 뜻이다. 예수님은 자신이 하나님 아버지로부터 어떠한 사명을 받았는지를 아셨다. 그리고 하나님 아버지의 지시에 따라서 움직이셨다.

예수님은 말씀 전하는 일을 가장 중요하게 여기셨다.

44절: 예수님은 갈릴리 여러 회당에서 전도하신다. 예수님의 사역을 요약하면, 말씀을 가르치시는 일과 병든 자들을 고쳐주시는 일과 귀신을 쫓아내시는 일이었다. 그중 말씀을 가르치시는 일이 가장 중요했다.

• 토론과 나눔 •

1. 예수님이 광야에서 40일간 금식하면서 시험을 받으신 이유는 무엇입니까?

2. 마귀는 오랜 금식으로 심히 약해진 예수님을 어떻게 공격했습니까?

3. 예수님은 마귀의 공격을 어떻게 물리치셨습니까?

4. 예수님은 나사렛 회당에서 자신이 오신 목적이 무엇이라고 말씀하셨습니까?

5. 누가복음에서 예수님이 행한 첫 이적은 무엇이며, 이는 어떤 의미를 지닙니까?

• 핵심과 실천 •

예수님은 시험을 받으셨으나, 승리하셨습니다. 이는 예수님 안에 있는 자들의 승리를 대변합니다. 예수님이 받으신 시험은 육신의 정욕, 부귀와 권세, 그리고 명예와 자랑에 관한 것입니다. 이것은 우리가 항상 맞닥뜨리는 시험거리입니다. 우리는 예수님 안에서 성령의 능력으로 이러한 시험을 이겨야 합니다. 마귀는 약점을 공격합니다. 자신의 약점이 무엇인지를 명심해서 대비해야 합니다. 마귀가 주는 시험을 이기기 위해서 성령과 말씀으로 무장해야 합니다.

5장

누가복음 5장은 예수님이 첫 제자들을 부르신 일과 환자를 고치신 일, 그리고 예수님과 유대 종교 지도자들 사이에 벌어진 논쟁 등을 소개한다. 예수님이 제자들을 부르신 장면은 우리가 예수님의 제자로서 예수님이 하신 일을 계승해야 한다는 소명감을 일으킨다. 예수님이 환자를 고쳐주신 일은 우리가 제자로서 어렵고 고통받는 이들을 돌보아야 한다는 사실을 깨닫게 한다. 그리고 예수님이 유대 종교 지도자들과 논쟁을 벌이신 일은 우리에게 예수님에 관한 바른 지식과 제자로서의 바른 삶에 대해서 가르쳐준다.

LUKE

5:1–11 예수님이 첫 제자들을 부르심

이 단락에는 예수님이 첫 제자들을 부르시는 장면이 기록되어 있다. 예수님은 사역을 시작하시면서 제자들을 부르신다. 이는 예수님이 제자들 없이 일을 못 하시는 분이 아니라 제자들을 두심으로 자신의 사역이 계승되게 하시기 위해서이다.

1절: "무리가 몰려와서 하나님의 말씀을 들을새"란 문구는 예수님이 전하시는 말씀에 권위가 있었음을 반영한다. "게네사렛"은 갈릴리 호수 북서쪽에 있는 비옥한 지역이며, 따라서 인구 밀도가 높았다. 하지만 당시에 갈릴리 호숫가에 있는 지역 이름은 호수의 이름이 되기도 했다(참고. 마 4:18; 막 1:16). 복음서에서 발견되는 갈릴리 호수의 다른 이름은 디베랴 호수이다(참고. 요 6:1; 21:1). 갈릴리 호수의 너비는 약 13km이고 길이는 약 23km이다.

2절: 누가의 설명이다. 누가는 상황을 세밀하게 기록하는데, 이것은 누가의 기록 특성이다. 어부들은 밤새 고기를 잡으려고 했으나 잡은 것이 없고

(참고. 5:5), 이제 배에서 나와서 그물을 씻으며 손질하고 있다.

3절: 예수님께서 배에 오르시는데, 그 배는 시몬의 배이다. '시몬'은 베드로다(참고. 5:8). 시몬 옆에 안드레가 있었으나, 누가는 안드레의 이름을 언급하지 않는다(참고. 막 1:16). 하지만 2절에서 "어부들"이라는 복수형이 사용된 것은 베드로와 안드레가 같이 있었음을 보여준다. 예수님이 배에서 무리를 가르치시는 것은 무리가 너무 많아서 그들로부터 조금 떨어져 계시기 위해서였다. 이 배는 길이가 약 7-8m일 것이다. 오늘날 갈릴리호숫가의 한 박물관에는 그 시대에 사용되던 배가 발견되어 복원 전시되어 있다.

4절: 예수님은 시몬에게 "깊은 데로 가서 그물을 내려 고기를 잡으라"라고 하신다.

5절: 시몬은 어부로서 자신이 이 일에 전문가라고 생각했을 것이다. 그러나 그는 예수님이 말씀하시자 바로 순종한다. 시몬이 예수님을 "선생님"('에피스타테스', master)이라고 부른 것은 신약에서 누가복음에만 나온다(참고. 5:5; 8:24[2회], 45; 9:33, 49; 17:13 - *8:25와 17:13의 한글성경 개역개정에는 '주여'라고 표기되어 있으나 헬라어 원문은 '선생님'이다).

6-7절: 고기를 많이 잡았다는 사실이 강조된다. 여기서 그물이 찢어졌다는 말과 배가 잠기게 되었다는 표현은 과장법이다. 실제로 그렇게 되었다는 뜻이 아니다. 고기를 많이 잡았다는 뜻이다. 물론, 예수님이 고기 잡는 일에 능숙하여 고기를 많이 잡게 된 것이 아니다. 이것은 예수님의 신적인(초자연적인) 능력을 보여준다. 예수님은 바다의 물고기도 주관하시는 분이다.

8절: 누가는 시몬을 "시몬 베드로"라는 이름(full name)으로 말한다. 즉 베드로가 주님의 제자로 부름받는 중요한 순간을 기록한다. 무릎 아래에 엎드리는 것은 겸손과 복종을 표시하는 자세이다. 자신을 죄인이라고 고백하는 것은 신적인 위엄과 권위 앞에서 할 수 있는 일이다. 이것은 이사야가 하나님을 만났을 때 고백했던 것과 비슷하다(참고. 사 6:5). "주여 나를 떠나소서"라는 문구는 문자적인 의미를 담은 말이 아니다. 지금 예수님은 배 안에 계시는데, 예수님에게 어디로 가라는 뜻이겠는가? 이것은 자신이 죄인이어서 주님 앞에 있기에 너무나 송구하고 죄송하다는 뜻이며, 자신이 장차 죄로 인해 심판받지 않도록 용서해 달라는 뜻이다.

9-10a절: 베드로가 예수님께 이렇게 고백한 것은 고기가 많이 잡힌 것으로 말미암아 놀랐기 때문이며, 세베대의 아들이자 베드로의 동업자인 야고보와 요한도 놀랐기 때문이다.

10b절: "무서워하지 말라"라는 말은 하나님의 권위와 영광을 경험한 사람들이 항상 무서워했기 때문이다(참고. 1:13, 30; 2:10). 예수님은 베드로를 안심시켜 주신다(참고. 1:13, 30; 8:50; 12:32). 예수님은 은유적으로 말씀하신다(fishing metaphor). 지금까지 베드로는 물고기를 잡았으나 이제부터 사람을 잡을 것이다(취할 것이다). 이는 사람들을 하나님의 백성으로 삼는 일을 가리킨다. 이러한 은유는 예레미야 16:16과 아모스 4:2를 생각나게 한다.

11절: 예수님의 말씀에 그들은 배들을 육지에 대고 모든 것을 버려두고 예수님을 따른다. 병행 본문인 마태복음 4:18-22에는 지금 주님을 따르는 사람들이 베드로, 안드레, 야고보, 요한이다. 그들은 모든 것(가족, 삶의 터전, 재산, 지위 등)을 버리고 예수님을 따르는데, 이것은 우리가 따라야 할 제자도(discipleship)의 모범이 된다. 그들은 모두 갈릴리 출신이다. 예수님도 갈릴리 나사렛에서 오랫동안 사셨다. 따라서 예수님과 이들은 평소 아는 관계였을 가능성이 크다. 당시 유대 랍비들은 제자들을 먼저 부르지 않았다. 제자들이 랍비를 찾아와서 가르쳐달라고 간청했다. 하지만 예수님은 제자들을 먼저 부르신다. 예수님은 절대적인 주권으로 몇 사람을 선택하여 제자로 삼으신다. 더욱이 예수님은 그들을 완전히 변화시키셔서 부르시지 않는다. 그들을 있는 모습 그대로 부르시고, 이후 훈련하셔서 일을 맡기신다.

5:12-16 나병환자를 고치심

예수님이 나병환자를 고쳐주시면서 하신 말씀과 행동은 예수님의 신분과 성품에 관한 교훈과 더불어 감동을 준다. 예수님은 능력이 강하신 분일 뿐 아니라 사랑이 풍부하신 분이다.

12절: 성경에서 '나병'('레프라')은 한센병(Hansen's disease, leprosy)뿐만 아니라 다양한 종류의 악성 피부병을 가리킨다. 고대에는 질병이 정밀하게 분류되지 않았으므로 광범위한 악성 피부병을 '나병'이라고 부르기도 했다. 나병에 걸린 사람은 부정한 자로 취급받았고 공동체로부터 격리되어 살았다. 예수님을 보고 엎드려 구하는 것은 경외심을 가지고 간청하는 것이다. "주여"(sir)는 당시에 높여 부르는 호칭이다. 나병환자는 아직 예수님을 하나님으로 인식하지 못했을 것이다. 다만 그는 예수님에 관한 소문을 듣고 그분에게 큰 능력이 있어서 자신의 질병을 고치실 수 있으리라고 믿었다. 그래서 그는 "주여 원하시면 나를 깨끗하게 하실 수 있나이다"라고 하면서 도움을 요청한다.

13절: 예수님께서 나병환자를 고쳐주신다. 누가는 종종 예수님이 환자의 몸에 손을 대신 것을 언급한다(참고. 7:14; 13:13; 18:15; 22:51). 예수님은 말씀만으로도 충분히 고치셨을 것이다. 그러나 사랑과 자애를 가지고 나병환자의 몸을 만지면서 낫게 해 주신다. 이것은 당시 문화에서 쉬운 일이 아니다. 나병환자를 만지는 것은 부정해지는 것을 의미했다(참고. 레 5:3). 그러나 예수님은 그러한 인식을 감수하시면서 이렇게 하신다. 사실, 예수님은 전능하신 하나님이시기에 나병환자를 만지셔도 부정해지지 않는다. 오히려 나병환자가 정결해진다. 예수님은 모세 율법보다 우월하신 분이다. 예수님은 "깨끗함을 받으라"라는 한 마디로 나병환자를 고치신다. 이것은 헬라어로 한 단어('카타리스테미', be clean)이다. 여기서 "깨끗함"이란 표현이 사용된 것은 나병이 부정한 질병이기 때문이다. 나병에서 치유되는 것은 정결해지는 것이다. "곧"('이우테오스', immediately)이 사용된 것은 예수님의 강력한 능력을 보여준다.

14절: 예수님은 나병환자에게 고침받은 것을 아무에게도 말하지 말라고 당부하신다. 나병환자를 고친 일은 예수님의 엄청난 능력을 보여주는 일이다. 따라서 예수님이 이러한 일을 행하셨다는 사실이 알려지면 사람들이 지나치게 많이 모여들 것이고, 그러다가 나병을 고친 일이 함의하는 메시지가 퇴색될 것이며, 더욱이 아직 예수님의 정체와 신분에 관한 올바른 믿음이 퍼져 있지 않은 상태에서 사람들이 예수님을 오해하거나 혹은 유대 종교 지도자들로부터 곤경을 받으실 것이다. 그래서 예수님은 이렇게 말씀하신다. "제사장에게 네 몸을 보이고 또 네가 깨끗하게 됨으로 인하여 모세가 명한 대로 예물을 드려 그들에게 입증하라"라는 말은 레위기 14:2-32에 나오는 나병환자 처리 규정에 근거한 말씀이다(참고. 레 13:45-46; 민 5:2-4). 제사장이 나병환자를 검사하여 그가 치유되었다고 판정을 내리면 나병환자는 정결하게 되고 공동체에 다시 들어와서 지낼 수 있게 된다. 이때 고침을 받은 사람은 모세가 명한 대로 예물을 드려 증거를 삼아야 했다.

15절: 그러나 예수님의 소문은 더욱 퍼지고 수많은 무리가 말씀도 듣고 자기 병도 고침을 받고자 하여 예수님께 온다(참고. 4:37). 누가는 생략하지만, 마가는 이 사람이 소문을 냈다고 말한다(참고. 막 1:45, "그러나 그 사람이 나가서 이 일을 많이 전파하여 널리 퍼지게 하니").

16절: "물러가사"와 "기도하시니라"는 미완료 동사('이다')에 두 개의 현재분사("물러가사", "기도하시니라")가 결합된 형태이다. 이것은 습관적으로 반복해서 하신 행동(regular practice)을 시사한다. 예수님은 자주 한적한 곳에서 하나님께 기도하셨다. 참으로, 예수님은 하나님과 교제하는 것을 반복하셨다(참고. 3:21; 6:12; 9:18, 28-29; 11:1; 23:46). 즉 하나님의 지시와 인도와 능력을 받으셨다. 이것은 그리스도인들이 따라야 하는 모범이다.

5:17-26 중풍병자를 고치심

5:17-6:11에 네 개의 논쟁(conflict) 기사가 나온다(5:17-26 / 5:27-32 / 5:33-39 / 6:1-11). 예수님이 이적을 일으키시자 적대감이 발생하여 논쟁이 벌어졌다. 이 단락에서 예수님은 중풍병자를 고치시는데, 이로 인해서 첫 번째 논쟁이 일어난다. 그것은 죄를 사하는 권세가 예수님에게 있는가에 관한 것이다.

17절: "바리새인들"은 유대교의 세 주요 종파(바리새파, 사두개파, 에센파) 중에서 가장 컸다. 즉 주류였다. 유대교 종파들은 주전 2-3세기에 형성된 것으로 추정된다(Antiquities 13.10.5-6). "율법교사들"은 '서기관들'을 가리킨다(참고. 21절). 이들은 율법을 필사하는 자들로서 율법을 전문적으로 연구하며 가르쳤다. 대부분의 서기관은 바리새파에 속했다. 그들은 예수님에 관한 소문을 듣고 어떻게 하나 보려고 왔을 것이다. "병을 고치는 주의 능력이 예수와 함께 하더라"라는 문구에서 "주의 능력"은 하나님의 능력을 의미한다. 이것은 예수님께서 하나님의 영이신 성령으로부터 능력을 받아서 이적을 행하신다는 사실을 보여준다. 아들 예수님은 아버지 하나님을 의존하시고, 아버지 하나님은 성령을 통하여 아들 예수님에게 능력을 수신다(참고. 3:21-22; 4:1, 14, 18-21, 36).

18-19절: 사람들이 한 중풍병자를 침상에 메고 와서 예수님 앞에 들여놓고자 하나 무리 때문에 메고 들어갈 길을 얻지 못하는 바람에 지붕에 올라가서 기와를 벗기고 병자를 침상째 무리 가운데로 예수님 앞에 달아 내린다. 이에 관하여 마가(막 2:4)는 누가와 약간의 진술 차이를 보인다. 마가와 누가는 각자의 독자를 고려하여 팔레스타인의 문화와 풍습을 조금 다르게 설명한다. 유대 세계에서 '중풍병'은 다른 많은 질병과 마찬가지로 죄 때문에 생기는 병으로 여겨졌다(참고. 요 9:2). 당시 팔레스타인의 집 형태를 보

면 지붕이 평평하고 지붕으로 올라가는 계단이 있었다. 따라서 지붕에 올라가기가 어렵지 않았다. 그리고 크고 부유한 집의 경우 지붕이 기와로 되어 있기도 했는데, 기와가 진흙과 짚으로 만들어져서 벗겨내기가 쉬웠다. 하여튼 사람들은 어떻게든 중풍병자를 예수님께 보내려고 노력했다.

20절: "그들의 믿음을 보시고"에서 "그들"은 중풍병자와 그의 친구들을 가리킨다. 예수님은 그들이 보인 정성과 노력과 간절함을 보셨다. 믿음은 이런 식으로 드러난다. "네 죄 사함을 받았느니라"라는 말씀은 예수님이 죄를 사하실 권세를 가지고 있음을 보여준다. 이것은 완료형으로 되어 있어서 죄 사함의 결과가 계속하여 유효하다는 사실을 알려준다. 질병과 죄 사함에 관해서 성경이 말하는 교훈을 알아야 한다. 모든 죄가 질병 때문인 것은 아니다(참고. 13:1-5; 요 9:1-3). 하지만 구약은 종종 질병을 죄의 결과라고 말한다(참고. 대하 7:13-14; 시 41:4; 147:3). 따라서 질병을 치유하기 위해서 죄 사함을 받아야 하는 경우가 있다. 그렇기에 예수님은 중풍병의 원인인 죄를 용서하신다(참고. 막 3:28; 4:12; 눅 7:47-48; 요 20:23). 결국, 중풍병자는 육신의 치유를 받고 죄 사함을 받음으로 전인적인 구원을 받게 된다.

21절: 서기관들과 바리새인들은 예수님이 병자의 죄를 사하시는 것을 보고 그분이 신성 모독죄를 지었다고 생각한다. 예수님에 대한 이러한 정죄는 복음서에서 자주 발견된다(참고. 막 14:64; 요 5:18; 10:33, 36).

22절: 예수님은 서기관들과 바리새인들이 이렇게 생각할 것을 미리 알고 계셨다. 따라서 일부러 논쟁을 일으키신다. 이는 자신의 신적인 정체성과 메시지를 전하시려는 의도 때문이었다. "너희 마음에 무슨 생각을 하느냐"라는 말씀은 예수님이 그들의 생각을 아신다는 사실 입증한다. 이것은 예수님의 전지성을 보여준다(참고. 마 9:4; 막 2:8; 눅 7:36-50).

23절: "네 죄 사함을 받았느니라 하는 말과 일어나 걸어가라 하는 말이 어느 것이 쉽겠느냐"는 수사학적인 질문(rhetorical question)이다. 이것은 서기관들과 바리새인들을 고민하게 한다. 그런데 이 질문은 현대의 독자들에게도 고민을 안겨준다. 도대체 예수님은 어느 것이 더 쉽다고 하시는 것인가? 이에 대하여 학자들 간에 이견이 있다. 1) 죄 사함이 쉽고, 질병 치유가 어렵다는 주장이 있다. 죄 사함은 검증할 필요가 없어서 쉽지만, 질병 치유는 결과가 눈에 보이므로 어렵다는 것이다. 2) 죄 사함이 어렵고, 질병 치유가 쉽다는 주장이 있다. 죄 사함은 하나님만이 하실 수 있고 사람이 하면 신성 모독죄를 짓게 되어 죽음에 처하므로 어렵지만, 질병 치유는 능력자들이 종종 하기도 함으로 쉽다는 것이다. 결론적으로, 예수님의 질문에 내포된 답변은 죄 사함이 어렵고, 질병 치유가 쉽다는 것이다. 예수님은 사람들이 하기 힘든 일을 일부러 하심으로 자신이 하나님의 영광과 권위를 받으신 분임을 밝히신다.

24절: "인자"(the Son of Man)는 메시아적 칭호이다. 이것은 다니엘 7:13-14(참고. 에녹1서 46:2-4; 48:2; 62:5-14)에서 차용했다. 예수님은 이적을 통해 죄 사함의 사실성을 입증하신다.

25절: 하나님께 영광을 돌리는 것은 질병에서 치유받은 사람의 당연한 반응이다(제자도).

26절: 사람들이 놀라고 하나님께 영광을 돌리며 심히 두려워하는 것은 하나님의 능력과 권위를 경험한 사람들의 일반적인 반응이다. "오늘 우리가 놀라운 일을 보았다"라는 말은 예수님이 나사렛에서 이사야 61:1-2를 읽으신 후 "이 글이 오늘 너희 귀에 응하였느니라"고 말씀하신 것을 생각나게 한다(참고. 4:21). 예수님의 사역은 하나님 나라가 임했음을 가시화한다. 그들 가운데 어떤 이들은 주님의 사역을 보고 회심했을 것이다. 그러나 모든 사람(특히 바리새인들과 서기관들)이 회심한 것은 아니다. 놀람이 항상 회심으로 이어지지는 않는다.

5:27-32 레위를 제자로 부르심

앞 단락(5:17-26)에서 예수님은 중풍병자의 죄를 용서하셨는데, 이 단락에서는 죄인으로 취급받던 레위(마태)를 제자로 부르신다. 따라서 죄 사함은 더욱 적극적인 데로 나아간다. 여기서 두 번째 논쟁이 발생하는데, 그것은 왜 예수님이 죄인들과 함께 어울리시는가에 관한 것이다.

27절: 예수님은 "레위라 하는 세리"가 세관에 앉아 있는 것을 보시고 "나를 따르라"고 하신다. 누가는 "나를 따르라"라는 단어를 제자도에 관한 용어로 자주 사용한다(참고. 5:11; 9:23, 57, 59, 61; 18:22, 28). 마태복음에는 이 사람의 이름이 '마태'라고 되어 있다(참고. 마 9:9). 당시 유대인들은 두 개의 이름을 가지고 있었는데, 히브리식 이름과 헬라-로마식 이름이었다. 레위는 주님의 제자가 된 이후에 마태로 불렸다. '세리'(tax collector)는 매국노이자 죄인으로 취급받았다. 그들은 세금을 거두는 과정에서 많은 돈을 착복했고, 무엇보다도 로마 정부를 위해서 일했다. 당시 유대인들은 공식적으로 인두세, 토지세, 소득세를 내었다. 인두세는 사람 수를 세어서 무조건 내야 하는 세금이고, 토지세는 가지고 있는 토지에 대한 세금이며, 소득세는 소득에 따라 내는 세금이다. 그런데 세리들은 이러한 공식적인 세금 외에 추가로 관세를 거두었다. 관세에는 다양한 항목이 있었는데, 심지어 마차의 바퀴 개수에 대한 세금도 있었다. 이것들은 대부분 세리의 몫이 되었기 때문에 유대인들의 엄청난 원성을 샀다.

28절: 예수님이 레위를 부르시자 그는 모든 것을 버리고 따른다. 이것은 즉각적인 순종이다. 첫 제자들도 이렇게 했다(참고. 5:11). 제자로 부름을 받은 자들은 이런 태도를 취해야 한다.

29절: 레위는 자신을 제자로 불러주신 예수님께 감사하여 큰 잔치를 마련하고, 이때 동료 세리들과 친구들을 초청한다.

30절: "바리새인과 그들의 서기관들"(Pharisees and their scribes)이란 당시 많은 서기관이 바리새파에 속해 있었기 때문이다. 주후 1세기 지중해 연안 국가에서는 함께 식사하는 것을 같은 부류가 되는 것으로 인식했다. 따라서 죄인과 함께 식사하면 죄인으로 취급되었다. 그러나 예수님은 죄인들과 함께 식사하심으로 오히려 그들이 예수님께 속하게 하셨다.

31-32절: 바리새인들과 서기관들은 자신들을 '의인'이라고 생각했다. 그러나 예수님은 죄인을 불러 회개시키러 오셨다고 말씀하심으로 자신이 찾는 대상이 누구인지를 명확히 하신다.

5:33-39 금식에 관한 질문

이제 세 번째 논쟁이 일어난다. 그것은 금식에 관한 것이다. 바리새인들과 서기관들은 다른 사람의 제자들이 금식하는데 왜 예수님의 제자들이 금식하지 않느냐며 따진다.

33절: 바리새인들과 서기관들은 두 제자들을 비교한다. 하나는 세례 요한의 제자들이며, 다른 하나는 바리새인들의 제자들이다. 당시 세례 요한의 제자들은 신흥 세력으로서 빠른 속도로 커져갔고, 바리새인들의 제자들은 기존 세력으로서 이미 커져 있었다. 그들은 세례 요한의 제자들과 자신들의 제자들이 금식하는데, 예수님의 제자들이 금식하지 않는다고 비난한다. 유대인들은 금식을 경건의 표지이며, 정결의 방편으로 여겼다. 그러나 신약 시대에 유대 종교 지도자들의 금식은 경건을 외적으로 드러내려는 위선적 행태였다.

34절: 예수님은 당연한 사실을 비유로 들어 대답하신다. 혼인 집 손님들이 신랑과 함께 있다는 것은 구약성경을 배경으로 하는데, 사람들이 메시아가 베푼 종말론적 혼인 잔치에 참여하고 있음을 시사한다(참고. 사 54:4-8;

62:4; 호 2:16-20; 계 19:7, 9; 22:17).

35절: 신랑을 빼앗긴다는 말은 예수님이 십자가에 못 박혀 돌아가시는 것을 의미한다. 그날에 예수님의 제자들은 슬픔과 애통으로 금식할 것이다.

36-39절: 예수님은 이어서 두 가지 비유를 말씀하신다. 그것은 '새 옷 비유'와 '새 포도주 비유'이다. 두 비유는 같은 교훈을 주는데, 새로운 시대에 새로운 질서를 추구해야 한다는 것이다. 예수님은 새 옷이며 새 포도주이다. 하지만 유대교는 낡은 옷이며 낡은 포도주이다. 유대 종교 지도자들은 "묵은 것이 좋다"라고 주장한다. 그들은 새로운 질서를 따르려고 하지 않는다. 그들은 새로운 질서를 가져오신 메시아를 알아보지 못한다.

• 토론과 나눔 •

1. 예수님은 제자들을 어떻게 부르셨으며, 그들을 부르신 이유가 무엇입니까?

2. 예수님이 나병환자를 고쳐주시면서 하신 말씀과 행동은 예수님의 신분과 성품에 관해 어떠한 교훈과 감동을 줍니까?

3. 예수님은 중풍병자를 메고 온 사람들이 보인 정성과 노력과 간절함을 보시고 무엇이라 말씀하셨습니까?

4. 서기관들과 바리새인들은 예수님이 병자의 죄를 사하시는 것을 보면서 어떤 생각을 했습니까?

5. 레위는 예수님이 제자로 불러주시자 어떻게 반응했습니까?

• 핵심과 실천 •

예수님이 제자들을 부르신 장면은 우리에게 예수님의 제자로서 예수님이 하신 일을 계승해야 한다는 소명감을 심어줍니다. 예수님이 환자를 고쳐주신 일은 우리가 제자로서 어렵고 고통받는 이들을 돌보아야 한다는 사실을 깨닫게 해 줍니다. 예수님이 유대 종교 지도자들과 논쟁을 벌이신 일은 우리에게 예수님에 관한 바른 지식과 제자로서의 바른 삶에 대해서 가르쳐줍니다. 제자된 우리는 주님의 사역을 계승해야 합니다. 주님의 성품과 능력을 달라고 기도합시다.

6장

누가복음 6장은 세 부분으로 구성된다. 1-11절은 안식일 논쟁이고, 12-16절은 열두 제자를 사도로 택하신 일이며, 17-49절은 소위 '평지 설교'이다. 예수님은 안식일 논쟁을 통해서 자신의 신분을 드러내시며, 열두 제자를 사도로 택하심으로 자신의 일을 계승하게 하시고, 평지 설교를 통해서 자신을 따르는 자들(제자들)이 어떻게 살아야 하는지를 가르치신다.

LUKE

6:1-11 안식일 논쟁

5장에 이어서 논쟁이 계속된다. 이것은 네 번째 논쟁이다. 논쟁의 주제는 왜 예수님이 안식일을 지키지 않는가이다. 여기에 두 가지 에피소드가 담겨 있다. 하나는 안식일에 예수님의 제자들이 이삭을 잘라 먹은 일로 바리새인들의 비난을 받자 예수님이 답변하신 것이고(1-5절), 다른 하나는 안식일에 예수님이 손 마른 사람을 고쳐주신 일로 서기관과 바리새인들의 비난을 받자 예수님이 답변하신 것이다(6-11절).

1절: 유대인들은 안식일에 마을에 들어가지 않기 위해서 밭으로 우회하는 관습을 가지고 있었다. 예수님의 제자들은 배가 고파서 이삭을 잘라 손으로 비비어(=껍질을 까서) 먹는다. 남의 밭에서 이삭을 주워 먹는 것은 율법이 허용하는 일이었다(참고, 신 23:24-25). 즉 범죄가 아니었다. 당시 유대에서는 밭의 가장자리를 추수하지 않았다. 그리하여 가난한 자들, 배고픈 자들, 나그네들, 고아들, 그리고 과부들이 음식을 먹을 수 있게 했다(참고. 레 19:9; 23:22).

2절: “어떤 바리새인들”이 “어찌하여 안식일에 하지 못할 일을 하느냐”라고 비난한다. 여기서 “어떤 바리새인들”(some of the Pharisees)이란 표현이 사용된 것은 바리새인 전체를 정죄하는 것을 피하기 위한 방책인 것으로 보인다. 바리새인 가운데는 선한 자들이 있었고(참고. 13:31; 행 5:34-39), 심지어 그리스도인들도 있었다(참고. 행 15:5). 앞에서 말했듯이, 이삭을 주워 먹는 것 자체는 나쁜 일이 아니었는데, 문제는 이것을 안식일에 했다는 것이었다. 그래서 바리새인들은 “안식일”을 거론한다. 그렇다면 그들이 어떻게 이 사실을 알았을까? 우연히 보았을까 아니면 제자들의 움직임을 엿보고 있었을까? 하여튼 그들은 주님의 제자들이 안식일에 하지 말아야 할 일을 했다고 비난한다. 필시 출애굽기 34:21에 기록된 ‘안식일에 추수할 수 없다’라는 규정에 근거해서 이렇게 말했을 것이다. 더욱이 신약 시대 유대인들은 안식일의 진정한 의미를 알지 못한 채 안식일 준수 규정을 자신들의 전통(관습)에 따라 정해 놓았다(참고. m.Sabbat 7:2; 마카비1서 2:32-41; 마카비2서 15:1-5).

3-4절: 바리새인들의 질문(질책)에 대해서 예수님이 답변하신다. 이는 제자들의 행동이 선생의 책임이었기 때문이다. “읽지 못하였느냐”라는 말은 성경을 잘 안다고 자부하는 바리새인들이 다윗의 진설병 이야기를 모르는가에 대한 물음이다. 이것은 ‘역질문’(counter-question)이다. 여기에는 약간의 조소가 담겨 있다. 예수님은 사무엘상 21:1-6(22:9-23)에 기록된 이야기를 언급하신다. 다윗은 도피하는 과정에서 성전에 들어가 제사장 아히멜렉에게 진설병(the bread of the Presence, 성소에 진설된 떡)을 달라고 요청하여 부하들과 나누어 먹은 적이 있다. 원래 진설병은 제사장 외에 먹을 수 없다(참고. 레 24:5-9). 하지만 다윗과 그의 부하들은 진설병을 먹었고, 구약성경(하나님)은 이를 나무라지 않았다. 따라서 이러한 원리에 따라, 다윗이 율법을 어긴 것이 아니었다면, 하물며 예수님이 율법을 어긴 것도 아니다. 즉

예수님의 제자들이 안식일에 이삭을 잘라 먹은 것은 잘못된 일이 아니다.

5절: 예수님은 이어서 "인자는 안식일의 주인이니라"고 말씀하신다. 여기서 "인자"는 예수님을 가리킨다(참고. 단 7:13). 예수님은 다윗보다 크신 분이시며, 안식일을 만드신 분이시고, 안식일을 주관하시는 분이시다. 따라서 이 말은 예수님의 신적 정체성을 드러내는 선언이다.

6절: 누가는 "또 다른 안식일에"라는 말로 이야기를 시작한다. 그는 안식일에 일어난 또 다른 사건을 소개한다. "오른손"은 중요한 손이다. "마른"이란 표현은 정확히 어떤 상태인지 모르나, 오른손을 사용할 수 없는 상태가 되었음을 암시한다. 이것은 고칠 수 없는 병이다.

7절: 서기관과 바리새인들은 예수님을 고발할 증거를 찾으려 하여 안식일에 병을 고치시는가 엿본다. 그들은 예수님에게서 트집을 잡으려고 기회를 노리고 있다. 따라서 그들은 매우 악하다. 그들은 예수님의 병 고치는 능력을 의심하지 않았다. 이미 여러 차례 이적을 목격한 바 있다. 단지, 예수님의 능력이 하나님에게서 온 것인지 마귀에게서 온 것인지에 대해 의심했다(참고. 11:14-20). 유대인들의 안식일 규정은 매우 엄격했는데, 안식일에 사람을 생명의 위험에서 구해주는 일 외에 일반적인 병 치유를 허용하지 않았다(참고. 13:14; m.Yoma 8:6).

8절: 예수님은 그들의 생각을 알고 계신다(전지성; 참고. 4:23). 예수님이 손 마른 사람에게 "일어나 한가운데 서라"고 말씀하시니 그가 일어나 선다.

9절: 예수님은 수사학적 질문을 던지신다. 바리새인들도 안식일에 선을 행하는 것, 곧 생명을 구하는 것이 옳다고 생각한다. 따라서 예수님은 바리새인들의 허를 찌르는 질문을 하신다. 바리새인들은 자신들이 세워 놓은 규정에 따라 실제로 행하지 못하는 어리석음을 범했다.

10절: 예수님의 질문에 대하여 대적자들은 아무런 대답도 하지 못한다. 예수님은 무리를 둘러보시고 그 사람에게 "네 손을 내밀라"고 하신다. 그리고 그가 그렇게 하자 그의 손이 회복된다. 따라서 예수님은 아주 간단하 질병을 고치신다. 전능하신 능력을 보여주신다.

11절: 이 구절은 6:1-10의 결론이다. 바리새인들은 지금까지 그랬듯이 병이 고쳐진 것에 놀라거나 감탄하지 않는다. 예수님에게서 율법적 결점을 찾을 수도 없었다. 그래서 반박하지 못하고 분노만 가득하다. 이것은 그들의 완악함과 불신앙을 보여준다. 그들은 앞으로도 계속해서 예수님을 처치할 방도를 고민할 것이다.

6:12-16 열두 제자를 사도로 택하심

예수님은 열두 명의 제자를 사도로 택하신다. 예수님이 사도를 세우시는 장면은 숭고한 느낌을 준다. 사도들은 예수님에게 훈련받아서 그분의 일을 계승할 것이다.

12절: 예수님은 기도하시러 산으로 가셔서 밤이 새도록 하나님께 기도하신다. 누가복음은 기도를 강조한다(참고. 3:21; 5:16; 9:18, 28, 29; 11:1; 22:32, 40-46). 예수님은 열두 제자를 세우시는 대단히 중대한 일을 앞두고 하나님께 기도하신다. 이는 그리스도인들이 크고 중요한 일을 앞두고 하나님께 간절히 기도해야 한다는 교훈을 준다.

13절: 예수님에게는 많은 제자가 있었다(참고. 10:1-20의 '칠십인 제자'). 예수님은 그들 중에서 열두 명을 택하신다. 열두 제자는 구약 시대의 열두 지파에 상응하는 새 언약 시대의 백성들을 대표한다. "사도"('아포스톨로스')라는 단어는 '보냄을 받은 자'라는 뜻이다. 이것은 열두 명에게 적용된 배타적인 명칭이다. 후에 바울도 사도의 대열에 합류한다.

14-16절: 누가는 열두 사도의 목록을 제시한다(참고. 마 10:2-4; 막 3:16-19; 행 1:13). 그들은 베드로(시몬), 안드레, 야고보, 요한, 빌립, 바돌로매, 마태, 도마, 알패오의 아들 야고보, 셀롯이라는 시몬, 야고보의 아들 유다,

그리고 가룟 유다이다. 그들의 출신 성분과 성향은 달랐다. 예수님은 다양한 사람들을 제자로 부르셨다. 심지어 예수님을 배신할 자도 포함하셨다.

"베드로라고도 이름을 주신 시몬과 그의이 동생 안드레": 베드로는 항상 사도들 목록 제일 앞에 나온다. 그는 사도들의 대표자이다. 그는 어부 출신으로 가장 먼저 제자로 부름받았다(참고. 5:1-11). 안드레는 베드로의 동생으로(참고. 마 10:2), 베드로와 함께 어부였다(참고. 막 1:16).

"야고보와 요한": 이들은 세베대의 아들들이다. 또한, 베드로의 동료 어부들이었다(참고. 5:10-11). 이들은 베드로와 함께 사도들 가운데서도 핵심 위치를 차지한다. 야고보는 헤롯 아그립바에 의해서 일찍이 죽임을 당했다(참고. 행 12:1-2).

"빌립과 바돌로매": 빌립은 베드로, 안드레와 함께 벳새다 출신이다(참고. 요 1:44). 바돌로매는 아마도 요한복음 1:45-51에 나오는 나다나엘일 것이다. 하지만 증거가 충분하지 않다.

"마태": '레위'라는 이름을 가지고 있다. 직업은 세리였다(참고. 5:27).

"도마": '디두모'라고도 불린다. 요한복음에서 두드러진다(참고. 요 11:16; 20:24; 21:2).

"알패오의 아들 야고보": 신약성경에 여러 명의 '야고보'가 나온다. 요한의 형제 야고보(=세베대의 아들 야고보), 예수님의 형제 야고보(참고. 막 6:3; 갈 1:19; 고전 15:7), 그리고 마가복음 15:40에 나오는 '작은 야고보' 등이다. 알패오의 아들 야고보는 이들과 다른 인물이다.

“셀롯이라는 시몬”: 다른 복음서들에서 그는 ‘가나나인 시몬’으로 불린다(참고. 마 10:4; 막 3:18). 그러나 누가는 ‘가나나인’ 대신 ‘셀롯’(‘젤로테스’)을 사용한다. ‘가나나인’(Cananaean)이라는 칭호는 아람어 ‘zealot’에 해당하는 단어를 문자 그대로 번역한 것이다. 그가 당시의 정치적 혁명분자인 ‘열심당’(Zealots)을 뜻하는지, 아니면 단순히 하나님께 대하여 ‘열심을 가진 자’(zealous)를 뜻하는지 분명하지가 않다. 정황상 아마도 전자일 것이다. 하지만 예수님 당시에는 열심당이 조직체로 존재한 것이 아니고 조직을 완전히 갖추지 못한 채로 있었을 것이다. 그들은 주후 67-70년에 일어난 유대인들의 반란 운동(독립 운동)을 이끌었다. 그러므로 예수님의 제자들 가운데는 “레위 마태”(친로마적)와 “셀롯이라는 시몬”(반로마적)이 같이 있어서 서로 적대적인 성향이 뒤섞여 있었다. 예수님은 이들을 모두 포용하셨다. 이것은 다양한 사람들이 하나의 목표를 위해 일할 수 있다는 실례가 된다.

“야고보의 아들 유다”: 예수님의 동생 ‘야고보’가 아니다. 요한복음 14:22에는 야고보의 아들 유다를 가리켜 ‘가룟인 아닌 유다’라고 하여 가룟 유다와 구분한다. 야고보의 아들 유다는 ‘다대오’인 것으로 보인다(참고. 마 10:3; 막 3:18). 하지만 야고보의 아들 유다를 다대오와 구분하는 이들도 있다

“예수를 파는 자 될 가룟 유다”: ‘가룟’(‘이스카리옷’)은 지역 이름인 것 같다. 요한복음 6:71과 13:26에서 그의 아버지를 ‘가룟 시몬’이라고 한 것으로 볼 때 가룟을 지역 이름으로 보는 것은 타당해 보인다. 그렇다면 그는 열두 제자 가운데 유일하게 갈릴리 출신이 아닌 셈이 된다. 그는 ‘야고보의 아들 유다’(다대오)와 구분하기 위해서 가룟 유다로 불린다. 훗날 그는 예수님을 팔 것이다(참고. 22장). 누가는 회고적 관점에 의해서 그에게 이런 칭호를 붙인다.

6:17-19 평지 설교를 시작하심

예수님께서 설교를 시작하신다. 설교의 구조는 다음과 같다. 설교의 배경(17-19절); 복과 화를 선포하심(20-26절); 원수를 사랑하라(27-36절); 비판하지 말라(37-42절); 나무와 열매(43-45절); 결론: 듣고 행하는 자와 행하지 않는 자(46-49절)

17절: 예수께서 열두 사도를 세우신 후 그들과 함께 내려오사 평지에 서신다. "평지"('토포스 페디노스')라는 단어는 문자적으로 '평평한 곳'이라는 뜻이다. 이 단어는 일반적으로 쉐펠라(Shephela) 지대를 가리킬 때 사용되었는데, 쉐펠라는 유대 중앙 산악지대와 해안 평야 지대 사이의 중간에 있다. 하지만 어떤 이들은 이곳을 가버나움 근처 타브가(Tabgha) 마을 서쪽에 있는 고원이라고 주장한다. 예수님이 설교하시려고 할 때 많은 사람이 모여든다. "두로와 시돈"은 이방인들이 사는 지역이다. 따라서 이방인들도 왔음을 알 수 있다.

18절: 이때 더러운 귀신에게 고난받는 자들이 고침을 받는다.

19절: 온 무리가 예수님을 만지려고 힘썼는데(참고. 8:44-47; 18:15), 이는 능력이 예수님께로부터 나와서 모든 사람을 낫게 했기 때문이었다(참고. 1:17; 4:36).

6:20-26 복과 화를 선포하심

예수님은 '네 개의 복'(20-23절)과 '네 개의 화'(24-26절)를 말씀하신다.

20절: 예수께서 눈을 들어 제자들을 보시고 말씀하신다. 여기서 "제자들"이란 열두 사도와 17절의 "그 제자의 많은 무리"(광범위한 제자 그룹)와 예수님께 나아 온 많은 무리를 포함한다. 예수님은 '네 개의 복'을 말씀하신다. 이것은 마태복음 5:3-12의 '여덟 개의 복'과 병행을 이룬다. "가난한 자"는 마태복음에서 "심령이 가난한 자"라고 언급되어 있다(마 5:3). 누가는 마태의 표현을 조금 바꾸는데, 이는 경제적인 가난한 자와 영적인 가난한 자를 포괄하려는 의도 때문이다. 주님을 위해서 모든 것을 버린 자는 경제적으로나 영적으로 가난하게 될 것이나 궁극적으로 복을 받게 될 것이다. 특별히 "하나님 나라"를 소유하게 될 것이다.

21절: "주린 자"는 마태복음에서 "의에 주리고 목마른 자"라고 묘사되어 있다(마 5:6). 앞에서와 마찬가지로 여기서도 "주린 자"는 주님을 섬기는 일로 당하는 실제적인 굶주림을 당하는 자와 함께 영적으로 굶주린 자를 가리킨다. 그들은 배부름을 얻을 것인데, 이는 주님의 의로우심이 그들 안에 가득 채워질 것이기 때문이다. "지금 우는 자"는 마태복음에서 "애통하는 자"라고 표현되어 있다(마 5:4). 이것은 죄악 때문에 애통해하며 슬퍼하는 것을 의미한다(참고. 약 4:9-10). 또한, 이것은 주님을 따르는 가운데 슬픔과 서러움을 겪는 것을 암시할 수도 있다. 그러나 그들은 웃을 것인데, 이는 주님이 그들의 눈물을 닦아 주시고 위로해 주실 것이기 때문이다(참고. 계 7:17; 21:4). 그러므로 20-21절에는 세 가지 빈곤과 슬픔(가난한 자, 주린 자, 우는 자)이 나오는데, 그들은 주님의 채워주심과 위로하심을 경험하게 될 것이다. 실제로 주님을 섬기고 따르는 자들은 많은 고난을 겪는다. 그러나 그러한 사람들에게는 복이 있다. 하나님 나라가 그들의 것이 될 것이며, 배부름을 얻게 될 것이며, 웃게 될 것이다. 하나님은 그들에게 내세에서 복을 주실 것이 분명하지만 현세에서도 복을 주실 것이다.

22절: 예수님은 앞의 세 가지 복을 구체적으로 설명하신다. "인자로 말미암아"라는 말은 '예수님으로 말미암아'라는 뜻이다. 이것은 제자들이 당할 고난을 예고하시는 것이다. 예수님은 그러한 사람들에게 복이 있으니 실망하거나 좌절하지 말라고 하신다.

23절: "그날"은 박해를 받는 날이다. 종말의 날이 아니다. 인자로 말미암아 어려움을 당하는 제자들은 오히려 기뻐하고 뛰놀아야 한다. 이는 하늘에서 상이 크기 때문이다. 과거에 이스라엘의 조상들은 선지자들을 박해하고 괴롭혔다(참고. 마 5:12). 하지만 선지자들은 실망하지 않고 오히려 기뻐했다. 그들과 마찬가지로 제자들은 기뻐해야 한다.

24절: 이제 '네 개의 화'가 나온다. 이것은 앞의 '네 개의 복'과 대조된다. "그러나 화 있을진저"는 20절의 "복이 있나니"와 반대된다. "너희 부요한 자"라는 표현은 20절의 "너희 가난한 자"와 대조를 이룬다. 그들은 세상의 것들로 가득 채워서 만족해하는 자들이며 주님을 떠나서 육신의 안락함과 세속의 즐거움을 도모하는 자들이다. 그들은 이미 세상으로부터 위로받았기에 주님으로부터 위로받을 것이 없다(참고. 12:16-21).

25절: "화 있을진저"가 계속된다. 이는 경고를 강조한 것이다. "지금 배부른 자"는 21a절의 "지금 주린 자"와 대조된다. 그들은 '의에 주린 자'와 달리 자기 의로 인하여 배부르다. "지금 웃는 자"는 21b절의 "지금 우는 자"와 대조된다. "지금 웃는 자들"은 세상의 쾌락을 추구하는 자들로서 언젠가 애통하며 울게 될 것이다.

26절: 세상 사람들이 제자들을 칭찬하는 것은 제자들이 옳은 길을 걸어가기를 포기했을 때 일어난다. 사람들은 근본적으로 제자도를 싫어하기에 제자들의 탈선을 기뻐하고 칭찬한다. 실제로 구약 시대에 사람들의 칭찬을 받은 선지자들은 거짓 선지자들이었다(참고. 사 30:9-11; 렘 5:31; 23:16-22; 미 2:11). 하나님의 신실한 종들 가운데 사람들에게서 칭찬받은 사람은 많지 않았다. 그러므로 제자들은 세상 사람들의 호감을 얻는 일에 집착하지 말아야 한다.

6:27-36 원수를 사랑하라

앞에서 예수님은 네 개의 복과 네 개의 화를 말씀하시면서 제자들이 세상으로부터 미움을 받을 것이라고 말씀하셨다. 이제 이 단락에서 예수님은 원수를 사랑하라고 말씀하신다. 제자들은 자신들을 미워하고 박해하는 자들까지도 사랑해야 한다.

27-28절: 접속사 "그러나"는 앞 단락과 이 단락을 구분한다. 비록 제자들을 미워하는 자들에게 화가 있을 것이지만 제자들로서는 그들을 사랑해야 한다. 네 개의 비슷한 표현이 나와서 강조된다. 그것은 "원수", "미워하는 자", "저주하는 자", 그리고 "모욕하는 자"이다. "사랑", "선대", "축복", 그리고 "기도"는 원수를 향해 제자가 취해야 할 태도이다.

29-30절: 예수님은 원수를 사랑하는 것에 대해서 구체적인 실례 네 가지를 드신다. 제자는 "뺨을 치는 자", "겉옷을 빼앗는 자", "네게 구하는 자", 그리고 "네 것을 가져가는 자"에게 인내할 뿐 아니라 적극적인 사랑을 베풀어야 한다(참고. 신 15:7-8).

31절: 이 구절은 전통적으로 '황금률'(the Golden Rule)이라고 불린다(참고. 마 7:12).

32-34절: 예수님은 황금률의 실천 예를 말씀하신다. "너희가 만일 …하면"이란 어구가 지시하는 것은 분명하다. 자신에게 잘 내해주는 자들을 잘 대해주는 것은 죄인들도 할 수 있는 일이다. 따라서 예수님은 제자들에게 더욱 높은 수준의 도덕성을 요구하신다.

35절: 예수님은 32-34절을 정리하시면서 적극적인 선행 실천을 명령하신다. 그리고 이를 실천하는 자에게 하나님이 큰 상을 주신다고 말씀하신다(참고. 6:23). "아무 것도 바라지 말고 꾸어 주라"라는 말은 이자를 받지 말라는 뜻이 아니라 과도한 이자를 받지 말라는 뜻이다. "지극히 높으신 이의 아들이 되리니"라는 말은 선행으로 하나님의 아들이 된다는 뜻이 아니라, 선을 행하므로 하나님의 아들답게 될 것(하나님의 아들임이 입증될 것)이라는 뜻이다.

36절: 예수님은 결론을 맺으신다. 이것은 레위기 19:2의 형태를 따른다. 그리스도인들은 하나님 아버지의 아들로서 하나님 아버지처럼 자비로워야 한다.

6:37-42 비판하지 말라

예수님은 비판하거나 정죄하지 말라고 하신다. 유대 종교 지도자들은 자신들의 의를 내세우면서 그렇지 못한 사람들을 힐난했다. 그러나 예수님은 그러한 모습을 옳지 않게 보신다. 예수님은 사람들의 잘못을 침묵하거나 모른 채 하라는 것이 아니다. 다만, 죄를 판결하고 정죄하는 일은 하나님이 권위를 부여하신 사람이나 기관이 해야 할 일이므로 개인은 남을 비판하거나 정죄하지 말고 그의 잘못을 보면서 자신을 겸손하고 겸허하게 돌아보아야 한다.

37절: 여기서 "비판"은 문맥을 고려할 때 법정의 판결이나 교회의 권징을 뜻하는 것이 아니다. 이것은 사적인 비판으로 '정죄' 혹은 '비난'이다. 이는 이어지는 어구에서 잘 드러난다. 비판하지 않으면 비판받지 않을 것이라는 말은 비판하면 비판받을 것이라는 뜻이다. 정죄는 비판과 같은 말이다. 예수님은 같은 말씀을 다르게 반복하심으로 뜻을 분명히 드러내신다. 비판과 정죄는 우리가 해야 할 일이 아니며 할 수 있는 일도 아니다. 우리는 오로지 용서해야 한다. 남들이 잘못했을 때 용서하는 사람은 자신이 잘못했을 때 용서받을 것이다.

38절: 우리가 다른 사람에게 도움을 줄 때 하나님께서 우리에게 후히 주시고 흔들어 넘치도록 안겨 주신다. 하나님은 우리가 어려운 사람을 도와주는 것을 너무나 좋아하시기에 우리가 선을 행할 때 넉넉하고 풍족하게 채워 주신다(참고. 잠 11:25; 28:27). "너희가 헤아리는 그 헤아림으로 너희도 헤아림을 도로 받을 것이니라"라는 말은 규범적 원리이다(참고. 마 7:2; 막 4:24). 하나님은 우리가 행하는 대로 갚아 주신다. 즉 비판하고 정죄하면 비판과 정죄를 받지만, 용서하고 도움을 주면 용서받고, 도움을 받는다.

39절: 예수님은 '비유'로 말씀하신다. 이것은 엄밀하게 말하면 '속담'(proverb)이다(참고. 4:23). 이 비유는 바울이 로마서 2:19에서 말한 것과 유사하다. 여기서 "맹인"은 영적인 맹인이다. 그들은 유대 종교 지도자들이다. 그들은 잘못된 교훈을 전해서 사람들을 구덩이에 빠뜨린다. 이는 그들이 남을 비판하고 정죄하며 용서하지 않음으로 거짓 선생이 되어서 사람들을 낙심하게 한 일을 가리킨다. 제자들은 그들의 말이 아니라 주님의 말씀을 들어야 한다.

40절: 예수님은 속담처럼 보이는 다른 말씀을 하신다. 이것은 마태복음 10:24-25와 요한복음 13:16에 있는 것과 유사하다. 하지만 각 복음서의 강조점은 조금씩 다르다. 이 속담은 39절의 맥락에서 이해하면 안 된다. 앞의 말씀은 바리새인들을 대상으로 한 것이다. 그러나 이 말씀은 주님과 제자들에 관한 것이다. "그 선생과 같으리라"라는 말은 제자들이 계속해서 성장하여 선생의 수준에 이르러야 한다는 뜻이다. 그렇게 함으로 그들은 다른 사람을 가르칠 수 있어야 한다. 결국, 39-40절은 두 선생(바리새인과 예수님)에 관한 말씀이다. 제자들은 거짓 선생(바리새인)을 따르지 말고, 바른 선생(예수님)을 따라야 한다.

41-42절: 예수님은 "티"와 "들보"의 예를 들어서 설명하신다(참고. 마 7:3-5). 이것은 비유적 과장법이다. "티"('카르포스')는 매우 작은 나뭇조각이나 겨와 같은 것이다. "들보"('도코스')는 집이나 건물의 기둥이다. 따라서 티와 들보는 매우 작은 것과 매우 큰 것의 대조이다. "외식하는 자"는 바리새

인들과 그들을 따르는 자들을 가리킨다. 그러므로 말씀의 요지는 분명하다. 바리새인들처럼 남의 잘못을 비판하고 정죄하기 전에 자기 모습을 살펴보아야 한다. 그렇게 하면 자신에게 훨씬 큰 잘못이 있다는 사실을 깨닫게 될 것이다.

6:43-45 나무와 열매

예수님은 사람들이 주위에서 흔히 볼 수 있는 현상을 가지고 가르침을 주신다. 즉 '나무와 열매'를 소재로 사용하여 말씀하신다(참고. 마 7:16-20).

43-44절: 예수님은 당연한 이치를 말씀하신다.

45절: 예수님은 43-44절에 언급된 이치를 적용하신다. 좋은 나무는 선한 사람을 가리키며, 선을 낸다. 하지만 못된 나무는 악한 사람을 가리키며, 악을 낸다. 사람의 마음은 말로 드러나는데, 사람은 마음에 가득한 것을 입으로 말한다. 따라서 그가 선한 사람인지 악한 사람인지 구분하는 방법은 입으로 무슨 말을 하는지를 보는 것이다.

6:46-49 듣고 행하는 자와 행하지 않는 자

이 단락은 '평지 설교'의 결론이다. 여기서 예수님은 실천의 중요성을 말씀하신다(참고. 8:21; 11:28). 마태복음의 '산상 설교'도 이렇게 끝맺는다(참고. 마 7:24-27).

46절: "주여 주여"라고 하는 자들은 예수님의 제자들이며, 예수님을 따르는 무리이다. 예수님은 실천이 중요하다고 하신다. 제자들은 말씀을 실천해야 한다.

47절: 예수님은 자신에게 나아와서 말씀을 듣고 행하는 자가 어떠한 상태인지를 설명하신다.

48-49절: 누가는 마태복음 7:24-27과 조금 다르게 평지 설교의 마지막 부분을 기록한다. 그는 이 복음서의 1차 수신자인 데오빌로에게 적합하게 평지 설교의 결론을 풀어서 서술한다. 하지만 사상은 마태복음의 것과 같다. 말씀을 듣고 행하는 자는 어려움이 와도 요동하지 않는다. 하지만 말씀을 듣고 행하지 않는 자는 어려울 때 무너져 버린다.

특주 • '산상 설교'와 '평지 설교'

누가복음 6:17-49는 소위 '평지 설교'(Sermon on the Plain)라고 불린다. 이는 6:17의 "평지에 서시니"라는 표현에서 유래했다. 이 설교는 마태복음 5-7장의 '산상 설교'(Sermon on the Mountain)와 유사하다. 마태복음은 예수님이 산에서 설교하신 일을 기록하나 누가복음은 평지에서 설교하신 일을 기록한다. 하지만 양자 사이에는 차이가 있다. 왜 차이가 있을까? 다양한 견해가 있으나 주된 것은 다음 두 가지다. 첫째, 같은 설교의 다른 버전으로 보는 주장이 있다. 마태와 누가가 같은 설교를 다르게 기록했다는 것이다. '산과 평지는 다르다'라는 말에 대해서는 누가가 산비탈의 평평한 곳 혹은 산 아래의 평평한 곳을 '평지'라고 표현했을 것이라고 본다. 실제로 가버나움에는 이런 지형이 많다. 둘째, 두 설교를 다른 것이라고 보는 주장이 있다. 필시 예수님은 같은(비슷한) 설교를 다양한 상소에서 많이 하셨을 것이다. 실제로 누가복음에 담긴 설교는 마태복음에 담긴 것보다 분량이 훨씬 적다. 그래서 이 견해를 주장하는 이들은 예수님이 다른 장소에서 다른 청중에게 마태복음에 보도된 설교와 유사한 설교를 하셨다고 생각한다. 두 견해 중 어느 것이 옳은지 판단하기가 쉽지 않다. 다만 우리는 다음과 같이 생각할 수 있다. '산상설교'와 '평지설교'는 모두 예수님이 하신 설교를 정리한 것이다. 즉 두 설교 모두 예수님의 설교 원본이다. 마태와 누가는 예수님이 설교하신 것을 청중들의 정황을 고려하여 적절하게 기술했다. 그리고 이 과정에서 인도하심(영감)이 있었다고 믿는다.

• 토론과 나눔 •

1. 예수님의 제자들이 안식일에 이삭을 먹은 것은 안식일 규정에 위반됩니까?

2. 예수님은 안식일의 의미와 정신을 어떻게 가르치십니까? 오늘날 주일을 어떻게 지키는 것이 바람직할지 생각해 봅시다.

3. 열두 명이 사도로 택하심을 받았는데, 그들의 면면은 어떠한가요?

4. 예수님이 가르치신 '네 개의 복'(20-23절)과 '네 개의 화'(24-26절)를 적어 보십시오.

5. 예수님은 원수를 사랑하라고 말씀하셨는데, 원수를 사랑하는 방법은 무엇일까요?

• 핵심과 실천 •

예수님은 안식일 논쟁을 통해서 자신의 신분을 드러내시며, 열두 제자를 사도로 택하심으로 자신의 사역을 계승하게 하시고, '평지 설교'를 통해서 자신을 따르는 제자들이 어떻게 살아야 하는지를 가르치십니다. 나는 예수님의 제자에 걸맞은 자질과 능력을 갖추기 위해서 어떤 노력을 기울이고 있나요? 지금 나의 영적 상태는 어떠한가요? 나는 예수님을 얼마나 사모하고 사랑하나요?

7장

누가복음 7장에는 다양한 사건과 강화가 기록되어 있다. 예수님은 다양한 사람을 대상으로 사역하시는데, 여기에 나오는 사람들은 백부장, 과부, 죄지은 여인이다. 예수님은 사람을 대하실 때 차별하지 않으신다. 그분은 연약하고 소외된 사람들에게 깊은 관심을 가지신다.

LUKE

7:1-10 백부장의 종을 고치심

이 이야기는 마태복음 8:5-13에도 기록되어 있다. 요한복음 4:43-54에 이 이야기와 비슷한 내용이 있지만, 다른 사건이다.

1절: 예수님은 말씀을 마치신 후 가버나움으로 들어가신다. 이는 예수님이 '평지 설교'를 마치시고 가버나움에 들어가셨다는 뜻이다(참고. 마 7:28a).

2절: 어떤 백부장의 사랑하는 종이 병들어 죽게 되었다. "백부장"('헤카톤타르케스', centurion)은 로마 군대의 장교다. 백부장이라는 명칭은 100명의 부하를 거느린 장교란 뜻이지만, 실제로 60-80명의 부하를 거느렸다. 백부장은 임명받지 않고 일반 군사들에 의해서 선출되었다. 따라서 백부장 가운데는 훌륭한 인품을 지닌 이들이 많았다. 본문에 나오는 백부장도 "백부장의 사랑하는 종"이라는 표현을 볼 때 좋은 사람으로 보인다. 백부장은 무역과 세금 및 치안 업무 등을 관장했다(참고. Antiquities 17.8.3). 백부장은 유대인일 수도 있고 이방인일 수도 있었다. 하지만 6절을 참고할 때 이 백부장은 이방인인 것 같다.

3절: 백부장은 종을 고치고 싶은 마음에 예수님을 모셔 오고자 한다. 그는 유대인들과 좋은 관계를 맺고 있었기에 "유대인의 장로 몇 사람"을 예수님께 보내어서 부탁한다. "유대인의 장로 몇 사람"이란 예루살렘 공회(Sanhedrin)의 회원들이 아니다. 이들은 지역 유대인 공동체의 지도자들이다. 누가복음에는 백부장이 유대인 장로들을 통해 예수님께 부탁한 것으로 되어 있으나, 마태복음의 병행 기사에는 백부장이 예수님께 바로 부탁한 것으로 되어 있다(참고. 마 8:5-6). 이는 백부장이 장로들을 보냈으나, 사실 그가 부탁한 것이기 때문이다.

4-5절: 장로들은 예수님께 백부장의 선행을 칭찬하면서 백부장의 소원을 들어주십사고 간청한다. 장로들은 백부장이 유대인들을 사랑한다고 하면서 유대인들을 위하여 회당을 지어주었다고 말한다. 이 회당은 4:33에 언급된 회당을 가리킨다. 아마도 백부장은 회당을 지을 때 돈을 많이 냈을 것이다. 이방인이 유대인의 회당을 지어주는 것은 이례적이다. 따라서 그는 유대인들을 배려하고 유대 문화를 존중한 사람이었다. 이러한 사례는 누가복음의 독자들에게 유대인과 이방인이 서로 존중하면서 사이좋게 지낼 수 있다는 교훈을 제공한다.

6-8절: 예수님은 백부장의 소원을 들어주어야겠다고 생각하시고 장로들과 함께 백부장의 집으로 가시려 한다. 그러자 백부장은 예수님이 자기 집에 들어오심을 감당하지 못하겠다고 말한다. 이것은 그의 겸손함을 보여주는 동시에 유대인이 이방인의 집에 들어가기를 꺼렸는데, 유대인이신 예수님이 자기 집에 들어오시는 데 부담을 느끼실 수 있어서 한 말이다. 따라서 그는 매우 사려 깊은 사람이었다. 더욱이 그는 군인 특유의 충성심(복종)을 예수님의 말씀과 권위에 적용한다. 그는 예수님이 말씀만 하시면 하인이 나을 수 있을 것으로 믿는다.

9절: 예수님은 백부장의 말을 놀랍게 여기시면서 그의 믿음을 칭찬하신다. 백부장의 믿음은 겸손함과 배려심, 예수님의 권위와 능력에 대한 전적인 신뢰, 그리고 말씀에 순종하겠다는 결심을 포괄한다. 이처럼 믿음은 다양한 특성을 함의한다. 예수님은 믿지 않는 유대인과 믿는 이방인을 대조하신다. 이는 유대인이 반드시 주님을 믿어야 한다는 메시지를 전달한다. 특별히 예수님의 말씀 속에는 이방인들이 하나님의 백성 대열에 합류할 것이라는 암시가 담겨 있다. 이는 마태복음 8:11-12에서 잘 드러나는데, 이방인들은 언약의 백성이 되겠지만, 유대인들은 바깥 어두운데 데 쫓겨나 울며 이를 갈게 될 것이다.

10절: 백부장의 종이 치유되었다. 사람들은 예수님의 말씀과 더불어 즉시 치유 이적이 일어난 것을 확인하게 된다. 이처럼 누가복음의 이적 이야기는 입증으로 끝나는 경우가 많다.

7:11-17 과부의 아들을 살리심

앞에서 예수님은 병들어 죽게 된 사람을 고치셨는데, 여기서는 이미 죽은 사람을 살리신다. 그리하여 예수님은 산 자와 죽은 자를 모두 주관하시는 엄청난 권위와 능력을 드러내신다. 이 이야기는 복음서에서 예수님이 죽은 사람을 살리신 세 개의 이야기 가운데 첫 번째이다(참고. 8:49-56; 요 11:20-44). 이것은 오래 전 선지자 엘리야가 사르밧 과부의 아들을 살린 일을 생각나게 한다(참고. 왕상 17:17-24; 왕하 4:8-37).

11절: 예수님은 나인으로 가시는데, 제자들과 많은 무리가 동행한다. "나인"은 나사렛 남동쪽에 있는 작은 마을이다. 오늘날 네인(Nein)으로 추정된다. 이 마을은 가버나움에서 남서쪽으로 약 32km 떨어진 곳에 있다. 성경에서 나인은 여기에만 나온다.

12절: 예수님이 나인 성문에 가까이 이르셨을 때 사람들이 한 죽은 자를 메고 나온다. "메고 나오니"('에코미조')는 장례식에서 관을 멜 때 사용하는 전문용어(a technical term)이다. 요세푸스는 이 단어를 '죽은 자를 메고 간다'라는 의미로 사용했다(Wars 5.13.7). 누가는 죽은 자에 관해 소개하는데, "이는 한 어머니의 독자요 그의 어머니는 과부라"고 한다. 이 언급은 어머니의 안타깝고 가련한 상태를 보여준다. 아들을 잃은 어머니는 정신적으로나 경제적으로 큰 어려움을 겪게 될 것이다. "그 성의 많은 사람도 그와 함께 나오거늘"이라는 표현은 슬픔을 나누기 위해서 많은 사람이 동행했음을 의미한다. 나아가서 이것은 예수님이 죽은 자를 살리신 일이 많은 사람에 의해서 목격되었음을 암시한다.

13절: 예수님은 과부를 보시고 불쌍히 여기셔서 울지 말라고 하신다. 이것은 예수님의 자애로운 마음을 보여준다. 울지 말라고 하신 것은 예수님이 뭔가를 행하실 것임을 암시한다.

14절: 예수님이 관에 가까이 가셔서 관에 손을 대시니 멘 자들이 제 자리에 선다. 여기서 "관"('소로스')은 뚜껑이 닫혀서 밀폐된 '관'(coffin)이 아니라, 시신을 매장지까지 운반하기 위한 '상여'(bier)일 것이다. 누가는 예수님의 행동을 "그 관에 손을 대시니"라고 묘사한다. 죽은 자에게 손을 대는 것은 의식적으로 부정해지는 것이다(참고. 민 19:11, 16). 그러나 예수님은 개의치 않으시고 손을 대신다. 예수님은 산 자와 죽은 자를 모두 다스리시는 분이며, 세상의 어떠한 것으로도 부정해지지 않는 분이다. 예수님은 청년을 향해서 "일어나라"고 명하신다. 따라서 예수님은 말씀으로 병든 자를 고치셨는데, 이제 죽은 자도 살리신다.

15절: 죽은 자가 살아난다. 예수님은 말씀 한마디로 죽은 자를 살리시는 엄청난 능력을 보여주신다. 이것은 구약의 선지자들이 죽은 자를 살렸을 때와 대조된다. 엘리야는 자신이 다시 살아나게 한 아이의 몸 위에 몸을 세 번이나 펴서 엎드렸다(참고. 왕상 17:21). 또한, 엘리사는 자신의 사환 게하시를 통하여 아이의 얼굴 위에 지팡이를 올려놓게 했으며, 그다음 엘리사가 직접 죽은 아이 위에 몸을 포개 엎드렸다(참고. 왕하 4:31, 34-35). 그러나 예수님은 오직 한마디의 말씀으로 죽은 사람을 살리신다. "죽었던 자가 일어나 앉고 말도 하거늘"이란 표현은 그가 살아났음을 입증한다. 누구도 부정할 수 없다. "예수께서 그를 어머니에게 주시니"라는 말은 예수님이 그녀의 마음을 어루만져 주셨음을 암시한다.

16절: 사람들은 예수님을 "큰 선지자"고 칭송한다(참고. 9:8, 19; 13:33; 24:19). 그러나 예수님은 선지자에 머물지 않으신다. 예수님은 선지자를 보내신 하나님이시다.

17절: 소문이 온 유대와 사방에 두루 퍼진다.

7:18-23 세례 요한에게 자신을 계시하심

이 단락은 예수님과 세례 요한의 대화이다. 하지만 간접적인 대화이다. 예수님은 세례 요한과의 대화를 통해서 자신의 메시아적 신분을 드러내신다.

18절: 세례 요한의 제자들이 "이 모든 일"을 그에게 알린다. "이 모든 일"이란 앞의 두 이적(백부장의 종을 고치신 일, 나인 성 과부의 아들을 살리신 일)과 더불어 예수님이 행하신 다양한 말씀과 행적을 포함한다. 당시에 세례 요한은 큰 인기를 누리고 있었다. 그래서 그에게는 제자가 많았다. 하지만 그는 사역을 시작한 지 얼마 되지 않아 헤롯 안티파스에 의해서 옥에 감금되었다(참고. 마 4:12). 누가는 지금 세례 요한이 어디서 어떤 상태에 있는지 진술하지 않는다. 하지만 요세푸스는 이때 세례 요한이 사해 동편의 마카이루스(Machaerus)에 갇혀 있었다고 기록한다(Antiquities 18.5.2).

19절: 세례 요한은 제자 중 둘을 예수님께 보내어서 물어본다. 두 명을 보내는 것은 유대인들의 관행이었는데, 초기 기독교인들도 전도자를 보낼 때 둘씩 보냈다(참고. 신 19:15; 눅 10:1; 19:29; 22:8; 24:4; 행 3:1; 11:30; 13:2;

15:39-40). "오실 그이"는 메시아를 가리킨다(참고. 시 118:26; 합 2:3; 말 3:1; 요 6:14). 이스라엘 백성들은 오랫동안 메시아를 기다렸다. 세례 요한은 예수님에게 지대한 관심이 있었다. 그는 예수님이 메시아인 것을 알았고, 예수님에게 세례를 베풀었다. 하지만 예수님이 메시아라면서도 아직 그를 비롯해서 유대인들이 기대했던 대로 다소 급격한 변화(악인을 심판함, 로마의 지배에서 벗어나게 함, 자신을 옥에서 구출함 등)를 일으키지 않으시는 것을 보면서 의아해했다. 더욱이 그는 일찍이 옥에 갇히는 바람에 예수님의 활동을 제대로 목격하지 못했다. 그래서 예수님의 정체를 확실하게 파악하기 위하여 제자들을 보내어서 물어본다.

20절: 세례 요한의 제자들은 예수님께 나아가서 세례 요한이 지시한 질문을 한다.

21절: 마침 그때 예수님은 이적을 많이 행하셨다. 그래서 세례 요한의 제자들은 예수님이 행하시는 일을 직접 목격하게 된다.

22절: 예수님은 세례 요한이 한 질문에 직접적인 대답을 하지 않으시고, 메시아가 이 땅에 내려와서 하시는 일이 지금 시행되고 있음을 말씀하신다. 그동안 예수님이 행하신 일은 메시아가 행하도록 되어 있는 일이었다(참고. 사 35:5-6; 61:1). 이런 것들은 세례 요한이 기대했던 것과 같지 않을 수 있으나, 구약에 예언된 일(메시아를 통해서 이루어질 일)이었다.

23절: 예수님은 덧붙여서 "누구든지 나로 말미암아 실족하지 아니하는 자는 복이 있도다"라고 하신다. 이 말씀은 메시이에 대한 잘못된 선입견을 버리고서, 구약에서 메시아가 오셔서 하는 일을 정확히 알고, 예수님이 바로 그 메시아인 것을 알 때 실족하지 않는다는 뜻이다. 이것은 세례 요한의 불신앙을 가볍게 책망하시면서, 동시에 그를 위로하고 격려하시는 것이다.

7:24-30 세례 요한에 관하여 말씀하심

예수님은 세례 요한에 관하여 말씀하신다. 그분은 세례 요한을 극찬하신다.

24-28a절: 세례 요한이 보낸 제자들이 떠난 후 예수님께서는 무리에게 세례 요한에 관하여 말씀하신다. 예수님은 세례 요한에 대해서 '선지자보다 훌륭한 자', '주님의 길을 준비하는 자', 그리고 '여자가 낳은 자 중에 가장 큰 자'라고 하신다. 이것은 사람을 향한 최고의 칭찬이다.

28b절: 세례 요한은 옛 시대에 속한 사람이다. 하지만 새 시대에 속한 사람은 모두 세례 요한보다 크다. 이것은 메시아가 오심으로 이루어지는 복과 은덕을 시사한다.

29-30절: 예수님의 말씀에 대해서 백성들과 세리들은 긍정적인 반응을 보인다. 그들은 세례 요한에게서 세례를 받았기에 하나님을 의롭다고 고백한다. 하지만 바리새인들과 율법교사들(=서기관들)은 부정적인 반응을 보인다. 그들은 세례 요한에게서 세례를 받지 않았으므로 하나님의 뜻을 저버린다. 여기서 "요한의 세례"라는 문구는 요한이 베푼 세례뿐 아니라 그 세례에 담겨 있는 가르침을 함의한다. 즉 요한의 사역 전체를 포괄한다. 따라서 요한의 세례를 받았거나 받지 않았다는 말은 각각 요한이 전한 가르침(복음)을 받았거나 받지 않았다는 뜻이다.

7:31-35 이 세대의 완악함을 지적하심

예수님은 세례 요한의 가르침(복음)을 거부하는 자들에 관해서 말씀하신다.

31절: 예수님은 "이 세대의 사람"을 비유로 설명하신다. "이 세대의 사람"은 예수님과 복음을 반대하는 사람들, 곧 세례 요한의 사역을 거부하는 사람들이다.

32절: 예수님은 이 세대의 사람들에 대하여 아이들이 장터에 앉아 피리를 불어도 춤추지 않고 곡하여도 울지 않는 무반응 자들로 비유하신다. 피리를 부는 것은 결혼식장에서 피리를 불었던 관습을 반영한다. 곡하는 것 역시 장례식장에서 곡을 한 일을 가리킨다.

33절: 사람들은 세례 요한이 와서 떡도 먹지 않고 포도주도 마시지 않자 귀신이 들렸다고 비난한다. 세례 요한은 금욕주의적으로 살면서 복음을 전했다.

34절: 그런데 인자(예수님)가 오셔서 먹고 마시자 먹기를 탐하고 포도주를 즐기는 사람이며 세리와 죄인의 친구라고 비난한다. 세례 요한과 예수님은 같은 복음을 전파했으나 다른 사역 방식(모양)을 취했다. 하지만 사람들은 세례 요한과 예수님을 모두 싫어했다.

35절: 병행 본문의 마태복음 11:19에는 "지혜는 그 행한 일로 인하여 옳다 함을 얻느니라"고 되어 있다. 이것은 당시의 속담으로 보인다. 마태의 "행한 일"(deeds)을 누가는 "자녀"(children)로 바꾼다. 여기서 "지혜"는 예수님과 세례 요한의 사역을 가리키고, "자녀"는 그 사역에 긍정적으로 반응하는 사람들을 상징한다. 지혜는 언젠가 옳다고 인정받을 것이다. 마찬가지로, 예수님과 세례 요한의 사역은 반드시 열매를 맺을 것이다. 복음을 통해서 많은 사람이 돌아올 것이며, 이는 복음이 진리임을 입증할 것이다.

7:36-50 한 여인이 예수님께 향유를 부음

이 이야기는 마태복음 26:6-13; 마가복음 14:3-9; 요한복음 12:1-8에 기록된 이야기와 다르다. 네 권의 복음서에는 여인이 예수님께 향유를 부은 사건이 두 번 나온다. 이 중 마태복음과 마가복음과 요한복음의 사건은 같은 것이며, 누가복음의 사건은 다르다. 앞의 세 복음서는 베다니 나사로의 집에서 마리아가 예수님께 향유를 부은 일을 소개하지만, 누가복음은 갈릴리 바리새인의 집에서 한 죄인 여인이 예수님께 향유를 부은 일을 언급한다. 여기서 일치되는 것은 여인이 예수님에게 향유를 부은 것뿐이며, 나머지는 모두 다르다.

36절: 한 바리새인이 예수님에게 함께 식사하기를 청한다. 당시 모든 바리새인이 예수님께 적대적인 것은 아니었다. 어떤 바리새인은 호의적이었다. 예수님은 바리새인의 집에 들어가서 앉으신다. 여기서 "앉으셨을 때"란 단어는 헬라어로 '카타클리노'로서 '기대어 앉았다'(recline)라는 뜻이다. 당시 유대인들은 음식을 먹을 때, 특히 연회와 같은 중요한 식사를 할 때 비스듬히 기대어 앉아서 먹었다(참고. 9:14, 15; 14:8; 24:30). 하지만 항상 그런 것은 아니었다. 집에서 일반적인 식사를 할 때는 바로 앉아서 먹기도 했다.

37절: "죄를 지은 한 여자"의 이름은 밝혀져 있지 않다. 어떤 죄를 지었는지도 모른다. 매춘부일 가능성이 있지만 확실하지 않다. 그녀를 막달라 마리아라고 생각하는 사람들이 있다. 하지만 근거가 없다. 막달라 마리아는 8:2에 나오는데, 성경은 향유를 부은 여인이라고 언급하지 않는다. "향유"는 대단히 비쌌다. 향유는 주로 "옥합"(alabaster)에 담았다.

38절: 예수님은 식사하시면서 비스듬히 기대어 앉으셨기에(참고. 7:36) 자연스럽게 발을 뒤로 뻗으셨다. 따라서 여인은 예수님의 뒤로 쉽게 다가갈 수 있었다. 예수님은 샌들을 벗고 계셨을 것이다. 즉 발에 먼지가 묻어 있었을 것이다. 눈물로 발을 적셨다는 말은 많이 울었음을 뜻한다. 그녀는 자기 죄를 깊이 뉘우치면서 울었을 것이다. 그리고 예수님을 섬기며 공경할 기회가 생겨서 감사하는 마음으로 울었을 것이다. 예수님의 발을 적신 행동은 헬라어로 '브레코'인데, 이는 비가 내릴 때 사용되는 단어이다. 따라서 그녀가 상당히 많이 울었음을 알 수 있다. 그녀는 자기 머리털로 떨어진 눈물을 닦고 주님의 발에 입 맞추고 향유를 붓는다. 주님의 발에 입을 맞춘 것은 극진한 공경을 시사한다. 당시 문화에서 이 여인의 행동은 올바르게 여겨지지 않았다. 사람들 앞에서 여인이 머리털을 풀어헤치는 것은 부끄러운 일이었고, 더군다나 머리털을 풀어헤쳐서 그것으로 다른 남자의 발을 닦고, 발에 입까지 맞추는 행동은 전혀 단정하지 않았다(참고. 고전 11:5-6). 따라서 여인은 일반적인 관념에 개의치 않고 예수님을 향한 뜨거운 마음을 가지고 이렇게 했다. 틀림없이 그녀의 행동은 그 자리에 있던 다른 사람들의 심기를 불편하게 했을 것이다.

39절: 바리새인은 사람들이 예수님을 선지자라고 말하는 소문을 들었다. 필시 선지자는 여인이 이렇게 행동하는 것을 허락하지 않을 것이다. 더욱이 그녀가 죄인인 것을 안다면 더욱 가까이하지 않을 것이다. 이는 죄인이 누군가를 만지면 같이 부정해진다는 당시의 인식 때문이다. 즉 여인이 예수님의 몸을 만진 것은 예수님이 부정해진 일이 된다. 따라서 바리새인은 예수님이 선지자라면 여인의 정체를 알았을 것이고, 당연히 자신을 만지도록 허락하지 않았을 것이라고 속으로 생각한다. 그는 예수님을 선지자라고 생각하는 데 있어서 미온적이다.

40절: 예수님은 바리새인의 마음을 알고 계셨다(참고. 5:22; 6:8). 그리고 이어지는 비유에 근거할 때 여인이 죄인이라는 사실도 알고 계셨다. 바리새인의 이름은 시몬이었다.

41-42절: 예수님은 비유로 말씀하신다. 1데나리온은 하루 임금이다. 따라서 500데나리온과 50데나리온은 각각 약 2년 치 임금과 2개월 치 임금이다. "더 사랑하겠느냐"라는 말은 아람어와 히브리어에서 "더 감사하겠느냐"라는 뜻이다.

43절: 시몬은 당연한 이치를 말한다. 큰 빚을 탕감받은 사람이 더 고맙게 생각하는 것은 당연하다. 그래서 예수님은 "네 판단이 옳다"라고 하신다.

44절: 예수님은 바리새인과 여인에게 비유를 적용하신다. 당시 팔레스타인에서 손님에게 발 씻을 물을 주지 않는 경우가 많았지만, 극진한 예를 갖출 때는 발 씻을 물을 주었다. 따라서 시몬이 예수님에게 발 씻을 물을 드리지 않은 것은 예수님을 일반적인 손님으로 대한 것이다.

45절: 서로 인사할 때 입 맞출 때가 있었으나, 언제나 그러한 것은 아니었다. 따라서 시몬이 예수님에게 크게 잘못한 것은 아니다.

46절: 손님에게 호의를 베풀 때 감람유(olive oil)를 붓는 경우가 있었다. 그러나 향유를 붓고 머리털로 닦아주는 일은 흔치 않았다. 그러므로 바리새인 시몬이 예수님을 극진히 환대한 것은 아니었다. 그렇다고 무시하지도 않았다. 그저 일반적인 손님 수준으로 대접했다. 그러나 여인은 최고의 예로써 예수님을 섬겼다. 그러므로 예수님께서 시몬을 나무라시는 것이 아니라 여인이 자신에게 극진한 친절을 베푼 사실을 강조하시는 것이다.

47절: 예수님은 시몬에게 여인에 관해 말씀하신다. 여인이 예수님에게 행한 일은 그분을 사랑하며 공경한다는 믿음의 표시다. 여인은 예수님이 죄를 사하실 수 있는 분이라는 사실을 믿고 이렇게 행동했다. “그의 많은 죄가 사하여졌도다”라는 말은 완료시제로 사실을 강조한다.

48절: 예수님은 이미 47절에서 여인의 많은 죄가 사해졌다고 말씀하셨다. 그러므로 여기서 여인에게 죄 사함을 받았다고 다시 말씀하시는 것은 확신을 주시기 위함이다.

49절: 이때 그 자리에 함께 앉아 있는 자들이 속으로 “이가 누구이기에 죄도 사하는가”라고 생각한다. 따라서 예수님이 죄를 용서하신 이 에피소드는 5:17-26의 중풍병자를 고치시면서 죄를 사해주신 사건과 유사한 형태를 띤다.

50절: “네 믿음이 너를 구원하였으니”라는 말은 믿음으로 구원받은 것이지 행위로 받은 것이 아님을 시사한다. 그녀의 행위는 믿음의 외적 표시였을 뿐이다(참고. 8:48; 17:19; 18:42). ‘구원받았다’라는 말은 누가복음-사도행전에서 매우 중요한 단어로서 약 30회 사용되었다. “평안히 가라”는 일반적인 인사지만, 여기에 의미가 담겨 있다(참고. 8:48; 행 16:36). 여인은 죄 사함을 받았으므로 하나님과 화목하게 되었고, 그 결과로 평안을 얻게 되었다. 사람은 믿음으로 말미암아 구원받으며, 구원받은 사람은 평화를 얻는다.

• 토론과 나눔 •

1. 예수님은 다양한 사람들을 대상으로 사역하십니다. 누가복음 7장에서 예수님은 어떤 사람들을 대하시나요? 예수님은 그들에 대하여 어떤 마음을 가지고 계시나요?

2. 백부장은 어떤 믿음을 가지고 있나요?

3. 예수님은 어떤 방법으로 죽은 자를 살리시나요?

4. 예수님은 세례 요한을 어떤 사람이라고 칭찬하시나요?

5. 바리새인의 집에서 한 죄인 여인이 예수님께 향유를 부은 일은 어떤 교훈을 주나요?

• 핵심과 실천 •

예수님은 사람들을 사랑하시며, 그들의 아픔과 상처를 긍휼히 여기십니다. 특히 예수님은 사람들을 차별하지 않고 대하십니다. 우리도 사람들에 대하여 그런 마음을 지녀야 합니다. 어려운 사람들을 도와주어야 합니다. 자신이 도와야 할 사람이 누구며, 어떻게 도울 수 있을지 고민해야 합니다. 또한, 한 여인이 주님을 섬기는 모습을 눈여겨보아야 합니다. 그녀는 잘못을 뉘우쳤고, 주님을 사랑하여 극진히 섬겼습니다. 우리는 무엇으로 주님을 섬길 수 있을까요?

8장

누가는 예수님을 따라다닌 여인들에 관해 언급한다(1–3절). 그녀들은 예수님의 사역에 큰 도움을 주었다. 이어지는 내용은 예수님의 말씀을 듣고 순종하는 일의 중요성(4–25절), 그리고 귀신과 질병과 심지어 죽음조차도 예수님의 말씀에 순종한다는 것이다(26–56절).

LUKE

8:1-3 예수님을 따라다닌 여인들

예수님을 따라다닌 여인들이 있었다. 여인들은 자신들의 소유로 예수님과 제자들을 섬겼다. 예수님의 사역에서 여인들은 중요했다. 그녀들은 예수님이 십자가에 달리실 때 곁에 있었으며, 예수님의 장례를 치르기 위해서 향유를 준비했다. 즉 끝까지 예수님을 사랑했고 충성했다.

1절: 누가는 예수님의 사역을 "각 성과 마을에 두루 다니시며 하나님의 나라를 선포하시며 그 복음을 전하실새"라고 요약한다. 예수님은 여러 지역을 다니시면서 하나님 나라를 선포하셨다. 아마도 이 지역들은 갈릴리 근방일 것이다. 또한, 복음을 전하셨는데, 이 복음은 하나님 나라에 관한 소식이다. 즉 하나님 나라와 복음은 같은 것이다. 예수님은 이렇게 하심으로 4:43-44의 "내가 다른 동네들에서도 하나님의 나라 복음을 전하여야 하리니"라는 말씀을 성취하신다. 예수님이 다니시는 곳에 열두 제자가 함께했다. 열두 제자는 예수님을 따라다니면서 예수님의 일거수일투족을 배우고

익혔다(참고. 6:13-16).

2절: 2-3절에서 누가는 예수님을 따라다닌 여인들이 있었다는 사실을 언급한다. 당시 랍비들은 여인을 제자로 두지 않았고, 여인도 랍비들을 따라다니지 않았다. 따라서 예수님을 따라다닌 여인들에 관한 언급은 특별하다. 그러나 복음을 전하는 일에는 남자와 여자가 모두 있어야 한다. 2-3절의 우리말 성경 개역개정판의 번역은 의미 전달이 분명하지 않다. 의미를 살린 번역을 하자면 다음과 같다. '악귀를 쫓아내심과 병 고침을 받은 어떤 여인들이 있었는데, 곧 마리아와 요안나와 …'(NASB: "some women who had been healed of evil spirits and sicknesses: Mary who was …"). "악귀를 쫓아내심과 병 고침을 받은 어떤 여자들" 다음에 나오는 내용은 이러한 경험을 한 여인들 이름이다. 즉 여기에 나오는 여인들은 전에 악귀 쫓아내심과 병 고침을 받았다. 그녀들 가운데 "일곱 귀신이 나간 자 막달라인이라 하는 마리아"가 있었다. 막달라 마리아는 복음서에 자주 등장하는 여인이다. 복음서에 '마리아'라는 이름을 가진 여인이 여럿 있으므로 주의해야 한다. 누가는 그녀를 다른 마리아들과 구분하기 위하여 '막달라 마리아'라고 칭한다. '막달라'(Magdala)는 마리아의 고향 이름이다. 신약성경에나 고대 문헌에 이 마을 이름이 나오지 않기에 정확히 어디를 가리키는지 알 수 없다. 전승에 따르면, 갈릴리 서쪽에 있는 마을이다. 막달라 마리아는 "일곱 귀신이 나간 자"이다. 이것은 그녀가 매우 심각한 상태였으나 주님의 놀라운 능력으로 치유되고 변화되었음을 시사한다. 흔히 그녀를 매춘부였다고 주장하는 이들이 있는데, 그럴 가능성이 없지는 않으나 근거가 없다. 막달라 마리아는 복음서에 줄곧 나오지만, 특히 마지막 부분에서 예수님이 십자가를 지시고 부활하실 때 많이 등장한다(참고. 마 27:56, 61; 28:1; 막 15:40, 47; 16:1, 9; 눅 24:10; 요 19:25; 20:1, 11, 16, 18).

3절: 여기에 나오는 "헤롯"은 헤롯 안티파스일 것이다. "요안나"는 고위직의 부인이다. 그녀는 24:10에 한 번 더 나온다. 예수님은 가난하고 연약한 사람들에게 말씀을 가르치셨으나, 부유하고 힘 있는 이들과도 교류하시면서 말씀을 전하셨다. "수산나"는 여기에만 나온다. 예수님을 따라다닌 여인들은 자신들의 물질로 예수님과 제자들을 섬겼다. 그들은 예수님과 제자들의 식사를 담당하고, 여행 경비 등 필요한 것을 제공했을 것이다.

8:4-15 씨 뿌리는 자 비유

이 비유의 병행 본문은 마태복음 13:1-23과 마가복음 4:1-20이다. 그런데 다른 복음서들과 달리 누가복음은 간략하게 기록한다. 누가는 유대적 배경을 이해하지 못하는 이들을 위해서 필요하지 않은 부분은 생략하고, 전하고자 하는 메시지만 드러내고자 한다.

4절: 예수님은 비유로 말씀하신다. 당시 랍비들 가운데 비유를 자주 사용한 예는 별로 없다. 하지만 예수님은 자주 비유로 말씀하셨다.

5a절: 4-8절은 비유의 내용이다. 예수님은 씨를 뿌리는 자가 그 씨를 뿌리러 나가서 뿌리는 데 씨가 다양한 곳에 떨어진 상황을 설정하신다. "씨"는 하나님의 말씀이다(참고. 11절). "씨를 뿌리는 자"는 하나님의 말씀을 전하는 자로서 예수님이시며, 제자들과 그리스도인들이다.

5b-8a절: 씨가 떨어진 네 종류의 밭이 나온다. 1) 길가에 떨어지니 사람들에 의해서 밟히며 공중의 새들이 먹어버렸다, 여기서 "공중의 새"는 마귀를 상징한다(참고. 12절). 2) 바위 위에 떨어지니 싹이 났다가 습기가 없으므로 말랐다. 3) 가시떨기 속에 떨어지니 가시가 함께 자라서 기운을 막았다. 4) 좋은 땅에 떨어지매 나서 백 배의 결실을 했다. 누가복음은 마태와 마가의 '백 배', '육십 배', '삼십 배'를 생략하고 '백 배'만 말한다. 비유에서 숫자 자체는 정확한 측량의 의미를 담고 있지 않다. 이것은 많음(풍성함)을 의미한다.

8b절: 예수님은 이 말씀을 하시고 "들을 귀 있는 자는 들을지어다"라고 외치신다. 이 문구는 복음서의 비유에 자주 나온다. 말씀을 잘 들어야 한다는 뜻이다.

9절: 9-15절은 비유의 의미이다. 제자들이 비유의 뜻을 묻는다.

10절: 예수님은 비유의 뜻을 설명하시기 전에 비유로 말씀하신 이유를 언급하신다. "하나님 나라의 비밀"은 신비하고 값지다. 비유의 목적은 선택받은 자들이 의미를 깨달아서 구원받게 하는 데 있다. 헬라어 원문에서 "너희에게는"('휘민')이 제일 앞에 나와서 강조되었다. 하지만 "다른 사람"(선택되지 못한 사람)은 의미를 깨닫지 못하므로 심판에 떨어지게 될 것이다.

11절: 예수님은 비유의 뜻을 설명하신다. "씨는 하나님의 말씀"(복음)이다(참고. 5절).

12절: 씨가 길가에 떨어진 것은 마귀가 말씀을 마음에서 빼앗아 구원받지 못하게 하는 것을 의미한다. 말씀은 믿음의 원인이다. 성령께서는 말씀을 매개체로 사용하셔서 믿음을 주신다.

13절: 씨가 바위 위에 있다는 것은 말씀을 들을 때 기쁨으로 받으나 뿌리가 없어 잠깐 믿다가 시련을 당할 때 배반하는 자를 가리킨다.

14절: 씨가 가시떨기에 떨어졌다는 것은 말씀을 들었으나 이생의 염려와 재물과 향락에 기운이 막혀 온전히 결실하지 못하는 자를 상징한다.

15절: 씨가 좋은 땅에 있다는 것은 착하고 좋은 마음으로 말씀을 듣고 지켜서 인내로 결실하는 자를 뜻한다. 따라서 예수님은 착하고 좋은 마음으로 말씀을 듣고 지켜서 결실해야 한다는 사실을 가르치신다. "인내로"라는 단어는 말씀을 듣고 결실하는 데 인내(시간, 노력, 참음)가 필요함을 시사한다. 우리는 착하고 좋은 마음으로 말씀을 듣고 순종하여 열매를 맺어야 한다.

8:16-18 등불 비유

이 비유의 요지는 예수님이 전해주신 말씀을 잘 이해하고 실천하며 전함으로 많은 사람에게 진리가 드러나게 해야 한다는 것이다. 이 비유는 앞 단락의 '씨 뿌리는 자 비유'와 연결된다.

16절: 예수님은 당시 흔히 볼 수 있는 모습을 묘사하신다. 등불을 켜는 목적은 빛을 보게 하는 것이다. 따라서 등불은 감추지 말고 드러나게 해야 한다. 이것은 말씀을 들은 후에는 반드시 적용하고 전파해야 한다는 뜻이다. "이는 들어가는 자들로 그 빛을 보게 하려 함이라"에서 "들어가는 자들"은 8:10의 "다른 사람들"(선택받지 못한 자들)이다. 제자들이 말씀을 듣고 빛을 비추어야 하는 이유는 구원받지 못한 자들이 구원받을 수 있게 하기 위해서이다. 제자들이 말씀을 듣고 순종하여 열매를 맺으면 사람들이 영향을 받고 회심하는 역사가 일어날 수 있다.

17절: 등불(빛)이 비추어지면 숨은 것이 드러나고 감추어진 것이 알려진다. 이는 말씀이 사람 속에 있는 죄를 드러내어 회개하게 한다는 뜻이다.

18절: 예수님은 결론을 맺으신다. 말씀을 잘 이해하면 더욱 풍성한 지식과 은혜를 얻을 것이지만, 제대로 이해하지 못하면 가지고 있던 지식과 은혜도 사라질 것이다. 다른 말로 하면, 착하고 좋은 마음으로 말씀을 들으면 열매를 많이 맺을 것이지만, 그렇지 않으면 그나마 가지고 있던 것까지도 빼앗길 것이다.

8:19-21 예수님의 참된 가족

지금까지(1-18절) 예수님은 말씀을 잘 듣고 행하라고 당부하셨다. 이 짤막한 단락은 말씀을 실천하는 사람들이 예수님의 참된 가족이라는 사실을 깨닫게 한다.

19절: 예수님 주변에 많은 사람이 모여있었다. 그래서 예수님의 어머니와 동생들이 예수님께 왔으나 무리로 인하여 가까이하지 못한다. 예수님의 어머니는 마리아이고, 예수님의 동생들은 예수님이 태어나신 후 아버지 요셉과 어머니 마리아 사이에서 태어난 자들이다.

20절: 어떤 사람이 예수님께 "당신의 어머니와 동생들이 당신을 보려고 밖에 서 있나이다"라고 알린다.

21절: 예수님은 이런 상황을 활용하여 가르침을 주신다. "내 어머니와 내 동생들은 곧 하나님의 말씀을 듣고 행하는 이 사람들이라"라는 말씀은 예수님이 육신의 어머니와 동생들을 무시하시는 것이 아니다. 이것은 예수님의 가르침인데, 하나님의 말씀을 통해서 하나님의 백성이 된 사람들이 영적인(진정하고 영원한) 가족이라는 사실이다.

8:22-25 호수를 잔잔하게 하심

8장 앞부분은 예수님의 말씀을 듣고 순종해야 한다는 사실을 다루었다. 이제 이 단락은 자연조차도 예수님의 말씀을 듣고 순종했다는 사실을 언급한다.

22절: 예수님께서 제자들과 함께 배에 오르셔서 "호수 저편으로 건너가자"라고 하신다.

23절: 배를 타고 갈 때 예수님은 잠드신다. 예수님이 주무시는 것은 육신을 입은 인간이시기 때문이다. 예수님은 많은 사역으로 인해 피로하셨다. 마침 광풍이 호수로 내리치므로 배에 물이 가득하게 되어 위태해진다. 광풍이 호수로 내리치는 것은 갈릴리 호수에서 종종 발생한 일이다. 갈릴리 호수 북쪽의 헐몬 산에서 불어오는 차가운 공기와 갈릴리 호수에서 올라오는 더운 공기가 만나 갑자기 큰 풍랑이 일어나곤 했다. 이것은 대단히 위험한 상황이다. 제자들 가운데 어부 출신이 많았으나, 그들도 두려움을 느꼈다. 하지만 예수님은 태연히 주무시고 있다.

24절: 제자들이 예수님을 깨운다. 예수님이 잠에서 깨어 바람과 물결을 꾸짖으시니 잔잔해진다. 예수님이 바람과 물결을 꾸짖으신다고 해서 바람과 물결 뒤에 사탄이 있었던 것은 아니다. 예수님이 바람과 물결을 꾸짖으시는 모습은 시편 89:9의 "주께서 바다의 파도를 다스리시며 그 파도가 일어날 때에 잔잔하게 하시나이다"를 생각나게 한다(참고. 시 107:23-32). 예수님은 하나님이시다. 세상을 만드신 분은 세상을 다스리시고 통제하신다.

25절: 예수님은 제자들에게 "너희 믿음이 어디 있느냐"라고 하신다. 믿음은 두려움의 반대말이다. 믿음이 있으면 힘들고 어려운 상황에서도 두려워하지 않고 평안함을 느낀다. 제자들은 두려워하고 놀라면서 "그가 누구이기에 바람과 물을 명하매 순종하는가"라고 서로 말한다. 따라서 제자들은 이전에 바람과 호수를 두려워했으나 이제 예수님을 두려워한다. 그들은 여전히 예수님의 정체와 능력을 충분히 이해하지 못하고 있다.

8:26-39 귀신들린 사람을 고치심

8장은 예수님의 말씀 사역을 기술한다. 누가는 예수님의 말씀을 잘 듣고 순종해야 한다고 말하는 가운데, 바로 앞 단락(22-25절)에서 자연이 말씀에 순종했다는 사실을 말했지만, 여기서는 귀신조차도 말씀에 순종한다는 사실을 언급한다. 다른 한편으로, 지금까지의 강조점은 말씀 사역 자체라면, 여기서부터의 강조점은 치유 사역에 있다. 말씀과 치유, 이 두 가지는 조화를 이룬다. 예수님은 온전한 구원(전인적인 구원)을 가져다주시는 분이다.

26절: 21절까지 예수님은 갈릴리 호수 서쪽 가버나움을 중심으로 활동하시다가, 22-25절에서 갈릴리 호수를 건너셨고, 이제 "갈릴리 맞은편", 곧 갈릴리 호수 동쪽으로 오신다. "거라사인의 땅"은 이방인들이 살고 있는 곳이다.

27절: 귀신 들린 사람의 누추하고 가련한 형편을 묘사한다.

28절: 귀신 들린 사람이 예수님을 향해 자신을 괴롭게 하지 말라고 간청한다. "지극히 높으신 하나님의 아들 예수여"라는 표현은 귀신조차도 예수님이 누구신지를 알고 있다는 뜻이다. 그러나 지식이 반드시 믿음으로 연결되는 것은 아니다. 귀신은 예수님을 알았지만 믿지 않았다.

29절: 귀신이 예수님께 엎드려 큰 소리로 부르짖은 것은 예수님께서 이미 더러운 귀신에게 "그 사람에게서 나오라"고 명하셨기 때문이다. 귀신은 사람을 대단히 고통스럽게 했다.

30절: "군대"는 라틴어로 '레기온'(Legion)이다. '레기온'은 로마 군대에서 6,000명으로 구성되었다. 여기서는 누가의 설명대로 '많은 귀신'을 뜻한다. 따라서 예수님은 많은 숫자의 귀신과 싸우고 계신다. 지금 예수님은 군대 귀신의 우두머리와 대화하시는 중이다.

31절: "무저갱"('아뷔소스', Abyss)은 장차 사탄과 그의 부하들이 감금될 곳이다(참고. 시 107:26; 마 25:41; 벧후 2:4; 계 20:3). 성경에서 '무저갱'은 '음부'(하데스', 10:15; 16:23)나 '지옥'('게헨나', 12:5)과 교호적으로 사용된다.

32-33절: 유대 지역에서는 돼지를 부정한 짐승으로 여겨서 키우지 않았으나(참고. 레 11:7; 신 14:8), 이방 지역에서는 돼지를 키웠다. 돼지는 마귀가 들어가기에 적합한 짐승이었다.

34절: 돼지를 치던 자들이 그 이루어진 일을 보고 도망하여 성내와 마을에 알린다.

35절: 마을 사람들이 이적을 확인하게 된다.

36-37절: 마을 사람들은 경제적 손실을 두려워하여 예수님께 마을을 떠

나가시기를 구한다. 그들은 구원보다 돈에 더 관심이 있다.

38-39절: 귀신이 나간 사람은 예수님과 함께 있기를 구하나 예수님은 그 지역에서 복음을 전하라고 하신다. 이것은 이방인 전도에 대한 사명을 부여하시는 것이다. "집으로"('에이스 톤 오이콘')라는 말은 '자기가 사는 마을로'라는 뜻이다. '하나님이 행하신 큰 일'은 귀신이 떠나고 구원받은 일이다. 그는 귀신이 떠난 후 주님과 제자들로부터 복음을 자세히 들었을 것이다. 38절의 '하나님이 행하신 큰 일'은 39절에서 '예수님이 행하신 큰 일'로 바뀐다. 이는 하나님과 예수님이 같은 분이라는 사실을 보여준다.

8:40-56 야이로의 딸을 살리심 & 혈루증을 앓던 여인을 고치심

예수님의 말씀이 지닌 권위는 엄청나다. 예수님은 말씀으로 호수를 잔잔하게 하셨고(22-25절), 사람에게서 귀신을 내쫓으셨는데(26-39절), 이제 아픈 사람과 심지어 죽은 사람도 살리신다. 따라서 예수님은 자연, 귀신, 질병, 그리고 심지어 죽음까지 주관하신다. 이 단락에는 두 개의 이야기가 섞여 있는데, 회당장의 죽은 딸을 살리신 일과 혈루증으로 고통을 겪는 여인을 고치신 일이다.

40절: 예수님이 갈릴리 서편으로 돌아오시니 무리가 환영한다. 여기서 "무리"는 1-21절(특히 4, 19절)의 무리를 가리킨다. 그들이 예수님을 환영하는 이유는 예수님의 말씀에 능력이 있었고, 특히 질병을 치유하셨기 때문이다.

41절: "회당장"은 회당을 지을 때 주도적인 역할을 했고, 회당에서 드리는 예배를 주관하는 사람이다. 그는 지역에 잘 알려져 있었다. 누가는 회당장의 이름을 "야이로"라고 밝힘으로 이적의 사실성을 입증하고자 한다. 회당장은 자기 딸의 위중한 상태를 말하지 않고 예수님의 발아래에 엎드려 자기 집에 오시기를 간구한다.

42절: 여기서 "외딸"은 회당장의 절박함을 시사한다. 이미 예수님은 한 과부의 죽은 '독자'를 살리셨다(참고. 7:11-17). "열두 살"은 당시 결혼 적령기였다. 열두 해를 혈루증으로 앓던 여인과 열두 살 된 소녀 사이에 묘한 유비가 있다. 예수님이 회당장의 집으로 가실 때 무리가 밀려든다. 이는 많은 사람이 이 사안에 관심을 지니고 있음을 보여준다.

43-44절: 예수님이 회당장의 집으로 가시는 도중에 열두 해를 혈루증으로 앓는 중에 아무에게도 고침을 받지 못하던 여자가 예수님의 뒤로 와서 그의 옷 가에 손을 대니 혈루증이 즉시 그친다. "혈루증"이란 '하혈'일 것이다. 원인이 있을 텐데 성경은 말하지 않는다. 몸에서 피가 나는 병은 부정하게 여겨졌다(참고. 레 15:25-30). 그래서 이 여인은 마을 사람들과 어울릴 수가 없다. "열두 해"는 고칠 수 없는 병임을 암시한다. 그녀는 너무나 큰 고통을 겪으며 살아왔다. "옷 가"는 '옷의 가장자리'(hem) 혹은 '옷단의 술'(tassel)이다(참고. 민 15:38-39; 신 22:12). 혈루증이 즉시 그친 것은 예수님의 능력으로 치유되었음을 의미한다. 여인이 예수님의 옷 가에 손을 대면 나을 수 있을 것이라고 믿은 것은 엘리야(참고. 왕상 17:17-24)와 엘리사(참고. 왕하 4:25-37)의 경우를 생각나게 한다.

45절: 예수님은 누군가가 자신의 옷 가에 손을 낸 것을 아시고 "내게 손을 댄 자가 누구냐"라고 물으신다. 이는 예수님이 몰라서 물으신 것이 아니다. 예수님은 모든 것을 알고 계신다. 예수님의 물음에 사람들은 "다 아니라"고 대답하며, 베드로는 "주여 무리가 밀려들어 미나이다"라고 말한다. 따라서 베드로는 예수님의 의중을 눈치채지 못한다.

46절: 여인이 고침을 받은 것은 자동으로 된 것이 아니다. 위대한 인물의 옷을 만짐으로써 치유된 것이 아니다. 예수님께서 여인을 은밀히 고쳐주신 것이다. 예수님은 여인이 온전한 구원(전인적인 구원)을 받게 하시려고 대화를 시도하신다.

47절: 여인은 자기 병이 치유되었다는 사실을 모든 사람 앞에서 말한다.

48절: "딸아"('뒤가테르', daughter)는 친근한 표현이다. "네 믿음이 너를 구원하였으니"라는 말은 여인이 예수님의 옷을 만진 행위가 믿음에서 비롯된 것임을 시사한다. 여인은 예수님의 능력으로 치유될 것을 믿고 예수님의 옷을 만졌다. 그리하여 여인은 육체적인 치유와 더불어 영적인 구원을 받았다. "평안히 가라"는 당시의 일반적인 인사지만, 예수님께서 여기에 의미를 부여하셔서 말씀하신다. 믿음으로 구원받고 평안해지는 것은 7:50('예수님께 향유를 부은 여인 이야기')에도 나왔다.

49절: 예수님이 길에서 여인과 대화를 나누는 사이에 회당장의 딸이 죽었다. 예수님이 이 상황을 예지하지 못하셨을 리가 없다. 일부러 여인과 대화하시면서 시간을 지체하셨을 것이다. 사람들의 말은 예수님의 능력을 과소평가한 것이다. 그들은 예수님이 살아 있는 사람의 병을 고칠 수 있겠지만, 이미 죽은 자를 살리지는 못할 것이라고 생각했다.

50절: 예수님은 회당장을 안심시키시면서 그가 믿음을 가지기를 원하신다. 틀림없이 회당장은 절망하고 있었을 것이다. "두려워하지 말고 믿기만 하라"는 말은 이적의 조건이 믿음임을 시사한다. 특히 예수님은 아오리스트(aorist) 명령법으로 말씀하셔서 강력하고 흔들리지 않는 믿음을 촉구하신다. "딸이 구원을 얻으리라"라는 말은 딸이 다시 살아날 것이라는 뜻이다. 나아가서 그 아이는 복음을 받아들이고 전인적인 구원을 받을 것이다(참고. 8:48).

51절: 예수님은 회당장의 집에 이르러 특별히 선택한 세 제자만 데리고 들어가신다. 예수님은 그들에게 더 많은 것을 보여주고자 하신다.

52절: 성경은 신자의 죽음을 "잠"으로 완곡하게 표현한다(참고. 요 11:11-14; 고전 15:6, 20; 엡 5:14; 살전 4:13-18 등). 이것은 부활을 전제한다. 신자의 죽음은 끝이 아니다.

53절: 사람들은 아이가 죽은 것을 알기에 비웃는다. 가까이서 본 사람들이 비웃는 것은 아이의 죽음이 확실함을 입증한다.

54절: 예수님은 아이의 손을 잡고 "아이야 일어나라"고 하신다. 죽은 자의 손을 잡는 것은 의식적으로 부정해지는 것이다. 하지만 예수님은 개의치 않으신다. 병행 본문의 마가복음 5:41에는 '달리다굼'이라는 아람어 단어가 나온다. 그러나 누가는 이 단어를 생략하는데, 이는 그의 복음서를 읽는 독자들이 아람어를 모르기 때문이다.

55절: "그 영이 돌아와"라는 표현은 영이 육에 돌아와서(결합하여) 다시 살아났다는 뜻이다(참고. 왕상 17:21-22). "아이가 곧 일어나거늘"이란 표현은 아이가 살아난 것을 가시적으로 보여준다. "먹을 것을 주라고 명하시니"라는 말은 아이가 완전히 살아났다는 사실을 확인해 준다. 따라서 누가는 아이가 다시 살아난 것이 확실하다는 점을 다양하게 묘사한다.

56절: 아이가 살아나자 부모가 놀란다. 그러나 예수님은 이 일을 아무에게도 말하지 말라고 경고하신다. 이는 이 사실이 알려지면 예수님의 메시아 신분이 잘못된 채로 인식될 수 있고, 유대 지도자들과 로마 군대가 예수님을 더욱 적대적으로 대할 수 있기 때문이다.

• 토론과 나눔 •

1. 예수님을 따라다닌 여인들은 누구입니까? 그녀들은 예수님과 제자들을 어떻게 섬겼을까요?

2. 씨 뿌리는 자 비유에서 네 개의 밭은 각각 무엇을 상징합니까?

3. 예수님이 자신을 찾아온 가족 소식을 듣고 사람들에게 주신 말씀은 무엇입니까?

4. 예수님을 아는 것과 그분을 믿는 것은 어떤 차이를 지닐까요? 귀신들이 한 말을 살피면서 생각해 봅시다.

5. 예수님은 야이로의 딸을 어떻게 살리셨으며, 혈루증 앓던 여인을 어떻게 고치셨나요?

• 핵심과 실천 •

예수님의 말씀은 엄청난 권위를 지닙니다. 귀신과 질병과 심지어 죽음조차도 예수님의 말씀에 순종합니다. 우리는 예수님의 말씀에 귀 기울여야 합니다. 그분의 말씀에 절대 순종해야 합니다. 물론, 말씀에 순종하기란 쉽지 않습니다. 때로는 큰 위험을 감수해야 할 수도 있습니다. 하지만 말씀에 순종하는 것은 생명을 얻는 길입니다. 우리 마음을 옥토와 같이 가꾸어서 말씀을 잘 듣고 순종하여 열매를 많이 맺읍시다.

9장

지금까지 누가는 예수님의 신적인 정체와 놀라운 능력을 모든 영역에 적용했다. 하지만 이 장에서는 제자들에게 집중한다. 이는 독자들에게 제자도를 가르치기 위해서이다. 누가는 예수 그리스도의 정체와 신분에 근거한 제자도 형성을 소개한다. 예수 그리스도를 닮고 그분의 메시지를 전하는 것이 제자의 본분이며 제자도의 본질이다.

LUKE

9:1-6 열두 제자를 파송하심

예수님은 열두 제자를 부르신다. 예수님께서 혼자 일하지 못해서 열두 제자를 두시는 것이 아니다. 오히려 그분의 일을 계승하게 하시려고 제자들을 두시는 것이다. 제자는 훈련되고 재생산되어서 계속하여 이어져야 한다. 제자를 통하여 주님의 일(복음 전파)이 지속되어야 한다.

1-2절: 예수님은 열두 제자를 불러 모으셔서 모든 귀신을 제어하며 병을 고치는 능력과 권위를 주시고 하나님 나라를 전파하며 앓는 자를 고치게 하려고 내보내신다. 열두 제자 명단은 6:13-16에 있다. 여기에 귀신 제어와 질병 치유가 구분되어 있다. 왜냐하면, 귀신과 질병이 항상 연관되는 것은 아니기 때문이다.

3절: 예수님은 제자들에게 여행을 위하여 아무것도 가지지 말라고 하시고 지팡이나 배낭이나 양식이나 돈이나 두 벌 옷을 가지지 말라고 하신다. 그 이유는 제자들이 청빈하고 검소한 상태를 유지해야 하기 때문이다. 더욱이 여행 기간이 길지 않기에 많은 옷과 경비가 필요하지 않다. 그들은 이 기간을 하나님께서 채워주시는 것을 훈련하고 배우는 기회로 삼아야 한다. 예수님은 지팡이를 가져가지 말라고 하신다. 하지만 마가복음 6:8에 따르면, 지팡이를 가져가는 것은 가능하다. 이러한 차이에 대해서 정확한 해결책을 제시하기가 쉽지 않다. 아마도 지팡이를 여분으로 가지고 가지 말라는 뜻으로 추정된다. 즉 누가복음 10:4에서 보듯이, 여분의 신발 소유 금지와 마찬가지로 지팡이를 여분으로 가져가는 것을 금하신 것 같다.

4절: 예수님은 어느 집에 들어가든지 거기서 머물다가 떠나라고 하신다. 이는 집들을 옮겨 다니지 말라는 뜻이다. 즉 더 나은 집으로 가려고 하지 말라는 뜻이다. 만일 옮겨 다니면 집들(환경)을 비교할 수 있다. 그리고 마을 사람들 간에 분란을 일으킬 수 있다. 제자들이 환경을 불평하거나 지나친 안락함을 좇을 수도 있다. 따라서 한 집에 머물다가 떠나는 것이 좋다.

5절: "누구든지 너희를 영접하지 아니하거든"은 '복음을 받아들이지 않거든'이란 뜻이다. 제자들을 무시하고, 그들을 보내신 예수님(곧 하나님)을 무시하거든 그 성에서 떠나야 한다. "그 성에서 떠날 때에 너희 발에서 먼지를 떨어 버려 그들에게 증거를 삼으라"라는 말은 유대인들이 이방 지역을 여행하고 떠날 때 발에서 먼지를 떨어 버리는 관습을 채용한 것이다. 유대인들은 부정에서 깨끗해지려고, 그리고 이방인들이 하나님의 심판을 받을 자들이므로 그들과 함께 한 흔적을 지우려고 발에서 먼지를 떨어 버렸다. 따라서 이 말은 그들이 부정하여 하나님의 심판을 받을 것임을 알리는 행위이다(참고. 행 13:51). 그러나 이러한 행동은 개인이나 가정에서 할 일이 아니라, 마을에서 경고의 메시지를 보내기 위해서 해야 할 일이다(참고. 9:6).

6절: 예수님의 제자들이 각 마을을 두루 다니면서 복음을 전하고 병을 고친다.

9:7-9 헤롯 안티파스가 당황함

누가는 예수님이 열두 제자를 보내신 일을 말하는 가운데 헤롯 안티파스에 관하여 간략하게 언급한다.

7a절: 분봉 왕 헤롯이 이 모든 일을 듣고 심히 당황한다. "분봉 왕"('테트라아르케스')은 영토 1/4을 다스리는 왕이다. 마태(14:9)와 마가(6:25)는 그를 일반적인 용어인 '왕'(king)이라고 칭했으나, 누가는 정확하고 엄밀한 칭호인 '분봉 왕'(tetrach)을 사용한다. 여기서 헤롯은 '헤롯 안티파스'이다. 그는 열두 제자가 전도 활동을 한 것을 들었다(참고. 9:6).

7b-8절: 헤롯 안티파스가 당황한 이유가 제시되어 있다. 그는 사람들이 예수님에 대하여 세례 요한 혹은 엘리야 혹은 옛 선지자 한 사람이 다시 살아났다고 말하는 것을 들었다. 헤롯 안티파스는 이러한 소문을 듣고 당황했다. 당시 유대인들은 마지막 날에 엘리야가 다시 살아날 것이라는 믿음(popular view)을 가지고 있었다(참고. 1:17; 말 4:5; 막 9:11-13). "옛 선지자 한 사람이 다시 살아났다"라는 소문에서 "선지자"는 모세(참고. 신 18:15) 혹은 예레미야(참고. 마 16:14)를 가리킬 수 있다. 하여튼 사람들은 예수님을 비범하지 않은 인물로 보았다.

9절: 누가는 기록하지 않지만, 마태와 마가는 헤롯 안티파스가 세례 요한을 죽인 사실을 언급한다(참고. 마 14:1-12; 막 6:17-29). 따라서 헤롯 안티파스는 자신이 죽인 세례 요한이 다시 살아나서 자신에게 복수할 수 있다고 생각해서 두려워한다. 헤롯 안티파스가 예수님을 보고 싶어 한 것은 13:31을 참고할 때 예수님을 죽여서 후환을 없애기 위함으로 보인다. 결국, 23:8에서 헤롯 안티파스는 예수님을 만난다. 그 이전에는 예수님을 만났는지 알 수 없다.

9:10-17 오천 명을 먹이심

'오병이어', 곧 예수님이 '떡 다섯 개와 물고기 두 마리'로 오천 명을 먹이신 사건은 네 복음서에 모두 기록된 유일한 이적 기사이다(병행 본문: 마 14:13-21; 막 6:30-44; 요 6:1-14).

10절: 사도들이 돌아와서 자기들이 행한 모든 것을 예수님께 여쭈니 예수님이 그들을 데리시고 따로 벳새다라는 고을로 가신다. 여기서 "사도들"은 열두 제자를 가리킨다. 누가복음에서 '사도', '제자', '열두 제자'는 교호적으로 사용된다(참고. 9:1, 12, 14, 16). 따라서 문맥을 보고 그들이 누군지를 파악해야 한다. "자기들이 행한 모든 것"이란 예수님에게서 파송을 받아 마을들을 다니며 행한 일이다(참고. 9:1-6). 그들은 귀신을 쫓아내고, 병든 자를 고치고, 복음을 전했다. '벳새다'는 갈릴리 북쪽에 있다. 이 마을은 요단강이 갈릴리 호수로 이어지는 부분 동쪽에 있다.

11절: 무리가 알고 예수님을 따라온다. 예수님은 그들을 영접하시고 하나님 나라의 일을 이야기하시며 병 고칠 자들을 고치신다. 복음은 "하나님 나라"에 관한 이야기이다(참고. 4:43; 8:1; 9:2).

12절: 여기서 "빈 들"은 벳새다 근교의 빈 들일 것이다. 빈 들은 먹을 것을 구할 수 없는 곳이다. 즉 제자들은 먹을 것이 없는 현실을 마주한다. 그들은 예수님의 능력을 잊고 있다. 아직 믿음 훈련이 되어 있지 않다.

13절: 예수님은 "너희가 먹을 것을 주라"고 말씀하신다. 제자들에게 음식이, 그것도 남자만 오천 명이나 되는 사람에게 줄 음식이 없는 것을 아시면서도 이렇게 말씀하신다. 이것은 제자들에게 무엇인가를 가르치시려는 의도를 내포한다. 그러나 제자들은 현실적인 상황을 대답한다. "떡 다섯 개와 물고기 두 마리"는 한 사람이 먹을 분량이다.

14-15절: "남자가 한 오천 명 됨이러라"는 말은 성인 남자만 오천 명이라

는 뜻이다. 따라서 여자와 아이를 합하면 훨씬 많은 사람이 모여 있다. 음식이 절대적으로 부족하다. 예수님은 제자들에게 떼를 지어 오십 명씩 앉히라고 하신다. 그러자 제자들은 순종한다.

16절: 예수님은 떡 다섯 개와 물고기 두 마리를 가지시고 하늘을 우러러 축사하시고 떼어 제자들에게 주어 무리에게 나누어 주게 하신다. "하늘을 우러러"는 유대인들의 기도 자세이다. "축사하시고"('율로게오')는 감사하셨다는 뜻이다. 이것은 성찬이 아니다. 하지만 초기 기독교인들은 이 글을 읽으면서 성찬 분위기를 느꼈을 것이다. 성찬은 주님이 주시는 음식을 먹고 건강해지는 것이다. 그리고 한 가족임을 확인하는 것이다.

17절: 오병이어 이적이 일어난 결과이다. "먹고 다 배불렀더라"는 말은 푸짐하게 먹었다는 뜻이다. "그 남은 조각을 열두 바구니에 거두니라"는 풍성함을 의미한다. 주님의 이적은 풍부하고 풍요롭다. 만족을 준다. "열두 바구니"는 열두 제자가 한 바구니씩 거둔 것을 암시한다.

9:18-27 베드로의 고백

이 단락과 이어지는 단락(28-36절: 예수님이 변형되심)은 예수님이 누구신가를 알려준다. 베드로의 고백과 예수님의 자기 계시로 예수님의 신분이 밝혀진다.

18절: 누가는 "예수께서 따로 기도하실 때에"라는 문구로 이야기를 시작한다. 누가복음에는 기도가 강조되어 있다. 예수님은 하나님께 기도하시는 분이다(참고. 3:21; 5:16 등). 그분은 중요한 일을 앞두고 기도하셨다(참고. 6:12). 지금도 예수님은 제자들이 자신의 정체를 바르게 깨닫기를 바라셔서 기도하고 계신다. 예수님은 제자들에게 "무리가 나를 누구라고 하느냐"라고 물으신다. 이것은 자신의 정체를 드러내시기 위한 도입 질문이다.

19절: 제자들은 사람들 사이에 떠도는 소문을 말한다. 사람들은 예수님에 관하여 세례 요한 혹은 엘리야 혹은 옛 선지자 중의 한 사람이 살아난 것이라고 말했다. 이러한 소문은 헤롯 안티파스가 들었던 것과 일치한다(참고. 9:7-8). 필시 당시에 널리 퍼진 소문이었을 것이다. 하지만 이는 사람들이 아직 예수님을 정확히 알지 못하고 있다는 사실을 암시한다.

20절: 여기서 "너희"는 복수형이다. 이 단어는 헬라어 원문에서 강조되었다. 예수님은 제자들이 자신에 대해서 정확히 알기를 기대하신다. 그들은 무리보다 더 정확하고 풍성하게 예수님의 정체를 알아야 한다. 베드로(제자들의 대표자, 대변인)가 대답한다. "하나님의 그리스도시니이다." 이는 '하나님께서 보내신 그리스도'라는 뜻이다. 즉 예수님은 구약에 예언된 메시아라는 것이다. 따라서 베드로는 정확하게 대답한다. 그러나 그(제자들)가 얼마나 정확히 그리고 풍성히 이 말의 의미를 알고 있었을지는 의문이다. 참고로, 마태복음 16:16은 베드로의 말을 좀더 길게 기록한다("주는 그리스도시요 살아 계신 하나님의 아들이시니이다").

21절: 예수님은 경고하시면서 "이 말을 아무에게도 이르지 말라"고 하신다. 이는 베드로의 대답이 틀렸기 때문이 아니다. 베드로를 비롯한 제자들의 이해가 아직 충분하지 않기 때문이다. 즉 사람들이 예수님에 대해서 잘못 이해할 수 있기 때문이다. 사람들은 정치적/군주적 메시아를 기다리는 중이다. 그들은 이스라엘을 강대국이 되게 하고, 로마의 압제에서 벗어나게 하며, 주변 나라들을 심판하는 메시아를 갈망하고 있다. 하지만 사람들이 예수님에 대해서 그러한 기대감을 가지는 것은 바람직하지 않다. 그래서 예수님은 침묵을 명하신다.

22절: 예수님은 자신이 앞으로 당할 일을 처음으로 말씀하신다. "살아나야 하리라"는 신적 수동태이다. 이것은 예수님의 부활이 하나님에 의해서 확실히 일어날 일임을 알려준다(참고. 7:14, 22; 9:7). 그러므로 예수님은 자신의 사명과 운명을 잘 알고 계셨다. 즉 자신이 죽임을 당한 후 다시 살아나실 것을 알고 계셨다. 예수님은 힘이 없어서 죽임을 당한 것이 아니었다. 특별히 예수님은 자신이 어떠한 그리스도인지를 알려주시기 위해서 이 말씀을 하신다. 앞에서 말했듯이, 당시 이스라엘 사람들은 메시아가 와서 강력한 힘으로 로마 군대를 물리치고 이스라엘에 자유와 해방을 주기를 기대했다. 그러나 예수님은 사탄과 사망을 물리치시는 영적인 메시아시다. 예수님은 죽음과 부활을 통해서 그 일을 이루실 것이다. "장로들과 대제사장들과 서기관들"은 예루살렘 공회(산헤드린)를 구성하는 사람들이다. 누가복음에서 이 세 그룹이 함께 나오는 것은 여기가 처음이다(참고. 20:1; 22:52; 행 4:5; 23:14; 25:15). 누가는 세 부류의 사람들 앞에 하나의 단수형 정관사('그')를 사용하여 이들이 하나의 집단임을 강조한다. 그들은 연합하여 예수님을 죽이려고 한다. "대제사장들"은 복수형으로 사용되었는데, 현직 대제사장은 한 명, 즉 가야바였다. 하지만 전직 대제사장 안나스도 대제사장으로 불렸다. 더욱이 여기서는 이들과 더불어 고위급 제사장들을 포함했을 것이다. 그들은 누구보다도 메시아를 알고 영접해야 할 자들이었다. 그러나 그들은 예수님을 죽이는 데 가장 앞장선다.

23절: 예수님은 자신의 정체와 운명을 말씀하신 후 제자도를 요구하신다. 여기에 세 개의 동사가 나오는데, "부인하고"와 "지고"와 "따르라"이다. "자기를 부인하고"는 제자도의 소극적인 측면이다. 제자는 자기를 부인하고 버리며 희생하고 헌신해야 한다. "날마다 제 십자가를 지고"는 제자도의 적극적인 측면이다. 십자가를 지는 것은 죽으러 가는 것이다(수모, 고난, 죽음). 따라서 이 명령은 주님이 각자에게 주신 사명을 목숨을 걸고 감당해야 한다는 뜻이다. "나를 따를 것이니라"는 현재 명령형이다. 제자는 계속해서 주님을 따라야 한다.

24절: 제자는 목숨을 아끼지 말아야 한다. "구원하리라"는 하나님의 보상을 시사한다.

25절: '얻는 것'과 '잃는 것'은 상업 용어이다. 현명한 자는 어떻게 처신하는 것이 유익한지를 잘 판단한다. 예수님의 명령에 순종하지 않는 자들은 아무 유익도 얻지 못한다.

26절: "누구든지 나와 내 말을 부끄러워하면"에서 "나"와 "내 말"은 각각 '예수님'과 '복음'을 가리킨다. 따라서 이 말은 '예수님과 복음에 반응하지 않고 심지어 부인하거나 대적하면'이란 뜻이다(참고. 롬 1:16). "인자도 자기와 아버지와 거룩한 천사들의 영광으로 올 때"란 주님의 재림 때를 의미한다. "그 사람을 부끄러워하리라"라는 말은 사람이 예수님이 그 사람을 인정해 주지 않으실 것이라는 뜻이다.

27절: "여기 서 있는 사람"은 이어지는 이야기를 참고할 때 변화산에 서 있는 사람, 곧 베드로와 요한과 야고보이다. "죽기 전에 하나님의 나라를 볼 자들"은 누구인가? 누가복음과 사도행전을 볼 때 누가는 하나님 나라의 현재성과 미래성을 모두 말한다. 즉 하나님 나라는 이미 예수님의 초림을 통하여 시작되었고, 재림을 통하여 완성될 것이다. 그렇다면 '하나님 나라를 본다'라는 것은 예수님이 십자가에서 죽으시고 부활하시며 승천하신 것과, 이후 성령께서 강림하셔서 복음이 널리 전파되므로 교회가 확장된 것, 그리고 훗날 예수 그리스도께서 다시 오셔서 완전히 실현되는 것을 포괄한다. 따라서 제자들 중에서 하나님 나라를 볼 자들이 있다는 말은 예수님의 구속 사역과 성령의 강림을 통해서 이루어지는 하나님 나라의 현재적 임재를 곧 경험하게 될 것이라는 뜻이다.

9:28-36 예수님이 변형되심

이것은 소위 '변화산' 사건이다. 예수님이 산에서 변형되시고 하늘에서 음성이 들리므로 예수님의 신적 신분이 드러난다. 이것은 앞 단락(18-27절)에서 베드로가 예수님에 대하여 고백했던 것이 가시적으로 드러나는 사건이다.

28절: 예수님은 9:18-27에 있는 말씀을 하신 후 팔 일쯤 되어 베드로와 요한과 야고보를 데리고 기도하시러 산에 오르신다. 누가복음에는 "팔 일쯤 되어"라고 되어 있지만 병행 본문인 마태복음 17:1과 마가복음 9:2에는 "엿새 후에"로 되어 있다. 왜 이런 차이가 발생했을까? 누가의 기록이 다른 복음서 저자들의 것과 다른 이유는 날짜를 표기하는 방식의 차이 때문이다. 한 주간(7일)을 두고 누가는 양 끝의 날짜를 포함하여 계산했기에 "팔 일쯤"(약 8일)이라고 했다. 이들이 오른 산이 어디인지에 대해서는 이견이 있다. 가능성이 가장 큰 곳은 헐몬(빌립보 가이사랴 근처), 다볼(갈릴리 호수 남동쪽), 그리고 메론(갈릴리 호수 북서쪽)이다. 전통적으로는 다볼산으로 알려져 있다. 그러나 예수님과 제자들이 지금 빌립보 가이사랴에 있기 때문에(참고. 마 16:13 이하) 그곳 근처에 있는 헐몬산이라고 주장하는 이들도 있다. 중요한 것은 어느 산이냐가 아니라 산이 지니는 신학적 상징성이다. 구약에서 산은 하나님이 자신을 계시하신 곳이다. 하나님은 산에서 모세와 엘리야에게 나타나셔서 말씀을 주셨다(참고. 출 24:12-18; 왕상 19:8-18). '베드로와 요한과 야고보'는 예수님이 가장 가까이 두신 제자들이다(inner circle, 참고. 8:51). 예수님은 "기도하시러" 산에 오르셨다. 예수님이 기도하신 일은 누가복음에 매우 빈번하게 나오는 주제이다.

29절: 예수님이 기도하실 때 용모가 변화되고 그 옷이 희어져 광채가 난다. 이것은 예수님의 영광이 드러나는 것이다. 즉 예수님의 신적 정체성이 계시되는 것이다. 예수님의 변형된 모습은 그분이 육신을 입으시기 전에 가지셨던 영광(참고. 요 1:14; 17:5; 빌 2:6-7)과 그분이 미래에 승귀하게 되실 모습(참고. 벧후 1:16-18; 계 1:16)을 보여준다. 예수님의 변형은 모세의 예와 매우 유사하다(참고. 출 34:29-35).

30절: '모세와 엘리야'는 각각 '율법'과 '예언'을 상징한다(참고. 마 5:17). 즉 구약을 뜻한다. 하나님께서 이들을 통하여 세상에 말씀을 내려주셨다. 따라서 이들이 예수님과 대화하는 것은 예수님이 구약의 성취자임을 시사한다.

31절: 그들이 대화한 내용은 "장차 예수께서 예루살렘에서 별세하실 것"이다. 9:22에서 예수님은 자신의 죽음을 예고하셨고, 이를 성취하기 위하여 9:51에서부터 예루살렘으로 올라가신다. 여기서 "별세"는 헬라어로 '엑소도스'(Exodus)인데, 이는 '이집트 탈출'(출애굽)을 암시한다. 예수님의 죽음은 진정한 출애굽, 곧 완전한 구원을 위한 것이다.

32절: 이때 베드로와 함께 있는 자들은 깊이 졸고 있었다. 그러다가 그들은 깨어나서 예수님의 영광(예수님이 변형되신 모습)과 함께 선 두 사람(모세와 엘리야)을 본다.

33절: 베드로는 너무나 황홀한 경험을 하고 있다. 그래서 산에서 그들과 계속 있고 싶어서 초막을 짓고 같이 살자고 한다. 그러나 누가는 "자기가 하는 말을 자기도 알지 못하더라"라는 설명을 붙인다. 이는 그가 깊이 졸다가 일어났기 때문이거나 황홀경에 도취했기 때문이다.

34-35절: 구름이 제자들을 덮는다. 그들은 구름 속에서 성부 하나님의 소리를 듣는다. 여기서 "구름"은 하나님의 임재를 상징한다(참고. 출 16:10; 20:21; 레 16:2; 왕상 8:10-13 등). 베드로가 초막을 짓자고 한 말과 구름이 그들을 뒤덮은 것은 과거 이스라엘 백성의 광야 생활을 떠 올린다. "이는 나의 아들 곧 택함을 받은 자니"라는 말씀은 예수님이 세례받으실 때 들려온 소리와 같다(참고. 3:22). "너희는 그의 말을 들으라"는 신명기 18:15을 상기시킨다(참고. 행 3:22; 7:37). 예수님은 율법서와 선지서, 즉 구약을 성취하신 분이다. 따라서 예수님의 말씀을 들으라는 것은 구약 전체를 들으라는 뜻이다. 물론, 예수님은 신약의 주인공이시므로 결국 이 말씀은 성경 전체에 대한 순종을 의미한다. 그러므로 기독론과 제자도가 같이 제시된다. 정리하자면, 기독론은 제자도로 이어지고, 제자도는 기독론을 바탕으로 한다.

36절: 구름 속에서 들려온 소리가 그치니 오직 예수님만 보인다. 이제 제자들은 오직 예수님만 바라보아야 한다. 이는 구약을 예수님의 관점에서 이해해야 한다는 뜻이다. 우리는 예수님이 유일한 중보자인 것을 믿어야 한다. 누가는 다른 복음서 저자들이 말한 예수님의 명령을 기록하지 않는다. 마태복음 17:9에 따르면, 예수님은 제자들에게 "인자가 죽은 자 가운데서 살아나기 전에는 본 것을 아무에게도 이르지 말라"고 명하셨다(참고. 막 9:9). 따라서 제자들은 잠잠하여 그 본 것을 아무에게도 이르지 않는다. 이는 메시아에 관한 사람들의 오해를 피하기 위한 방책이다. 그러나 나중에 인자가 죽음에서 부활하시고 승천하신 후 성령께서 강림하시면 제자들은 예수님을 힘 있게 전파할 것이다.

9:37-43a 귀신 들린 아이를 고쳐주심

제자들이 귀신을 쫓아내지 못함으로 예수님으로부터 질책을 당한다. 귀신은 사람을 극심히 괴롭히는 사악한 존재이다. 제자들은 강한 힘으로 귀신을 제압해야 한다.

37절: "이튿날 산에서 내려오시니"라는 언급은 이 이야기가 바로 앞의 변화산 이야기와 연결된다는 사실을 보여준다. 예수님이 산에서 내려오시니 큰 무리가 맞이한다.

38-39절: 어떤 사람의 "외아들"이 귀신에 들려 고통받는다. 누가복음에는 '외아들' 언급이 여러 번 나온다. 나인 성 과부의 아들이 '외아들'이었고(7:12), 야이로의 딸은 '외딸'이었다(8:42). 이것은 모두 안타깝고 위태로운 상황을 반영한다. 이 아들은 귀신으로 인해 큰 고통을 당하고 있다.

40절: 제자들은 주님에게서 귀신을 쫓아내는 권세를 받았지만(참고. 9:1), 힘이 강한 귀신 앞에서 무능하다.

41절: 예수님께서 제자들을 질책하신다(참고. 11:30-32, 50-51, 17:25). 제자들은 아직도 믿음이 연약하다. 그들은 계속해서 훈련받아야 한다. 그러나 이러한 질책은 그곳에 있던 무리("사람들이 다")에게도 적용된다(참고.

9:43a).

42절: 귀신은 아이를 거꾸러뜨리고 심한 경련을 일으키게 한다. 이것은 4:35와 8:28에서 귀신이 사람으로부터 나오기 직전에 취한 것과 비슷하다. 예수님은 더러운 귀신을 꾸짖으시고 아이를 낫게 하신 후 그 아버지에게 아이를 주신다(참고. 7:15).

43a절: 사람들이 다 하나님의 위엄에 놀란다.

9:43b-45 자신의 죽음을 두 번째로 예고하심

예수님은 자신의 죽음을 예고하신다. 이것은 9:22에 이어서 두 번째 수난 예고이다.

43b절: 사람들이 예수님이 행하시는 모든 일을 놀랍게 여길 때 예수님께서 제자들에게 말씀하신다. 예수님은 자신이 죽을 것을 예고하신다. 예수님이 이것을 미리 알려주시는 이유는 자신이 힘이 없어서 권력자들에 의해 죽임당하는 것이 아니라는 사실을 주지시켜 주시기 위해서이다. 예수님의 죽음은 하나님의 구속사 프로그램에 따른 것이다. 따라서 제자들은 예수님의 죽음을 목격하면서 실망하지 말아야 한다. 그들은 이 일을 당연한 것으로 받아들여야 한다.

44-45절: "이 말을 너희 귀에 담아 두라"는 말은 잘 기억하고 있으라는 뜻이다. "인자가 장차 사람들의 손에 넘겨지리라"라는 말은 수난을 간략히 표현한 것이다. 제자들은 주님의 말씀을 이해하지 못하는데, 이는 그들로 깨닫지 못하게 숨긴 바 되었기 때문이다. 성령께서 알려주지 않으시면 알 수가 없다. 깨닫게 하는 것은 하나님의 은혜이며, 깨닫지 못하는 것은 인간의 잘못이다. 예수님의 계시는 점진적으로 밝히 드러날 것이고, 제자들은 점차 더 깊은 깨달음을 얻게 될 것이다. 제자들은 예수님이 배신당하여 죽임

당할 것이라고 하시니 두려워한다.

9:46-50 제자들의 무지함

조금 전 예수님은 자신이 사람들의 손에 넘겨질 것이라고 예고하셨다. 따라서 지금 분위기는 숙연하고 암울하다. 하지만 제자들은 깨닫지 못하고, 서로 '누가 크냐' 하는 논쟁을 벌이며(46-48절), 지독한 우월감과 배타주의에 빠져 있다(49-50절).

46절: 당시 유대인들은 서열을 중시했다. 누가 더 높은 사람인지를 따지려고 했다. 제자들은 그러한 세상 습관에 젖어 "누가 크냐"라고 하면서 다툰다.

47절: 어린아이는 힘없는 사람, 낮은 사람, 약한 사람을 상징한다.

48a절: 누가 큰 자인지를 다투는 제자들 앞에서 예수님은 자신을 어린아이에 비유하신다. 그리고 어린아이를 영접하면 예수님을 영접하는 것이고 이는 하나님을 영접하는 것이라고 하신다. 따라서 이 말씀은 제자들이 어린아이처럼 작은 자가 되어야 한다는 뜻이다.

48b절: 하나님 나라에서는 가장 작은 자가 가장 큰 자이다.

49절: 주님의 제자 요한이 한 말은 제자들의 배타주의, 우월의식, 분파주의적 사고를 보여준다. 제자들은 주님의 이름으로 귀신을 쫓아내는 일이 열두 제자 그룹 밖의 사람들에 의해서도 행해지는 것을 받아들이지 못했다. 그들은 주님의 이름을 사용하여 이적 행하는 것을 자신들만이 가진 특권으로 생각했다.

50절: 제자들은 배타주의, 우월의식, 분파주의를 버려야 한다. 어떻게든 그리스도의 복음이 바르게 전파되면 된다.

9:51-56 사마리아 사람들이 예수님을 거부함

4:16-30에서 예수님은 갈릴리 사역을 시작하셨는데, 그때 나사렛 사람들에게 거부당하셨다. 이 단락에서 예수님은 예루살렘으로 올라가시는 여정을 시작하시는데, 이때 사마리아 사람들에게 거부당하신다. 예수님의 예루살렘 여정을 정리하자면, 9:51-13:21이 첫 번째 여정이고, 13:22-17:10이 두 번째 여정이며, 17:11-19:27이 세 번째 여정이고, 19:28에서 입성하신다.

51절: 예수님은 승천하실 기약이 다가오자 예루살렘을 향하여 올라가기로 굳게 결심하신다. 누가는 "예수께서 승천하실 기약이 차가매"라고 말한다. 왜 그는 '고난 당하실 때가 다가왔다'라고 말하지 않았을까? 이는 승천이 죽음을 전제로 하기 때문이다. 승천은 죽음 이후에 일어난다. 더욱이 승천은 구속 사역의 완수를 드러내는 증거가 된다. "예루살렘을 향하여 올라가기로 굳게 결심하시고"라는 표현은 예수님이 하나님의 구속 사역 일정을 아시고 그에 따라 움직이심을 보여준다, 즉 성부의 계획과 성자의 순종으로 구속 사역이 이루어진다. 누가복음에는 예수님이 예루살렘에서 죽으실 것이라고 예고되어 있다(참고. 9:22, 31).

52절: 예수님은 "사자들"(messengers)을 자신에 앞서 보내신다(참고. 7:27; 말 3:1). 그들은 예수님을 위하여 준비하려고 사마리아인의 한 마을에 들어간다. 여기서 "준비하려고"란 숙소를 준비한다는 뜻이다. 갈릴리에서 예루살렘으로 올라가는 도중에 사마리아가 있다. 유대인들은 갈릴리와 예루살렘을 오갈 때 사마리아에 들르지 않고 요단강 옆으로 우회하는 경로를 택했다. 하지만 예수님은 사마리아 전도를 위해서 이 지역을 지나가시려고 한다.

53절: 사마리아 사람들은 예수님이 예루살렘을 향하여 가시기 때문에 예수님의 제자들을 받아들이지 않는다. 그들이 예수님의 제자들을 받아들이지 않는 것은 예수님을 받아들이지 않는 것을 뜻한다. 이는 유대인들과 사마리아인들 사이에 있었던 뿌리 깊은 갈등 때문이다. 유대인들은 예루살렘 성전을 참되고 유일한 성전으로 생각했으나, 사마리아인들은 그리심 산 위에 자신들만의 성전을 세웠다. 그래서 사마리아 사람들은 유대인들이 예루살렘 성전으로 갈 때 심한 거부감을 가졌다. 특히 유대인들은 매년 주요 절기를 지키러 예루살렘에 올라갔는데, 이때 사마리아 사람들은 자신들의 영토를 통과하는 유대인들을 거부했다(참고. Antiquities 20.6.1). 지금 예수님이 예루살렘을 향하여 가시는 것도 유월절을 앞두고 가시는 것이기에 사마리아 사람들이 받아들이지 않는다. 그들은 예수님을 모르기 때문에 이렇게 행동한다.

54절: 야고보와 요한의 말은 옛적에 엘리야가 한 일을 염두에 둔 것이다(참고. 왕하 1:10, 12). 야고보와 요한은 '보아너게'('우레의 아들', 막 3:17)라는 별명을 가지고 있었다. 이는 성격이 급했음을 암시한다. 특히 예수님의 능력을 믿었기에 이렇게 말했을 것이다. 그런데 나중에 요한은 예수님이 사마리아 여인과 대화하시면서 복음을 전한 일을 기록한다(참고. 요 4장). 또한, 베드로와 함께 사마리아를 지나면 여러 마을에 들러 복음을 전한다(참고. 행 8:25).

55절: 예수님은 제자들을 꾸짖으신다. 예수님은 사마리아 사람들의 오래된 민족적 감정을 이해하신다. 하지만 그들도 복음을 받아들여 변화되어야 할 대상이라고 생각하신다.

56절: 예수님과 제자들은 함께 다른 마을로 가신다. 누가는 이 마을의 이름을 언급하지 않는다. 이는 우리가 그것을 굳이 알아야 할 필요가 없기 때문이다.

9:57-62 제자가 되고자 하는 사람

여기에 세 사람의 예가 나온다. 이들은 주님을 따르는 자에 관한 가르침의 소재가 된다. 각 사람 이야기는 '따른다'(follow)라는 단어와 함께 나온다(참고. 57절, 59절, 61절). 처음 두 명은 병행 본문 마태복음 8:19-22에 나오지만, 나머지 한 명은 누가복음에만 나온다. 이 단락은 제자가 되고자 하는 사람의 최우선 순위가 무엇인지를 보여준다. 제자는 주님을 따르는 것을 가장 중요하게 여겨야 한다. 다른 어떠한 일도 주님을 따르는 것보다 앞서지 말아야 한다.

57절: 첫 번째 사람이 등장한다. 예수님이 제자들과 함께 길을 가실 때 어떤 사람이 예수님께 "어디로 가시든지 나는 따르리이다"라고 말한다. "길 가실 때"란 예루살렘을 향하여 가실 때를 뜻한다. 따라서 이 이야기는 주님의 희생이라는 문맥을 가진다. 제자는 희생과 헌신, 즉 목숨을 바쳐야 하는 사람이다. 예수님이 예루살렘을 향하여 '길' 가시는 것은 제자가 걸어야 할 '길'(제자도)을 떠올린다. 이 사람은 예수님의 제자가 되고 싶어 하는 마음을 드러낸다. 마태복음 8:19는 이 사람을 '서기관'이라고 한다. 그는 말씀을 전문적으로 연구하는 사람인데, 예수님이 전하시는 말씀에 권위가 있다고 생각한 것 같다.

58절: 예수님은 자신에게 소유가 없다고 말씀하신다. 즉 제자가 되면 고생을 많이 할 것이라고 하신다. 예수님의 제자가 되고자 하는 사람은 수혜를 입고자 하는 생각을 버려야 한다.

59절: 두 번째 사람이 나온다. 예수님은 그 사람에게 "나를 따르라"고 하신다. 하지만 그는 "나로 먼저 가서 내 아버지를 장사하게 허락하옵소서"라고 대답한다. 당시 유대에서 아버지를 장사하는 것은 매우 중요한 일이었다. 이 사람의 요청은 당연한 것처럼 보인다.

60절: 그러나 예수님은 그의 요청을 거부하신다. 예수님의 말씀은 아버지의 장례가 중요하지 않다는 뜻이 아니다. 예수님은 부모 공경을 대단히 중요한 덕목이라고 말씀하셨다(참고. 마 15:4-6). 제자들은 당연히 부모를 공경해야 한다. 그러나 유대 전통에서는 장례를 1년 동안 한다. 따라서 장례 기간을 채우면 예수님을 따르는 데 지장이 크다. 앞의 "죽은 자들"은 영적으로 죽은 자들을 가리킨다. 이들은 주님을 따르지 않는 자들이다. 따라서 예수님의 말씀은 '[영적으로] 죽은 자들로 [육적으로] 죽은 자들을 장사하게' 하라는 뜻이다. "너는 가서 하나님의 나라를 전파하라"라는 말은 제자가 해야 할 일이 무엇인지를 보여준다. 그런데 어떤 학자는 십중팔구 이 사람의 아버지가 죽지 않았거니와 죽을 지경에 있지도 않았을 것으로 추정한다. 그는 아마도 '내 부친이 돌아가신 후에 당신을 따르겠습니다'라는 뜻으로 말했을 것이다.

61절: 세 번째 사람이 언급된다. 그의 말은 열왕기상 19:19-21에 있는 이야기와 비슷하다. 엘리야가 엘리사에게 자신을 따르라고 하자 엘리사는 "나를 내 부모와 입맞추게 하소서 그리한 후에 내가 당신을 따르리이다"라고 대답했다. 이때 엘리야는 엘리사에게 허락했다. 그러나 지금 예수님은 허락하지 않으신다. 훗날 예수님은 "무릇 내게 오는 자가 자기 부모와 처자와 형제와 자매와 더욱이 자기 목숨까지 미워하지 아니하면 능히 내 제자가 되지 못하고 누구든지 자기 십자가를 지고 나를 따르지 않는 자도 능히 내 제자가 되지 못하리라"고 말씀하신다(14:26-27).

62절: "손에 쟁기를 잡고 뒤를 돌아보는 자"는 잘못된 방향으로 쟁기질하는 자이다. 그는 올바른 방향으로 나아가야 한다. 이 말씀도 열왕기상 19:19에서 엘리야가 엘리사를 만났을 때 엘리사가 열두 겨릿소를 앞세우고 밭을 갈고 있었던 모습을 떠올린다.

• 토론과 나눔 •

1. 예수님이 열두 제자를 파송하시면서 아무것도 가져 가지 말라고 하신 것은 오늘날에도 그대로 적용됩니까?

2. 복음을 거부하는 자들에 대해서 우리는 어떤 반응을 보여야 할까요?

3. 예수님이 베드로의 고백을 들으신 후 "이 말을 아무에게도 이르지 말라"고 당부하신 이유는 무엇인가요?

4. 예수님이 요구하신 제자도를 23절에 있는 세 개의 동사를 중심으로 설명해 보십시오.

5. 예수님이 산에서 변형된 모습을 보여주신 이유는 무엇인가요?

• 핵심과 실천 •

예수 그리스도를 닮고 그분의 메시지를 전하는 것이 제자의 본분이며 제자도의 본질입니다. 그렇게 하려면 말씀을 정확하게, 그리고 부지런히 공부해야 합니다. 교회가 해야 할 가장 중요한 일은 말씀을 가르치는 것입니다. 이를 위해서 교역자는 말씀 연구에 전력해야 합니다. 교인들은 교역자가 말씀 연구에 시간을 쏟을 수 있도록 배려해야 합니다. 말씀이 잘 전해지는 교회야 말로 참된 교회입니다.

10장

누가복음 9장에 이어서 10장은 제자도를 다룬다. 주님은 제자를 훈련하시고 파송하시는 일을 매우 중요하게 여기셨다. 이는 제자를 통해서 자신의 사역이 계승되기 때문이다. 모든 그리스도인은 제자도에 깊은 관심을 보여야 한다. 이를 통해 복음이 계속해서 전파될 것이다.

LUKE

10:1-16 칠십 명을 파송하심

앞선 9:1-6에서 예수님은 열두 제자를 각 마을에 보내셨다. 이제 이 단락에서 예수님은 칠십 명을 세우셔서 파송하신다. 예수님이 칠십 명을 파송하신 기사는 누가복음에만 있다.

1절: 열두 제자 파송 이야기와 칠십 명 파송 이야기는 여러 면에서 유사하다. 예수님은 그들에게 같은 능력을 주시고 같은 지침을 주신다. 예수님이 칠십 명을 파송하시는 이유는 추수할 것이 많은데 일꾼이 부족하기 때문이다(참고. 10:2; 마 9:37-38). 특히 예수님은 그들을 훈련하시려는 의도로 각 동네에 보내신다. "둘"은 증인의 숫자이다(참고. 신 19:15; 민 35:30). 예수님은 열두 제자를 보내실 때도 "둘씩" 보내셨다(참고. 막 6:7; 눅 22:8). 나중에 사도들도 "둘씩" 같이 다닌다(참고. 행 13:2; 15:27, 39, 40; 19:22). 예수님은 "친히 가시려는 각 동네와 각 지역으로 둘씩 앞서" 보내신다. 따라서 그들은 주님의 방문을 준비하기 위해서 보냄을 받는다.

2절: 여기서 추수는 영적인 추수이다. 이것은 세상 마지막 날에 있을 최종적인 추수가 아니다(참고. 마 13:24-30, 36-43). 지금 당장 추수해야 할 대상이 많다는 뜻으로 받아들여야 한다. "추수할 것은 많되"란 말은 복음을 듣고 구원받아야 할 사람이 많다는 뜻이다. "추수하는 주인"은 하나님이시다. "추수할 일꾼들"은 복음을 전하는 사람들(제자들)이다. 추수는 미룰 수 있는 일이 아니다. 적당한 시기에 추수하지 않으면 곡식이 시든다. 또한, 아무나 추수할 수 없다. 추수를 위해서 훈련된 사람만이 할 수 있으며, 밭 주인이 허락해야 한다.

3절: 사람들이 복음에 호의적이지 않을 수 있다. 그들은 이리가 어린 양을 잡아먹듯이 복음 전하는 사람들을 박해할지 모른다(참고. 마 10:16; 요 10:12).

4절: "전대나 배낭이나 신발을 가지지 말며"란 최소한의 것만 가지고 가라는 뜻이다(참고. 9:3). "전대"(纏帶, money belt)는 돈을 넣는 가방이다. "배낭"(bag)은 음식이나 필요한 것을 넣는 가방이다(참고. 12:33). '신발을 가지지 말라'라는 말은 신발 없이 맨발로 다니라는 것이 아니라, 여벌의 신발을 가지지 말라는 뜻이다. "길에서 아무에게도 문안하지 말며"란 말은 시간을 낭비하지 말라는 뜻이다(참고. 마 10:9-10, 16). 당시에 유대인들은 누군가를 만나면 인사를 오래 했는데, 시간이 촉박하니 그냥 지나가라는 것이다. 당시에 급한 용무가 있을 때는 인사를 하지 않고 지나가도 실례가 되지 않았다.

5절: 평안을 구하는 것은 일반적인 인사이다(참고. 마 10:11-12; 막 6:10). 그러나 주님은 이것을 복음적 관점에서 권하신다. 평안은 복음의 핵심으로서(참고. 7:50; 8:48; 행 10:36), 칭의의 결과이다(참고. 롬 5:1).

6절: 예수님은 만일 평안을 받을 사람이 거기 있으면 너희의 평안이 그에게 머물 것이지만 그렇지 않으면 그들에게로 돌아올 것이라고 하신다(참고. 마 10:13). 따라서 칠십 명의 사람들이 마을 사람들에게 평안을 전하는 것은 칠십 명 자신에게 큰 도움이 된다. 그것을 받을 사람이 받아들이면 평안이 그 집에 머물 것이지만, 그렇지 않으면 평안이 자신들에게 돌아오기 때문이다. 이러한 평안은 실제적이다.

7절: 예수님은 행동 지침을 주신다. "그 집에 유하며 주는 것을 먹고 마시라"라는 말씀은 음식을 가리지 말고 주는 대로 먹으라는 뜻이다. 주후 1세기 지중해 연안 국가에서 음식은 매우 중요한 사안이었다. 함께 식사하는 것은 친교의 표시였고 동류가 되었음을 상징했다. 특히 기독교인들에게 있어서 함께 음식을 먹는 것은 하나님의 가정에 속한 가족임을 드러내는 표식이었다. 이어지는 말씀 "일꾼이 그 삯을 받는 것이 마땅하니라"에서 알 수 있듯이 하나님의 일을 하는 사람들은 대가를 받을 수 있으므로 복음을 듣는 사람들로부터 식사 대접받는 것을 지나치게 사양할 필요가 없다. 그리고 복음을 듣는 사람들에게는 하나님의 일꾼들을 대접해야 할 의무가 있다. 바울은 고린도전서 9:4에서 이 말씀을 인용한다("우리가 먹고 마실 권리가 없겠느냐"). 예수님은 "이 집에서 저 집으로 옮기지 말라"고 하신다. 이것은 9:4의 "어느 집에 들어가든지 거기서 머물다가 거기서 떠나라"와 같은 맥락에서 이해할 수 있다.

8절: 이제 가정에서 동네로 확장된다. 합당한 대접을 사양할 필요는 없다.

9절: 칠십 명이 할 일은 열두 제자가 한 일과 같다(참고. 9:1-2). 복음은 하나님 나라에 관한 소식이다. "가까이 왔다"라는 말은 하나님 나라가 예수 그리스도를 통하여 그들 가운데 이루어진다는 사실을 암시한다. 누가복음에는 하나님 나라가 이미 임했다는 말씀이 자주 나온다(예. 11:20; 16:16; 17:21).

10-11절: 이것은 복음을 받아들이지 않는 자가 받을 심판 선언이다(참고. 9:5). 복음은 구원의 메시지를 담으나, 심판에 관한 경고도 포함한다.

12절: 예수님은 복음을 받아들이지 않는 자들이 당할 고통을 말씀하신다(참고. 마 11:20-24). 이는 회개하고 복음을 받아들여야 한다는 사실을 강하게 촉구하시려는 의도를 지닌다. "그날"은 최종 심판의 날이다(참고. 10:14). 소돔은 죄로 인해 멸망 당한 도시의 전형이다(참고. 창 19장). 따라서 이 말씀은 복음을 받아들이지 않으면 엄청난 형벌이 있을 것이라는 뜻이다.

13절: 왜 예수님은 고라신과 벳새다에 대해서 이렇게 말씀하시는가? 고라신은 복음서에 비록 기록되어 있지 않으나, 예수님이 이 지역을 방문하셨을 것이다. 고라신의 정확한 위치는 알려지지 않았다. 아마도 갈릴리 호수 북쪽(벳새다 근처) 어딘가일 것이다. 벳새다는 예수님이 많은 사람을 먹이신 장소이다(참고. 9:10-17). 예수님이 그곳에서 복음을 전하시고 권능을 행하셨으나 거부한 자들이 있었다. "베옷을 입고 재에 앉아 회개하였으리라"는 말은 구약 시대에 죄를 슬퍼하고 회개할 때 한 행동이다(참고. 에 4:3; 욥 2:8; 단 9:3; 욘 3:6).

14절: 두로와 시돈은 잘 알려진 이방 지역이다(참고. 욜 3:4-8). 구약 시대에 선지자들은 이 지역에 하나님의 심판이 있을 것이라고 예언했다(참고. 사 23:1-18; 렘 47:4; 겔 26:3-28:24). 예수님은 이 지역들에 아직 들어가지 않으신 것으로 보인다. 만일 예수님이 그곳에 가셔서 복음을 전하셨다면 그들이 받아들였을 것이다. 이제 이것은 제자들의 몫이다.

15절: 예수님은 이어서 가버나움에 관하여 말씀하신다. 가버나움은 주님이 주로 머무시면서 사역하신 곳이다(참고. 4:23; 7:1-10). 그들은 예수님의 말씀과 이적을 가장 많이 접했다. 그러나 교만하여 복음을 거부한 자들이 있었다. "음부"('하데스')는 히브리어 '스올'을 번역한 것이다. 음부는 구약에서 죽은 자들이 가는 곳으로 묘사되었다(참고. 시 89:48). 누가복음에서는 불의한 자들이 죽어서 가는 곳으로 소개된다(참고. 16:22-26).

16절: 예수님의 제자들이 전하는 복음은 곧 예수님이 전하시는 복음이다(동일시; 참고. 9:48). 따라서 제자들은 자신들을 보내신 예수님을 생각하면서 자부심을 가지고 복음을 전해야 한다.

10:17-20 칠십 명의 보고

칠십 명이 돌아와서 결과를 보고한다.

17절: 칠십 명이 기뻐한 것은 복음을 전하고 돌아온 사람들의 승리와 기쁨을 반영한다. 누가복음에서 기쁨은 구원의 특징이다(참고. 1:14; 2:20; 15:7, 10; 24:41, 52). 주님의 이름 앞에서 귀신들이 항복했다는 말은 주님의 권위와 능력을 보여준다. 그리고 제자들이 주님의 이름을 사용하여 귀신을 쫓을 수 있다는 사실을 알려준다.

18절: 예수님은 이미 다 알고 계셨다. 예수님은 칠십 명을 보내신 후 계속 살펴보셨다. "사탄이 하늘로부터 번개같이 떨어지는 것"은 사탄의 패배를 의미한다(참고. 사 14:12). "내가 보았노라"('데오레오')는 미완료형인데, 이는 예수님이 계속해서 지켜보고 계셨다는 점과 더불어 생생함을 강조한다.

19절: 칠십 명은 예수님에게 권능을 받았다. "뱀"과 "전갈"은 위험한 짐승을 대표한다. "원수"는 사탄을 가리킨다(참고. 마 13:39). "원수의 모든 능력을 제어할 권능"이란 칠십 명이 사탄의 모든 능력을 제어할 수 있다는 뜻이다. "주었으니"('데도카')는 완료형으로서 이미 주었으므로 효력을 발휘할 수 있다는 뜻이다. "너희를 해칠 자가 결코 없으리라"라는 말은 칠십 명이 두려워하지 말고 안심하며 기뻐해야 할 근거가 된다(참고. 21:18).

20절: "기뻐하라"라는 단어가 17절에 이어서 다시 나온다. 그들이 기뻐해야 할 이유는 사역 때문이 아니라 구원 때문이다. 이름이 '하늘에 있는 책'에 기록되었다는 말은 성경 여러 곳에 나온다(참고. 빌 4:3; 히 12:23; 계 3:5, 17:8; 20:12, 15; 21:27, 22:19). 주님은 칠십 명의 이름을 그 책에 기록해 놓으셨다. 그것이 기뻐해야 할 이유이다. 이적 자체가 중요한 것이 아니라, 그들이 하나님의 자녀가 되어 하나님의 사랑을 받았다는 사실이 중요하다.

10:21-24 예수님의 감사기도

21-22절은 예수님의 기도이다. 이 기도는 마태복음 11:25-27에도 있다. 23-24절은 제자들이 받은 특권에 대한 언급이다.

21절: 예수님은 "성령으로 기뻐하시며" 기도하신다. 이 문구는 성령께서 기쁨을 주신다는 사실을 시사한다. 기쁨은 10장의 주요 주제 가운데 하나이다(참고. 17, 20절). 예수님은 하나님을 "천지의 주재이신 아버지여"라고 부르신다. "천지의 주재"라는 표현은 하나님이 세상의 주권자이심을 알려준다(참고. 행 17:24; 욥 7:18). 하나님을 "아버지"라고 부르는 것은 구약성경에 나오지 않고 예수님 당시의 유대인들에게도 흔치 않았는데, 예수님은 하나님의 '사랑하는 아들'이셨기에(참고. 3:22) 하나님을 아버지라고 부르신다. "이것"은 하나님의 나라가 전파되고 사탄이 패배한 것을 가리킨다(참고. 10:17-18). "지혜롭고 슬기 있는 자들"이란 지혜롭고 똑똑하다고 생각하면서 복음을 거부하는 자들을 풍자한다(참고. 고전 1:19-25). 그들에게는 복음이 숨겨졌다. 따라서 그들은 심판받을 것이다. "어린아이들"은 "지혜롭고 슬기 있는 자들"과 대조된다. 그들은 겸손하고 순수하다. 그들에게는 복음이 나타났기에 복음을 받아들여 구원받을 것이다(참고. 마 11:19; 18:1-4). "옳소이다 이렇게 된 것이 아버지의 뜻이니이다"라는 말은 하나님의 택함을 받은 자와 택함을 받지 못한 자가 있다는 사실을 함의한다.

22절: "내 아버지께서 모든 것을 내게 주셨으니"라는 표현은 하나님이 예수님에게 모든 권위와 능력을 주셨다는 뜻이다. 예수님은 하나님이 주신 힘으로 일하신다. "아버지 외에는 아들이 누구인지 아는 자가 없고"라는 말은 오직 하나님만이 예수님을 아신다는 뜻이다. 이는 하나님이 인간에게 예수님에 관해 가르쳐주셔야 예수님을 알 수 있음을 의미한다. 또한, 인간은 오직 예수님을 통해서 하나님을 알 수 있다. 즉 예수님은 하나님께 나아갈 수 있는 유일한 길(중보자)이시다(참고. 요 14:6; 행 4:12).

23절: 제자들은 예수님을 봄으로 하나님을 보게 된다.

24절: 제자들은 메시아 시대에 살면서 메시아를 보며 그분의 말씀을 듣는 특권을 얻었다. 누가는 이사야 52:15과 60:3을 암시적으로 인용한다.

10:25-37 선한 사마리아인 비유

이 단락의 배경은 21절이다. "지혜롭고 슬기 있는 자들"이 계시를 모른다는 사실이 예증된다.

25절: 어떤 율법교사가 예수님을 시험하려고 물어본다. 그의 속셈은 예수님을 시험하는 것이다. "내가 무엇을 하여야 영생을 얻으리이까"라는 말은 유대적 사고를 반영한다. 유대인들은 영생을 얻기 위해 선을 행해야 한다고 생각했다(참고. 18:18-23; 마 19:16-22; 요 3:1-15).

26절: 예수님은 그의 물음에 답하시는 대신 역질문(counter-question)을 하신다. 예수님은 율법교사가 율법을 잘 알 것이므로 이렇게 물으신다. "율법에 무엇이라 기록되었으며"라는 말은 율법에 기록된 사실 자체에 대한 물음이다. 율법에는 영생을 얻는 방법이 명확하게 기록되어 있다. "네가 어떻게 읽느냐"라는 말은 율법을 어떻게 해석하느냐는 물음이다.

27절: 율법교사는 율법을 잘 알고 있었기에 정답을 말한다. 그의 말은 구약 계명을 요약한 것이다(참고. 레 19:18; 신 6:5).

28절: 율법교사는 정확히 답변했다. 그래서 예수님은 그의 말이 옳다고 하시면서 그대로 행하면 영원히 살 것이라고 하신다(참고. 18:20; 레 18:5; 겔 20:11). "행하라"('포이에이')는 현재 명령형으로 계속해서 선을 행하라는 뜻이다. 율법을 아는 것에서 그치지 말고 그것을 실천해야 한다는 것이다. 그렇게 하면 영생을 얻는다. 하지만 문제는 인간이 불완전하고 연약하여 율법을 다 지킬 수 없다는 점에 있다. 그래서 인간은 구원을 얻기 위하여 율법을 완벽하게 지키신 예수님 안에 거해야 한다. 이것은 하나님의 은혜와 자비로 가능하다.

29절: "자기를 옳게 보이려고"라는 말이 함의하는 것은 율법교사가 자신을 의롭다고 생각했다는 점이다. 그는 율법을 잘 알고 다 지키고 있다고 여겼다. "내 이웃이 누구니이까"라는 말은 자기가 사랑해야 할 사람이 누군지를 묻는 것이다. 이 질문에는 아무나 사랑할 수 없다는 전제가 놓여 있다. 실제로 유대인들은 사람을 차별했다. 그들은 이웃에 한계를 설정했다.

30절: 30-35절은 비유이다. 예수님은 '선한 사마리아인 비유'를 말씀하신다. 여리고는 예루살렘에서 동쪽으로 약 27km 떨어져 있다(참고. 18:35의 해설). 예루살렘은 높은 지역에 있고, 여리고는 낮은 지역에 있다. 예루살렘과 여리고의 고도 차이는 약 1,000m이다. 예루살렘에서 여리고로 가는 길은 위험하고 울퉁불퉁하며 산과 바위와 광야로 이루어져 있다. 당시 이 길에는 강도가 자주 출몰했다.

31절: "제사장"은 아론의 후손이다. 제사장은 시체를 접하면 부정하게 된다. 하지만 강도 만난 사람은 아직 죽지 않았다. 거의 죽게 되었을 뿐이다. 따라서 그를 구해 주었어야 했다.

32절: "레위인"은 고대 이스라엘에서 레위 지파의 구성원으로, 야곱과 레아의 셋째 아들인 레위의 후손이다. 하지만 레위 지파는 이스라엘의 열두 지파에 속하지 않았고, 특별히 구별된 부류가 되었다(참고. 민 1:47-54). 이후 요셉의 두 아들 므낫세와 에브라임의 후손이 각각 지파가 되면서 이스라엘의 열두 지파를 구성했다. 제사장은 레위 지파에 속해 있었는데, 처음에는 레위인과 제사장이 같은 부류였으나, 이후 아론의 직계에서 제사장이 나오면서, 제사장이 아닌 사람을 레위인으로 불렀다. 레위인은 제사장을 도와 종교적 업무를 담당했다. 레위인은 하나님을 잘 섬긴다고 자부했으나, 강도 만난 사람을 구해 주지 않고 피하여 지나가 버렸다.

33-34절: 마지막으로 사마리아 사람이 등장한다. 그는 쓰러진 사람을 극진히 돌보아 준다. "기름과 포도주"는 당시의 구급약품이다. 여행객들은 만일의 사태를 대비하여 이것을 소지하고 다녔던 것 같다. "자기 짐승"이란 말이나 나귀다. 예수님은 사마리아 사람의 응급처치 행동을 세밀하게 묘사하신다. 이는 그의 배려와 돌봄을 강조하기 위한 것이다.

35절: "데나리온 둘"은 노동자의 이틀 치 품삯이다(참고. 마 20:2), 다친 사람이 며칠간 머물 여관비로 충분하다. 당시 사마리아 사람이 유대 사람을 돕는 일은 흔하지 않았다. 사이가 좋지 않았기 때문이다. 그러나 이 사마리아인은 매우 적극적으로 자신의 시간과 물질을 사용하면서 유대인을 돌보아 주었다. 이것은 비유를 듣고 있는 유대인들을 부끄럽게 했을 것이다.

36절: 예수님은 비유를 마치시고 율법교사에게 물으신다. 율법교사의 질문은 "내 이웃이 누구니이까"였다. 그는 자신이 사랑할 만한 이웃의 범위를 정하려고 했다. 그러나 예수님은 "누가 강도 만난 자의 이웃이 되겠느냐"라고 물으심으로 강도 만난 자의 이웃이 되어주라고 하신다.

37절: 율법교사는 "자비를 베푼 자니이다"라고 대답한다. 그는 '사마리아 사람'이라고 차마 말하지 못한다. 예수님은 이러한 사랑을 베풀라고 하신다. 이것이 영생을 얻는 길이다.

10:38-42 마르다와 마리아

마르다와 마리아 이야기이다. '동생'에 해당하는 헬라어 '아델페'(sister)라는 단어 자체로는 언니인지 동생인지가 구분되지 않는다. 정황상 마르다가 언니인 것 같으나 확실하지 않다.

38절: 요한복음 11-12장을 참고할 때 이 마을은 베다니로서 감람산 동쪽 비탈 지역에 있었다(참고. 19:29).

39절: "주의 발치에 앉아"라는 표현은 선생에게 말씀을 배울 때 취하는 자세이다. "그의 말씀을 듣더니"에서 "듣더니"('에쿠엔')는 미완료형으로 계속해서 말씀을 듣고 있다는 뜻이다.

40절: 마르다는 준비하는 일이 많아서 마음이 분주하다. 이는 식사 준비로 바쁘다는 뜻이다. 마르다는 마리아가 자기를 도와서 일할 수 있게 해 달라고 예수님께 부탁한다. 마르다는 위대한 선생님으로부터 말씀을 들어야 하지만, 식사 준비로 너무 바쁘다. 이것은 현명하지 못하다.

41절: "네가 많은 일로 염려하고 근심하나"라는 말은 중요하지 않은 일로 너무 바쁘고 염려가 많다는 뜻이다. 실제로 음식을 대접하기 위해서 준비하는 일은 신경이 많이 쓰인다.

42절: "몇 가지만 하든지 혹은 한 가지만이라도 족하니라"(ESV: "but one thing is necessary")라는 말은 음식 준비를 간단히 하라는 뜻이 아니다. '봉사하는 것이 좋지만, 말씀을 듣는 것이 가장 좋다'라는 뜻이다. "마리아는 이 좋은 편을 택하였으니"라는 말은 마리아가 말씀 듣는 것을 택했다는 뜻이다. 말씀을 듣는 것이 가장 중요하다. "빼앗기지 아니하리라"라는 말은 마리아가 말씀 듣는 것을 방해하지 말라는 뜻이다.

• 토론과 나눔 •

1. 열두 제자 파송 이야기와 칠십 명 파송 이야기의 유사점과 차이점은 무엇인가요?

2. 7절의 "그 집에 유하며 주는 것을 먹고 마시라"라는 말씀은 무슨 뜻인가요?

3. 예수님은 칠십 명에게 어떤 권능을 주셨습니까? 오늘날 우리도 이런 권능을 받았나요?

4. 나의 전도 대상자는 누구인가요? 나는 전도를 위해서 어떤 노력을 기울이고 있나요?

5. 선한 사마리아인 비유에서 사마리아인이 보여준 사랑을 어떻게 실천할 수 있을까요?

• 핵심과 실천 •

주님은 제자를 훈련하시고 파송하시는 일을 매우 중요하게 여기셨습니다. 이는 제자를 통해서 그분의 사역이 계승되기 때문입니다. 그리스도인들은 제자도에 깊은 관심을 보여야 합니다. 이를 통해 복음이 계속해서 전파될 것입니다. 교회에서 제자 훈련을 잘 받아야 합니다. 그리고 훈련받은 후 파송되어야 합니다. 실상 우리는 세상으로 나아가 복음을 전해야 하는 사람들입니다. 복음을 전할 때 기도하셔야 합니다. 그러면 권능을 발휘할 수 있습니다. 마귀는 전도할 수 없게끔 방해하겠지만, 우리가 성령으로 충만하면 놀라서 물러갈 것입니다.

11장

예수님은 다양한 방식으로 기도에 관하여 가르치신다(1-13절). 그리고 적대자들과 논쟁을 벌이시면서 그들을 비판하심으로, 자신이 어떤 분이신지와 사람들이 자신이 전하는 말씀에 어떻게 반응해야 하는지를 깨닫게 하신다(14-54절).

LUKE

11:1-13 기도를 가르치심

예수님은 제자들에게 기도에 관하여 가르치신다. 기도에 관한 가르침은 네 번에 걸쳐서 나온다. 그것은 주기도문(1-4절), 기도에 관한 비유(5-8절), 기도에 관한 교훈(9-10절), 그리고 기도에 관한 예화(11-13절)이다.

1절: 1-4절은 주기도문이다. 이 구절은 “예수께서 한 곳에서 기도하시고 마치시매”로 시작된다. 이와 비슷한 문구가 9:18에 있다. 누가복음에서 예수님은 기도하시는 분으로 묘사된다. 지금까지 언급된 기도 장면은 다음과 같다. 예수님께서 세례받으신 후 기도하실 때 성령이 강림하셨고(3:21-22), 한적한 곳에서 기도하셨으며(5:16), 산에서 밤새워 기도하셨고(6:12), 따로 기도하셨으며(9:18), 산에서 기도하실 때 용모가 변화되셨다(9:28-29). 이러한 예수님의 기도는 제자들에게 인상적으로 보였다. 그래서 예수님의 제자 중 하나는 기도를 가르쳐달라고 부탁한다. 세례 요한이 자기 제자들에게 기도를 가르쳤듯이 자신들에게도 가르쳐달라는 것이다. 당시 신앙 공동체는 자신들만의 기도문을 가지고 있었다. 공동체의 기도문은 그들의 정체성과 지향점을 보여주었다. 그래서 주기도문은 '우리'라는 단어를 빈번하게 사용한다.

2절: 예수님은 '주기도문'을 가르쳐주신다. 이 기도는 하나님의 자녀들이 아버지에게 어떤 자세로 나아가야 하며, 자녀들 공동체가 어떤 것을 지향해야 하는지를 알려준다. "너희는 기도할 때에 이렇게 하라"라는 말은 주기도문이 기도의 원리와 형태와 방법임을 의미한다. 주기도문은 세 부분으로 나뉜다. 그것은 하나님을 부름, '당신'(Thou) 간구, 그리고 '우리'(we) 간구이다. 첫째, 하나님을 부름이다. 예수님은 제자들에게 하나님을 '아버지'라 부르라고 하신다. 구약성경에서 하나님을 '아버지'라고 부른 예는 열다섯 번이지만, 기도에서는 한 번도 없었다. 둘째, '당신'(Thou) 간구이다. "이름이 거룩히 여김을 받으시오며"에서 하나님의 이름은 하나님 자신이므로 이 기도는 하나님이 거룩한 분으로 드러나기를 바라는 것이다. "나라가 임하시오며"란 복음의 실현, 곧 하나님의 통치를 구하는 것이다. 하나님 나라는 예수님의 초림으로 성취되었고 재림으로 완성될 것이다. 따라서 하나님 나라는 이미 임했으며(참고. 11:20), 장차 완전히 임할 것이다. 하나님의 이름이 거룩히 여김을 받으시는 것과 하나님 나라가 임하는 것은 인간의 노력으로 되지 않는다. 그것은 하나님 자신에 의해서 이루어질 것이다. 그러나 하나님은 사람을 사용하셔서 그분의 뜻을 이루신다. 그러므로 제자들은 이러한 기도를 드리면서 자신들이 하나님의 뜻을 이루는 일에 사용되기를 원해야 한다.

3절: 셋째, '우리'(we) 간구이다. "우리에게 날마다 일용할 양식을 주시옵고"는 현실적인 필요를 구하는 것이다. 여기서 "양식"은 제유법(synecdoche)으로 일부를 가지고 전체를 설명하는 기법인데, 육신적 생활에 필요한 모든 것을 뜻한다. "날마다"라는 단어가 암시하는 것은 우리가 매일 매순간 하나님을 신뢰하고 의지해야 한다는 사실이다. 이것은 이스라엘 백성이 과거 광야에서 하루 먹을 양식을 그날에 공급받은 일을 연상하게 한다.

4절: 우리는 죄를 용서해 달라는 기도를 드려야 한다. 신자는 이미 죄 용서를 받았으나 계속해서 받아야 한다. 여기서는 회심할 때 최초로 받는 죄 사함이 아니라, 신자들이 육신을 입고 있는 동안 계속해서 짓고 있는 죄에 대한 용서이다. 그것은 하나님과 신자의 관계를 형통하게 한다. "우리가 우리에게 죄 지은 모든 사람을 용서하오니"는 현재형으로 되어 있다. 이것은 우리가 다른 사람의 죄를 용서하는 일을 지금 시행할 때 하나님이 우리를 용서하신다는 사실을 보여준다. 우리가 하나님으로부터 죄 용서를 받으려면 우리에게 죄 지은 다른 사람을 용서해야 한다. 다른 사람을 진심으로 용서하는 사람이 진심으로 회개하는 사람이다. 이것은 동시적인 일이다. '우리' 간구의 마지막은 "우리를 시험에 들게 하지 마시옵소서"이다. 이것은 마귀의 유혹에서 이기게 해 달라는 기도이다. 우리는 유혹을 이기려고 노력해야 하는 동시에 이기게 해 달라고 기도해야 한다. 그러할 때 실제적인 승리를 얻을 것이다.

특주 • 두 개의 주기도문

복음서에는 두 개의 주기도문이 있다. 마태복음 6:9-13과 누가복음 11:2-4에 약간 다른 주기도문들이 있다. 두 개 중에서 어느 것이 원래의 것인지에 대해서 여러 견해가 제기되었다. 여기서 충분히 다룰 수 없지만, 상당수 학자는 누가복음의 것이 원형이고, 마태복음의 것이 확장된 것이라고 생각한다. 하지만 그와 반대라고 주장하는 학자들도 제법 있다. 우리는 어느 것이 원래의 것인지 알기가 어렵다. 다만, 하나님께서 두 개의 주기도문을 주심으로 나름의 고유한 목적과 교훈을 얻게 하셨다고 믿을 뿐이다. 마태복음에 기록된 주기도문은 예배 때 사용하기에 적합하다. 이는 주기도문 마지막 부분에 '송영'(頌榮)이 있기 때문이다. 그것은 "나라와 권세와 영광이 아버지께 영원히 있사옵나이다"이다. 사본들에는 이 부분이 있기도 하고 없기도 하다. 주후 2

세기에 작성된 문헌인 『디다케』(Didache)는 이 부분을 조금 다른 형태로 가지고 있다. 주기도문의 목적은 다음과 같다. 1) 주기도문은 기도의 의미와 방법을 가르쳐준다. 예수님은 "너희는 기도할 때에 이렇게 하라"는 어구와 함께 주기도문을 말씀하셨다. 2) 주기도문은 예수님이 세우시려는 하나님 나라가 어떤 나라인지를 알려준다. 주기도문의 중심 간구는 하나님 나라가 임하고 하나님의 뜻이 이루어지는 것이다. 3) 주기도문은 하나님이 우리를 지극히 사랑하시는 아버지이심을 깨닫게 한다. 우리는 사랑이 풍성하신 아버지 하나님께 필요한 것을 구할 수 있고, 죄 용서를 바랄 수 있으며, 어려움에서 건져주시기를 간청할 수 있다. 4) 주기도문은 신자들의 공동체성(교회)을 훈련하게 한다. 주기도문은 줄곧 '우리'를 강조한다. 신자들은 주기도문을 통하여 공동체적 본질과 지향점을 배울 수 있다.

5-6절: 5-8절은 기도에 관한 비유이다. 누가복음의 기도 비유는 세 개이다. 그것은 한밤중에 찾아온 친구 비유(11:5-8), 끈질긴 과부 비유(18:1-8), 그리고 바리새인과 세리의 기도 비유(18:9-14)이다. 따라서 이 비유는 누가복음의 첫 번째 기도 비유이다. 비유의 요점은 지속해서 기도하며, 끈질기게 기도하고, 간절히 기도하라는 것이다. 팔레스타인 지역에서는 낮에 너무 더워서 서늘한 밤에 손님이 찾아오는 경우가 많았다. 그런데 마침 그의 집에 손님을 대접할 음식이 없어서 이웃에 있는 다른 친구 집에 가서 먹을 것을 달라고 요청하게 되었다. "떡 세 덩이"는 한 사람이 먹기에 적당한 분량이다. 주후 1세기 지중해 연안 지역에서 손님을 환대하는 것은 대단히 중요한 가치였다. 특히 집에 음식이 없어서 손님을 대접하지 못하는 것은 큰 수치였다. 그들은 손님에게 먹을 것을 반드시 대접해야 했다. 그래서 집 주인은 다른 친구 집에 음식을 빌리러 간다. 그리고 당시 친구의 부탁을 들어주는 것은 미덕이었다.

7절: 당시 팔레스타인에서는 대부분 단칸방에서 온 가족이 살았다. 밤중에 식구들이 자고 있는데, 문을 열고 음식을 주면 식구들이 잠에서 깰 수 있었다. 따라서 이 사람은 떡이 없어서 못 빌려주는 것이 아니라 아이들의 수면을 위해서 빌려주지 않았다.

8절: "내가 너희에게 말하노니"는 강조 표현이다. "간청함"('아나이데이아')이란 단어는 신약성경에서 이곳에만 나온다(참고. Sir 25:22). 이것은 '뻔뻔함'(ESV: "impudence"; NIV: "shameless audacity")을 뜻한다. 따라서 이는 친구의 뻔뻔함 때문에라도 음식을 빌려줄 것이라는 뜻이다. 이 비유에 내재된 교훈은 인간이 이렇게라도 요구를 들어준다면 하물며 자비로우신 아버지 하나님께서 우리의 간구에 응답해 주시지 않겠느냐는 것이다.

9절: 9-10절은 기도에 관한 교훈이다. "내가 또 너희에게 이르노니"는 예수님의 권위를 드러낸다. 예수님은 "구하라", "찾으라", "두드리라"라는 기도와 관련된 단어를 세 번이나 사용하신다. 이것은 모두 현재 명령형이다. 예수님은 지속적으로 간절하게 기도하라고 권면하신다.

10절: 구하고 찾고 두드린 결과 응답받을 것이다. 물론 기도하면 자동으로 응답받는 것이 아니다. 기도는 성경 전체로부터 가르침을 찾아서 이해해야 할 심오한 주제이다. 여기서는 기도할 때 간절하게 그리고 계속해서 해야 한다는 사실에 강조점을 둔다.

11-12절: 11-13절은 기도에 관한 예화이다. 예수님은 일상(가정생활)으로부터 소재를 끌어오셔서 말씀하신다. 예수님은 육신의 아버지를 예로 들어서 하나님 아버지를 가르쳐 주신다. 여기에 소위 '하물며'('포소 말론', how much more) 논증이 나온다. 이것은 '작은 것에서 큰 것으로'(a minori ad maius) 논증이다. 작은 것이 사실이라면 하물며 큰 것은 얼마나 사실이겠냐는 것이다. 자식에게 뱀이나 전갈을 주는 아버지는 없다(자명한 사실).

13절: "너희가 악할지라도"는 인간이 악한 존재임을 암시한다. "좋은 것을 자식에게 줄 줄 알거든"이란 악한 아버지라도 자식에게 좋은 것을 주려고 한다는 뜻이다. "하물며 너희 하늘 아버지께서 구하는 자에게 성령을 주시지 않겠느냐"라는 어구는 하나님께서 선하시고 사랑과 자비가 풍성하시므로 구하는 자녀들에게 좋은 것을 주신다는 뜻이다. "성령"은 병행 본문인 마태복음 7:11에 "좋은 것"이라고 되어 있다. 성령은 최고의 선물이다(참고. 약 1:17).

11:14-23 예수님과 바알세불

예수님이 귀신을 쫓아내시자 어떤 사람들이 예수님을 비난한다. 그들은 예수님이 귀신의 왕을 힘입어 귀신을 쫓아냈다고 주장한다. 그러자 예수님은 그들의 주장을 논리적으로 반박하신다.

14절: 귀신은 다양한 방식으로 사람을 고통스럽게 하는데, 여기서는 말을 할 수 없게 한다. 예수님이 귀신을 쫓아내시자 말을 할 수 있게 되었다. 그러자 사람들이 놀랍게 여긴다(참고. 2:18; 5:26).

15절: 여기서 "무리"는 병행 본문인 마태복음 12:24에 '바리새인들'이라고 표현되었고, 마가복음 3:22에 '예루살렘에서 내려온 서기관들'이라고 기록되었다. 따라서 이 무리는 바리새파에 소속된 서기관들이다. "바알세불"('베엘제불', Beelzebub)이란 단어는 현존하는 유대 문학작품에 나오지 않는다. '바알'은 고대 가나안 족속의 신 '바알'에게서 유래한 것으로 보인다(참고. 왕하 1:3, 6). '세불'은 구약성경에 다섯 번 나오는데(참고. 왕상 8:13; 사 63:15; 합 3:11; 시 49:14; 대하 6:2), 왕이나 통치자, 혹은 그가 거주하는 궁전 등을 가리킨다. 그러므로 '바알세불'은 '바알 왕'(Baal the prince)을 뜻하는 것으로 추정된다.

16절: 어떤 사람들은 예수님을 시험하여 "하늘로부터 오는 표적"을 구한다. "하늘로부터 오는 표적"은 강력한 이적이다. 그들은 이미 이적을 많이 보았기에 더 큰 것을 요구한다. 병행 본문인 마태복음 12:38에서 표적을 구하는 자들은 서기관들과 바리새인들이다. 그들은 예수님을 시험하기 위하여 이렇게 말한다.

17절: 예수님은 그들의 생각을 아신다(전지성, 참고. 6:8). 예수님은 자명한 사실을 언급하시는데, 이는 이어지는 말씀을 논증하시기 위해서이다.

18절: 이 말씀은 17절을 전제로 한다. 예수님은 바리새인들과 서기관들의 주장이 모순된다는 사실을 지적하신다.

19절: "너희 아들들"은 '너희의 추종자들'(제자들)이라는 뜻이다. 이는 바리새인의 제자들을 가리킨다. 당시의 비정경적 유대 문헌들에는 악령을 쫓아내기 위하여 이상한 의식을 거행했다는 이야기들이 수록되어 있다(참고. Antiquities 8.45-48; Tobit 8:2-3; Testament of Solomon). 그들은 그러한 축사가 하나님의 은혜로 이루어졌다고 주장했다. 하지만 그들이 악령을 쫓아내는 데 성공했는지 그렇지 않은지는 분명하지 않다. 따라서 이 말은 예수님을 비난하려면 바리새인들의 추종자들도 비난해야 한다는 뜻이다. "그러므로 그들이 너희 재판관이 되리라"라는 말은 바리새인들의 추종자들을 인정한다면 예수님도 인정해야 한다는 뜻이다.

20절: "하나님의 손"은 하나님의 능력을 뜻한다(참고. 출 8:19; 31:18; 신 9:10). "하나님의 손을 힘입어"란 말은 마태복음 12:28에서 "하나님의 성령을 힘입어"로 되어 있다. "하나님의 나라가 이미 너희에게 임하였느니라"는 말은 사탄의 멸망이 하나님 나라가 임했다는 증거라는 뜻이다. 예수님의 오심(초림)과 사역으로 인하여 하나님 나라가 이미 임했다. 하나님 나라는 예수님의 재림으로 온전히 성취될 것이다.

21-22절: 예수님은 간략한 비유를 드신다. 강한 자가 무장을 하고 자기 집을 지킬 때는 그 소유가 안전하지만, 더 강한 자가 와서 그를 굴복시킬 때는 그가 믿던 무장을 빼앗고 그의 재물을 나눈다. 여기서 "강한 자"는 사탄이고, "더 강한 자"는 예수님이다. 그리고 "재물"은 예수님이 사탄에게서 빼앗으신 것들이다. 예수님은 사탄을 이기시고 그를 정복하심으로 사람들이

사망을 이기고 생명을 얻게 하셨다.

23절: 예수님은 자신을 비난하는 자들에게 경고하신다. 이것은 예수님과 함께 해야 한다는 사실을 촉구하시는 말씀이다. 어중간한 입장이나 중립적인 태도는 안된다.

11:24-28 더러운 귀신과 복된 사람

앞 단락(14-23절)에서 예수님은 귀신을 쫓아내는 일에 관하여 말씀하셨다. 이제 이 단락에서는 귀신에 관하여 말씀하신다. 예수님은 말씀을 듣지 않는 완악한 세대에 경고하시기 위해서 귀신이 쫓겨 나간 사람의 예를 드신다.

24절: 더러운 귀신이 사람에게서 나갔을 때 물 없는 곳으로 다니며 쉬기를 구하되 얻지 못하고 자신이 나온 집으로 돌아가리라고 결심한다. "더러운 귀신"이란 표현은 귀신이 더럽고 부정한 존재임을 의미한다(참고. 8:29). "물 없는 곳"은 귀신이 이런 곳에 산다는 뜻이 아니라 귀신이 광야와 같은 삭막하고 황폐한 곳을 좋아한다는 사실을 암시한다(참고. 레 16:10; 사 13:19-22; 34:13-14; 렘 17:6). 귀신은 살 곳을 찾지 못하고 유리한다.

25절: 귀신이 그 집에 가서 보니 집이 청소되고 수리되었다. 귀신이 사람에게 있을 때는 더러웠으나, 귀신이 쫓겨남으로 깨끗하게 되었다.

26절: 귀신은 가서 자신보다 더 악한 귀신 일곱을 데리고 들어가서 거한다. 그러자 그 사람의 나중 형편이 전보다 더 심하게 된다. "더 악한 귀신 일곱"이란 표현은 이 사람이 훨씬 더 큰 어려움에 직면하게 될 것을 시사한다(참고. 8:2). 이 사람은 자신을 텅 빈 상태로 놓아두었다. 이것은 매우 위험한 일이다. 하나님의 성령을 모시지 않고 진공 상태에 있는 사람의 영적 형편은 위험하다. 귀신이 다시 그에게 들어갈 수 있다.

27절: 27-28절은 복 있는 사람이 누구인지에 대한 교훈이다. 이것은 24-26절과 연관된다. 여인은 예수님을 메시아라고 고백한다.

28절: 예수님은 그의 어머니 마리아가 복이 있기는 하지만(참고. 1:28, 30, 42), 말씀을 듣고 지키는 자가 더 복이 있다고 하신다. 따라서 예수님은 그 분을 메시아로 인정하는 것만으로 충분하지 않고 말씀을 듣고 지켜야 한다고 하신다. 귀신이 나간 사람은 대책을 세워야 한다. 그것은 말씀을 듣고 지키는 일이다. 그런 사람에게 복이 있다.

11:29-32 요나의 표적

예수님은 '요나의 표적'을 말씀하신다. 요나는 물고기 배 속에서 사흘간 있다가 살아서 나왔다.

29절: 예수님은 "이 세대는 악한 세대라"고 규정하신다. 이는 16절에서 사람들이 하늘로부터 오는 표적을 구한 일 때문이다. 사람들은 이미 많은 표적을 보았으면서도 믿지 않고 계속해서 다른 표적을 구한다. "악한 세대"는 7:31-34에서 예시되었다. "표적을 구하되 …보일 표적이 없나니"라는 말은 많은 사람이 표적을 보기 원하지만 예수님이 그들의 요구를 들어주지 않으신다는 뜻이다. 사람들은 호기심과 만족을 위해서 표적을 구할 뿐이고, 믿음에는 관심을 두지 않았다. 또한, 표적이 사람을 믿음으로 이끄는 것은 아니다.

30절: 예수님은 요나가 니느웨 사람들에게 표적이 됨과 같이 인자도 이 세대에 그러할 것이라고 하신다. 요나는 물고기 배속에서 사흘간 있다가 살아남으로 니느웨 사람들에게 표적이 되었다. 마찬가지로 예수님은 십자가에서 죽으셨다가 사흘 만에 다시 살아나심으로 이 세대 사람들에게 표적이 될 것이다. 요나 시대에 니느웨 사람들은 말씀을 듣고 회개하지 않음으로 악했다. 마찬가지로 예수님 시대의 사람들도 말씀을 듣고 회개하지 않음으로 악하다.

31절: 예수님은 심판 때에 남방 여왕이 일어나 이 세대 사람을 정죄할 것이라고 하신다. "남방 여왕"은 스바(Sheba) 여왕을 가리킨다(참고. 왕상 10:1-13; 대하 9:1-12). "심판 때"(ESV: "at the judgement")란 마지막 심판의 순간을 의미한다. "솔로몬보다 더 큰 이"는 예수님을 뜻한다. 예수님은 솔로몬보다 더욱 지혜로우신 분이다. 따라서 이 구절은 남방 여인이 솔로몬의 지혜로운 말을 들으려고 멀리 땅끝에서도 왔는데, 지금 사람들은 솔로몬보다 더 크신 예수님이 가까이 계셔도 그분의 말씀을 들으려고 오지 않는다는 뜻이다.

32절: 이 구절은 31절과 같은 형태이다. "요나보다 더 큰 이"는 예수님을 가리킨다. 따라서 이 구절은 과거 니느웨 사람들은 요나의 전도를 듣고 회개했지만(참고. 욘 3:5), 지금 사람들은 요나보다 더 큰 예수님이 계셔도 그 말씀을 듣고 회개하지 않는다는 사실을 지적한다. 결국, 예수님이 남방 여인과 니느웨 사람을 소재로 하여 전하고자 하신 말씀의 요지는 다음과 같다. '과거에 사람들(이방인들)은 작은 증거(요나, 솔로몬)로도 회개했으나, 지금의 사람들(유대인들)은 더 큰 증거(예수님)로도 회개하지 않는다.'

11:33-36 눈은 몸의 등불

예수님은 '등불'을 소재로 말씀하신다. 이것은 8:16과 같다. 그러나 문맥과 의미는 다르다.

33절: 예수님은 자명한 사실을 예로 드신다. 이 말씀은 8:16(참고. 마 5:15)에 이미 나왔다. 이 말은 당시에 유행하던 속담이나 격언으로 보인다. 따라서 여러 경우에 적용할 수 있다.

34절: 여기서 "눈"은 영적인 눈을 의미한다. 따라서 "네 눈이 성하면 온 몸이 밝을 것이요"라는 말은 영적인 눈이 성하면 예수님의 정체와 말씀을 깨달을 수 있을 것이라는 뜻이다.

35절: 예수님은 자신의 영적 상태를 점검하라고 하신다.

36절: 예수님은 결론적으로 사람이 마음을 활짝 열고 복음을 받아들이면 복음을 통해서 변화되어 새로운 사람이 될 것이라고 하신다.

11:37-54 바리새인과 율법교사

예수님은 바리새인들을 신랄하게 비판하신다. 예수님의 어조는 매우 강하다.

37절: 예수님께서 말씀하실 때 한 바리새인이 자기와 함께 점심 잡수시기를 청하므로 들어가 앉으신다. 예수님은 사람 만나는 것을 가리지 않으셨다. 죄인으로 취급받는 자들과 식사하셨고, 의인이라 자부하는 자들과도 식사하셨다. 이것은 복음 전도자들에게 교훈을 준다.

38절: 예수님이 점심을 잡수시기 전에 손 씻지 않는 것을 바리새인이 보고 이상히 여긴다. 이는 당시 유대인들이 음식을 먹기 전에 반드시 손을 씻었기 때문이다(참고. 막 7:3-4). 이것은 정결을 추구하던 종교 관례이다. 구약성경에는 이에 관한 언급이 없으나, 예수님 당시의 바리새인들은 이러한 규정을 지켰다. 예수님은 이 규정을 잘 아셨을 것이다. 그러나 논쟁(가르침)을 위하여 일부러 안 씻으신 것으로 보인다.

39절: 예수님은 바리새인들의 위선을 지적하신다.

40절: 여기서 "어리석은 자들"은 깨닫지 못하는 자들, 영적인 눈을 뜨지 못한 자들이다. "겉을 만드신 이"라는 표현은 하나님이 잔과 대접을 만드신 분이란 뜻이다. 하나님께서 모든 것을 만드셨기에 성속의 영역이 따로 있지 않다는 것이다. 겉만(의식적으로만) 깨끗한 것은 진정으로 깨끗한 것이 아니다.

41절: 예수님은 해결책을 말씀하신다. "그 안에 있는 것"은 대접(의식) 안에 있는 것을 뜻한다. 예수님은 이것으로 구제하라고 하신다. "그리하면 모든 것이 너희에게 깨끗하리라"라는 말은 진정한 정결이란 말씀을 실천하는 것, 곧 가난한 사람을 돕는 일이란 뜻이다.

42절: 42-44절에서 예수님은 바리새인들을 향하여 세 번의 화를 선포하신다. 예수님은 "화 있을진저 너희 바리새인이여"이라는 말로 첫 번째 화를 말씀하신다. "십일조"는 토지를 분배받지 못한 레위인의 생활비와 더불어 가난한 사람들을 위해서 내야 하는 헌금이다.

43절: 두 번째 화를 말씀하신다. 회당의 높은 자리와 시장에서 문안받는 것을 기뻐하지 말아야 한다(참고. 20:46). 이는 높은 자리에 앉는 것과 사람들에게서 인사받는 것을 좋아하지 말라는 뜻이다.

44절: 세 번째 화를 말씀하신다. "평토장한 무덤"(ESV: "unmarked graves")은 감추어진 무덤이다. 그 안에는 시신이 있다. 따라서 이는 내적 부패를 의미한다. 사람이 무심코 이것을 밟으면 부정해진다. 그런데 병행 본문의 마태복음 23:27에는 '회칠한 무덤'(ESV: "whitewashed tombs")이라고 되어 있다. 이것은 겉이 희지만, 속에 썩은 시신이 있음을 암시한다. 누가복음과 마태복음의 표현은 같은 뜻을 가진다. 민수기 19:16은 사람의 시체나 무덤을 만지면 7일 동안 부정해진다고 했다. 바리새인들의 가르침은 오히려 사람을 부패하게 한다.

45절: 여기서부터 초점이 바리새인에서 율법교사로 바뀐다. 예수님의 말씀에 대해서 한 율법교사가 자신들을 모욕하는 것이라 반발한다. 이 말은 마태복음에서 병행이 없다. "율법교사"는 서기관으로서 바리새파에 소속되어 있으면서 율법을 가르치는 자였다.

46절: 46-54절에서 예수님은 율법교사를 비판하신다. 이제 율법교사를 향한 세 번의 화("화 있을진저 또 너희 율법교사여")가 나온다. 첫 번째 화는 율법교사들이 율법을 잘못 해석했으며, 사람들이 지키기 힘든 추가 규정을 만들어 놓았다는 사실이다. 그들은 사람들에게 규정을 지키라고 요구했지만, 정작 사람들이 지킬 수 있도록 도와주지 않았다. 실제로 당시 유대 전통 중에는 율법이 명한 것과 거리가 멀뿐 아니라 지키기도 힘든 것이 많았다.

47절: 47-51절은 두 번째 화다. "선지자들의 무덤"이란 자신들이 선지자를 추모하고 존경한다는 사실을 과시하기 위해서 만들어 놓은 것이다. 그들은 선지자들의 무덤을 화려하게 만들고 장식하는데 힘을 썼다. 그러나 사실은 그들의 조상들이 선지자들을 죽였다.

48절: 율법교사들의 조상들은 선지자들을 죽였고 율법교사들은 무덤을 만든다는 뜻이다. 그들 모두는 선지자들이 전한 말씀을 존중하지 않았다. 결국, 예수님은 율법교사들이 선지자들을 존경하고 선지자들의 후예라고 자랑하는 모습을 거론하시면서, 실상 그들의 조상들과 그들이 선지자들을 죽인 자들이었음을 지적하신다.

49절: "그러므로 하나님의 지혜가 일렀으되"란 구약에서 인용한 것이 아니다. 이것은 예수님의 말씀이다. 여기서 "하나님의 지혜"는 예수님 자신을 가리킨다. 예수님은 선지자들과 사도들, 곧 그분의 사역자들을 보내신다. 하지만 사람들은 그들을 죽이며 박해할 것이다.

50절: "이 세대가 담당하되"란 예수님 당시의 사람들이 담당할 것이라는 뜻이다.

51절: 50절을 구체적으로 설명하신다. 예수님은 선지자의 계보를 축약하신다. "아벨"은 창세기 4장에 나오는 의로운 사람이다(참고. 히 11:4; 요일 3:12). 그는 첫 번째 순교자였다. "사가랴"는 역대하 24:20-22에 나오는 선지자인데, 히브리 성경에서는 창세기가 첫 번째 책이고 역대기가 마지막 책이므로 이 표현은 구약 시대의 모든 선지자를 아우른다. "과연 이 세대가 담당하리라"라는 말은 여기에 다시 나와서 강조된다. 이것은 주후 70년에 있었던 예루살렘 성전 파괴를 의미한다. 율법교사들은 선지자 직분을 성취하신 예수님을 죽임으로써 모든 선지자를 죽인 것으로 취급될 것이다. 그래서 그들은 피의 값을 담당해야 할 것이다.

52절: 예수님은 세 번째 화를 말씀하신다. 율법교사들은 지식의 열쇠를 가져가서 그들도 들어가지 않고 또 들어가고자 하는 자도 막았다(참고. 마 23:13). "지식의 열쇠"란 지식을 얻게 하는 열쇠를 뜻한다. 이것은 성경을 해석할 수 있는 도구 혹은 방법이다. 율법교사들은 율법을 해석하지 못하면서 다른 사람들도 해석하지 못하게 했다. 즉 바른 율법 해석에 도움이 되지 않았을 뿐 아니라 바른 율법 해석 노력을 막았다. 더욱이 그들은 율법을 전하러 온 선지자들을 죽였다. 이것은 사람들이 구원받지 못하게 한 것이므로 중대한 죄이다.

53절: 서기관들과 바리새인들은 예수님이 비판하신 대상들이다.

54절: 서기관들과 바리새인들은 예수님의 입에서 나오는 말씀을 책잡고자 노리고 있다(참고. 행 23:21). 그들은 율법을 가르치며 선지자들의 무덤을 단장하면서 말씀의 사람이라고 자부했으나, 정작 말씀의 수여자이시며 주인공이시고 전파자이신 예수님을 대적한다. 따라서 그들은 어리석고 악하다. 그들은 큰 벌을 받을 것이다.

• 토론과 나눔 •

1. 예수님은 어떻게 기도하라고 하셨습니까? 우리가 기도하지 않는 이유는 무엇입니까?

2. '바알세불'이란 무슨 뜻인가요?

3. 귀신이 쫓겨난 후 다시 들어온 이유는 무엇인가요? 어떻게 하면 귀신을 물리칠 수 있나요?

4. '요나의 표적'이 주는 교훈을 간략히 정리해 보십시오. 이 표적은 궁극적으로 무엇을 가리키나요?

5. 예수님이 바리새인들을 향하여 선포하신 '세 개의 화'는 무엇인가요?

• 핵심과 실천 •

기도는 대단히 중요합니다. 기도는 '영혼의 호흡'과 같습니다. 즉 기도는 영적 생명을 유지해 줄 뿐 아니라, 매일 매 순간 해야 하는 일입니다. 그런데 올바로 기도해야 합니다. 잘못된 기도를 하는 이들이 제법 있습니다. 예수님은 주기도문과 비유를 통하여 올바른 기도를 가르쳐주셨습니다. 성경을 통해서 기도를 배우고 경건한 서적을 통해서 기도를 배워 바르게 기도하면 주님과 깊은 교제를 누릴 수 있습니다.

12장

이 장에서 예수님은 다양한 상황에서 실천해야 할 지침을 말씀하신다. 1-12절에서는 사람을 두려워하지 말고 오직 하나님을 두려워하라고 하신다. 13-21절의 비유에서는 돈이 하나님을 섬기는 일에 방해가 될 수 있음을 경고하신다. 22-34절에서는 염려하지 말라고 하시며, 35-48절에서는 깨어서 준비하라고 하시고, 49-53절에서는 복음으로 인해 발생하는 현상을 설명하시며, 54-59절에서는 시대를 분간하고, 철저히 회개하라고 하신다.

LUKE

12:1-12 두려워할 자를 두려워하라

제자들은 말씀을 전하다가 위협적인 상황을 맞이할 수 있다. 그러나 두려워하지 말아야 한다. 하나님께서 그들을 지켜주실 것이다. 성령께서 전해야 할 말씀을 전하게 하실 것이다.

1절: 예수님 주변에 많은 사람이 모여들었다. 예수님의 가르침과 사역은 사람들의 주의와 관심을 끌었다. 예수님은 제자들에게 "바리새인들의 누룩 곧 외식을 주의하라"고 말씀하신다. "누룩"(sourdough)은 매우 빠르게 전파되며 더욱 커지는 것이다. 이것은 영향력이 급속하게 확장된다(참고. 마 16:6; 막 8:17). 예수님은 "누룩"을 "외식"이라고 설명하신다.

2절: 예수님은 모든 것이 드러나고 알려질 것이라고 하신다.

3절: 이 구절은 2절을 설명한 것이다. 예수님은 2절을 강화하신다. 특히 2-3절의 동사들은 모두 수동태로 되어 있는데, 이는 하나님에 의해서 이런 일이 일어남을 시사한다.

4절: 이곳과 요한복음 15:13-15에서 예수님은 제자들을 "친구"라고 칭하신다. 이는 친근한 표현이다. "몸을 죽이고 그 후에는 능히 더 못하는 자들을 두려워하지 말라"라는 말씀은 구약 시대에 선지자들이 육체의 죽임을 당했는데, 신약 시대의 사도들도 그런 일을 겪을 수 있음을 전제한다. 세상에서 힘 있는 자들은 육체를 죽일 수 있겠지만 영원한 생명을 멸하지 못한다. 따라서 그들을 두려워하지 말아야 한다. "몸을 죽이고 그 후에는 능히 더 못하는 자들"이란 표현은 유대 종교 지도자들과 로마 권력자들을 가리킨다. 그들은 주님의 제자들을 박해할 지라도 더는 어떻게 하지 못할 것이다. 하나님은 그들의 활동을 제한하신다. 그들은 하나님이 허용하시는 범위 안에서 행동할 수 있을 뿐이다. 그러므로 그들을 두려워할 필요가 없다.

5절: "마땅히 두려워할 자"는 하나님이시다. 하나님은 "죽인 후에 또한 지옥에 던져 넣는 권세 있는" 분이시다. 그러므로 하나님을 두려워해야 한다. 예수님은 "내가 참으로 너희에게 이르노니 그를 두려워하라"고 하심으로 하나님을 두려워해야 한다고 다시금 말씀하신다(강조).

6절: 6-7절에서 예수님은 "참새"를 소재로 삼아서 우리를 향한 하나님의 관심을 설명하신다. 여기에 '작은 것에서 큰 것으로' 논증이 나온다. 즉 참새와 우리를 대조하신다. 참새는 가장 값싼 피조물을 대표한다. 당시 이것은 가난한 사람들이 먹는 음식이었다. 하나님은 참새 다섯 마리가 두 앗사리온에 팔리는 것을 잊지 않으신다. 당시 참새 다섯 마리가 두 앗사리온에 팔렸다. '앗사리온'은 로마의 동전으로 16분의 1데나리온이다. 따라서 매우 적은 액수이다.

7절: 예수님은 우리가 하나님께 심지어 머리털까지도 다 세신 바 되었다고 하시면서 두려워하지 말라고 하신다. 그리고 우리가 많은 참새보다 더 귀하다고 하신다. 하나님께서 참새를 돌보신다면 하나님의 자녀들을 얼마나 귀하게 돌보시겠는가?

8절: 8-9절은 인자를 향한 '시인'과 '부인'에 관한 언급이다. 8절과 9절은 반의적 대구(antithetical parallelism) 형태로 되어 있다. '시인'(acknowledgment)이란 속으로 믿는 것을 겉으로 고백하는 것이다. 바리새인들은 위선자들이어서 속으로 믿는 것과 겉으로 고백하는 것이 다르다. 그러나 제자들은 내적인 믿음과 외적인 고백이 같다. 여기서 '인자'(The Son of Man)는 '예수님'을 가리킨다. 그리고 '하나님의 사자들'(Angels of God)은 병행 본문인 마태복음 10:32-33을 참고할 때 '하나님'을 가리킨다. 누가는 하나님을 우회적으로 표현하여(circumlocution) '하나님의 사자들'이라고 한다.

9절: 사람 앞에서 예수님을 시인하는 것은 믿음을 고백하고 믿는 자답게 처신하는 것을 뜻한다. 예수님을 시인한 사람은 심판 날에 예수님의 변호를 받을 것이다. 사람 앞에서 예수님을 부인하는 것은 배교인데, 이런 사람은 심판 날에 예수님의 부인을 당할 것이다. 여기서 시인과 부인은 일시적인 상황을 뜻하지 않는다. 때로 신실한 신자들도 주님을 부인할 때가 있다. 하지만 주님은 그들을 회개하게 하셔서 그분의 자비가 끊이지 않게 하신다.

10절: "말로 인자를 거역하면 사하심을 받으려니와"라는 말씀은 8-9절의 말씀과 모순되는 것처럼 보인다. 그러나 이것은 사람들이 예수님에 대해서 제대로 알지 못한 채 주님을 거역하는 것을 의미한다. "성령"은 구원하게 하시는 분이다. 우리는 성령으로 인해 하나님을 아버지라고 부르며(참고. 갈 4:6), 예수님을 주님이라고 부른다(참고. 고전 12:3). 따라서 "성령을 모독하는 자"는 구원하게 하시는 성령을 받아들이지 않는 자이다. 즉 성령의 사역을 거부하는 자이다. 이런 사람은 죄 용서의 근원(성령)을 부정하기 때문에 죄 용서를 받지 못하고 구원받지도 못한다. 그는 하나님의 구원하시는 활동 자체를 거역하기에 구원받을 가능성이 없다.

11절: 예수님은 두려워하지 말라는 권면을 구체적인 상황에 적용하시면서 지침을 주신다. 제자들은 적대적인 상황에서 예수님을 증언할 때 성령께서 도우실 것이니 염려하지 말아야 한다. 회당이나 위정자나 권세 있는 자 앞에 끌고 가는 것은 심문받는 상황이다. 즉 일반적인 상황이 아니다. 주님을 증언하는 것이 위협을 받는 상황에서 제자들은 그들의 신앙과 고백으로 인해 두려워하지 말아야 한다. 하나님의 돌보심과 인도하심이 있을 것이다.

12절: 예수님은 제자들이 두려워하지 말아야 할 이유를 가르쳐주신다. 그것은 "마땅히 할 말을 성령이 곧 그때에 너희에게 가르치시리라"라는 말씀에 담겨 있다. 이 말씀은 제자들이 말씀을 공부하지 않아도 된다는 뜻이 아니다. 설교 준비나 전도 훈련을 받지 않아도 된다는 뜻이 전혀 아니다. 성령께서 주시는 계시만 기다리고 있으라는 뜻도 아니다. 이 말씀은 권세자들에게서 심문받을 때 성령께서 돌보아 주시고 인도해 주실 것이라는 뜻이다. 실제로, 베드로와 요한(참고. 행 4:5-23), 스데반(참고. 행 6:15-7:60), 바울(참고. 행 22:1-21; 26:1-23) 등은 권세자들 앞에서 성령의 인도와 지시를 받아서 담대하고 지혜롭게 말했다.

12:13-21 어리석은 부자 비유

예수님은 유산 분배에 관한 문제로 자신을 찾아온 사람의 요청을 계기로 사람이 돈에 대해서 지나친 관심을 가지는 것의 위험성을 비유로 가르치신다. 그리스도인은 재물에 대해서 어떤 태도를 보여야 할까? 사람은 이 땅에서 영원히 살 수 없고, 이 땅에서 모은 재물을 영원히 간직할 수도 없다. 우리 모두는 언제가 죽을 것인데, 하나님이 이를 명하시면 즉시 순종할 수밖에 없다. 따라서 이 땅에서 재물을 많이 모았다고 해서 만족하거나 즐거워하지 말아야 한다.

13절: 무리 중에 한 사람이 예수님께 "선생님 내 형을 명하여 유산을 나와 나누게 하소서"라고 청한다. 율법의 유산 규례에 의하면, 장자가 유산의 상당 부분을 가져갔다(참고. 신 21:15-17; 민 27:1-11; 36:7-9). 따라서 추정하건대, 이 사람의 형이 유산을 너무 많이 가져가려고 했던 것 같다. 그리하여 그는 예수님께 재산 분배의 중재를 간청한다.

14절: "이 사람아"('안드로페')는 책망 조의 표현이다. 예수님은 자신이 이런 일 때문에 세상에 오신 것이 아니라고 하신다. 따라서 제자들도 이런 일에 개입하지 말아야 한다. 이런 일은 세상의 재판관이 할 것이다. 제자들은 그들에게 주어진 본연의 일, 즉 복음을 전하는 일에 매진해야 한다. 남의 개인사에 일일이 끼어드는 것은 적합하지 않고 현명하지도 않다.

15절: 예수님은 "그들에게"('프로스 아우투스') 말씀하신다. 이는 이 말씀이 예수님께 간청한 사람에게 국한하는 것이 아니라 예수님 주변에서 말씀을 듣던 모든 사람에게 해당된다는 사실을 암시한다. 여기서 "생명"은 기본적인 목숨뿐 아니라 나아가서 풍요롭고 행복한 생활을 의미한다. 인간은 재물 앞에서 탐심을 가진다. 하지만 재물은 사용하기 위해서 존재하는 수단이다. 필시 재물이 많다고 해서 즐겁고 행복해지는 것이 아니다. 따라서 탐심을 물리쳐야 한다.

16-20절: 이 구절들은 비유이다. 예수님은 15절을 설명하시기 위해서 비유로 말씀하신다. 한 부자가 그 밭에 소출이 풍성해지자 곡식 쌓아 둘 곳이 없으니 어찌할까 심중에 생각한다. 그래서 그는 곳간을 헐고 더 크게 짓고 내 모든 곡식과 물건을 거기 쌓아 두어야겠다고 결심한다. 또한, 그는 여러 해 쓸 물건을 많이 쌓아 두었으니 평안히 쉬고 먹고 마시고 즐거워하려고 한다. 그러나 하나님은 그에게 다음과 같은 충격적인 말씀을 하신다. "어리석은 자여 오늘 밤에 네 영혼을 도로 찾으리니 그러면 네 준비한 것이 누구의 것이 되겠느냐?"

21절: 예수님은 비유의 결론을 맺으신다. 예수님은 부와 재물을 부정하거나 금지하시는 것이 아니다. "자기를 위하여 재물을 쌓아 두고 하나님께 대하여 부요하지 못한 자"를 지혜롭지 못한 자("어리석은 자여")라고 말씀하시는 것이다. 인간의 생각과 하나님의 생각은 다르다. 인간은 먹고 마시며 즐거워하려고 한다. 그러나 하나님은 오늘 밤에 그의 영혼을 도로 찾을 것이라고 하신다. 그렇게 되면 모아둔 재물이 헛것이다. 이 세상의 재물에 안심하지 말아야 한다.

12:22-34 염려하지 말라

예수님은 앞 단락에서 재물에 대한 태도를 말씀하시면서 염려하지 말라고 하셨다. 여기서는 생존을 염려하지 말아야 할 이유를 말씀하신다. 염려하는 것은 하나님을 신뢰하지 못하는 것이다. 하나님께서 돌보아 주실 것이고 쓸 것을 공급해 주실 것이니 염려할 필요가 없다.

22절: "목숨을 위하여 무엇을 먹을까"와 "몸을 위하여 무엇을 입을까"라는 물음은 음식과 의복의 종류에 관한 것이 아니다. 이것은 '과연 내가 음식을 먹을 수 있을까', '나에게 입을 옷이 있을까'를 걱정하지 말라는 뜻이다. 즉 세상에서 목숨을 부지하고 살아갈 수 있을지를 염려하지 말라는 뜻이다. 생존에 관한 일로 마음에 근심하고 염려하는 것은 하나님의 돌보심과 인도하심을 인식하지 못하기 때문이다. 이 말씀은 29절에 다시 나온다.

23절: 염려하지 말아야 할 이유는 "목숨이 음식보다 중하고 몸이 의복보다 중하니라"라는 말씀에 담겨 있다. 하나님은 목숨과 몸의 주인이시다.

24절: 예수님은 "얼마나 더"('포소 말론', 하물며, how much more) 논증을 사용하신다. 하나님께서 그분이 만드신 까마귀와 새를 돌보신다면 귀한 자녀들을 더욱 돌보실 것이라고 하신다. 그런데 이 말씀은 게으름을 정당화하지 않는다. 우리가 일하지 않고 가만히 있어도 된다고 말하지 않는다. 우리는 생계를 위해서 열심히 일해야 한다. 하나님은 우리의 수고와 노동을 사용하셔서 우리에게 쓸 것을 공급하시기를 기뻐하신다. 단지 이 말씀은 하나님이 세심하게 우리를 돌보실 것이니 우리가 해야 할 일을 성실히 하되 염려하지 말라는 뜻이다.

25절: 예수님은 염려하지 말라는 사실을 '키'(stature)를 가지고 설명하신다. 우리가 염려한다고 해서 그 '키'를 한 자라도 더할 수 없다는 것이다. 그런데 우리말 성경의 '키'에 해당하는 헬라어 '헬리키아'는 '키'라는 뜻을 가지지만(참고. 2:52; 19:3), 또한 '시간' 혹은 '수명'이라는 의미도 가진다. '한 자'에 해당하는 헬라어 '페퀴스'는 '한 큐빗'(a cubit, 약 45cm)으로 길이의 단위이다. 사람이 갑자기 '키'를 '한 자'(한 큐빗)나 더하는 것은 상상할 수 없는 일이다. 즉 이것을 키로 이해한다면 26절의 "가장 작은 일도 하지 못하면서"라는 표현과 어울리지 않는다. 따라서 여기서 '키'라고 번역된 '헬리키아'를 '수명'으로 이해하는 것이 타당하다. 즉 '한 자'를 '물리적인 길이'보다는 '시간의 길이'로 이해해야 한다. 이에 상당수 영어 성경은 이 구절을 '너희 중에 누가 염려함으로 그의 수명을 한 시간이라도 연장할 수 있겠느냐'라고 번역한다(참고. ESV: "And which of you by being anxious can add a single hour to his span of life?"; NIV. "Who of you by worrying can add a single hour to your life?").

26절: 이 말씀은 자기 목숨을 조금이라도 연장하지 못하면서 왜 자기가 할 수도 없는 일들을 염려하느냐는 뜻이다.

27절: 예수님은 백합화를 소재로 사용하여 염려하지 말라는 교훈을 주신다. 24절에 이어 여기서도 '하물며'('포소 말론') 논증이 나온다. 즉 백합화와 하나님의 자녀를 비교한다. 여기서 "백합화"는 자주색 아네모네일 것이다. 이 꽃은 왕(여기서는 솔로몬)이 입는 자주색 옷과 비교된다. "솔로몬의 모든 영광"은 매우 화려하고 부유한 상태를 상징한다(참고. 왕상 10장; 대하 9장). 예수님은 24절에서 까마귀 예를 말씀하시면서 까마귀가 심지도 않고 거두지도 않지만, 하나님이 기르신다고 하셨는데, 여기서는 백합화 예를 통해서 백합화가 실도 만들지 않고 짜지도 않지만, 하나님이 입히신다고 하신다. 따라서 24절과 27절의 교훈을 합하면 하나님이 우리를 먹이시고 입히신다는 사실이다. 즉 우리의 생존을 보장하신다는 것이다.

28절: 당시는 나무가 부족하여 들풀을 땔감으로 사용했다. 하나님은 이러한 들풀에게도 옷을 입히셨다. 그런데 하나님이 자녀들의 옷을 입혀주시지 않겠는가? "믿음이 작은 자들아"라는 말은 하나님의 돌보심을 믿지 않고 염려하는 사람들을 가리킨다.

29절: 22절의 설명에 있듯이, 이 말씀은 어떤 음식을 먹을까를 고민하지 말라는 뜻이 아니라, 음식을 먹을 수나 있을지를 염려하지 말라는 뜻이다. 하나님이 먹을 것을 주실 것이니 구하지 말고 근심하지도 말라는 뜻이다. 하나님은 자녀를 굶주리게 하거나 헐벗게 하지 않으신다.

30절: "세상 백성들"은 하나님을 모르는 사람들을 가리킨다. 그들은 하나님을 아버지로 모시지 않으니 먹고 마시는 것을 염려한다. 그러나 하나님은 우리의 '아버지'이시다. 따라서 하나님은 우리에게 이런 것들이 있어야 할 것을 아시고 때를 따라 공급해 주신다.

31절: 제자들이 진정으로 구해야 할 것은 생존을 위한 음식이 아니라 하나님 나라이다(참고. 마 6:33). 하나님 나라를 구하면 하나님이 다른 것들을 알아서 주신다.

32절: "적은 무리"는 제자들을 가리킨다. 그들은 아직 연약한 공동체이다. "무서워 말라"라는 말은 제자 공동체가 주님의 일을 하는 가운데 생계를 염려했기 때문이다. "너희 아버지께서 그 나라를 너희에게 주시기를 기뻐하시느니라"라는 말은 제자들이 하나님 나라를 구하면 하나님 아버지께서 그 나라를 제자들에게 주실 것이라는 뜻이다. 이 말은 제자들이 하나님 나라에 속하게 된다는 뜻이다. 하나님 나라는 부요하며 풍요롭다. 그러므로 제자들은 먹고사는 문제로 염려할 필요가 전혀 없다.

33절: 모든 탐심을 물리치고 하나님 나라를 구하는 이들은 재물을 어떻게 사용해야 하는가? 대답은 단순하고 분명하다. 소유를 팔아 구제해야 한다. 그것은 단지 착한 행동이 아니다. 하나님 나라를 구하는 일이다. 신자들은 하나님께서 명령하시면 즉시 자기 소유를 하나님의 뜻대로 사용할 수 있어야 한다. "낡아지지 아니하는 배낭"은 재물을 영원히 간직하는 방법이다. 재물을 땅에 쌓아 두면 자기 목숨이 다하는 순간 없어진다. 허탈해진다. 그러나 하늘에 쌓아 두면 도둑이 훔쳐 가는 일이 없고, 좀이 먹는 일도 없다. 고대에는 옷이 매우 중요한 재산이었다. 따라서 좀이 먹는 것은 재산이 없어지는 것을 의미한다.

34절: 예수님은 결론적으로 "너희 보물 있는 곳에는 너희 마음도 있으리라"고 말씀하신다. 재물을 사용하는 것을 보면 그 사람이 어떤 사람인지를 알 수 있다. 실제로, 초기 신자들은 구제를 중요하게 여겼다. 사도행전 4:34-37은 교회의 이상적인 모습을 보여준다. 그들은 하나님 나라를 구현했다. "옷 두 벌 있는 자는 옷 없는 자에게 나눠 줄 것이요 먹을 것이 있는 자도 그렇게 할 것이니라"(눅 3:11). "선을 행하고 선한 사업을 많이 하고 나누어 주기를 좋아하며 너그러운 자가 되게 하라"(딤전 6:18).

12:35-48 깨어서 준비하라

이 단락의 요지는 예수님의 재림을 준비하라는 것이다.

35절: 허리에 띠를 띠고 등불을 켜고 서 있는 것은 누군가를 맞이하기 위하여 만반의 준비를 한 자세이다(참고. 엡 6:14; 벧전 1:13).

36절: 36-38절은 주인을 기다리는 종들에 관한 비유다. 당시 혼인 잔치는 밤에 열렸다. 따라서 종들은 밤에 주인이 돌아오는 것을 기다려야 했다.

37절: 주인이 올 때 깨어 있는 종들은 복이 있을 것이다. 주인이 띠를 띠고 종들을 수종드는 것은 매우 놀라운 일이다. 예수님은 다시 오셔서 우리를 극진히 대우해 주실 것이다.

38절: 주인이 언제 올지 종들은 알 수 없다. 하지만 종들은 허리에 띠를 띠고 등불을 켜고 항상 서 있어야 한다. "이경"과 "삼경"은 고대 지중해 연안 국가의 시간 단위다. 당시에 밤을 나눌 때 유대는 세 부분으로, 로마는 네 부분으로 나누었다. 유대의 삼경 체제(밤을 세 부분으로 나눔)에 따르면, 일경은 오후 6시-오후 10시, 이경은 오후 10시-오전 2시, 삼경은 오전 2시-오전 6시였다. 이렇게 본다면 이경은 오후 10시-오전 2시이고, 삼경은 오전 2시-오전 6시이다. 로마의 사경 체제(밤을 네 부분으로 나눔)에 따르면, 일경은 오후 6시-오후 9시, 이경은 오후 9시-오전 12시, 삼경은 오전 12시-오전 3시, 사경은 오전 3시-오전 6시였다. 이렇게 본다면 이경은 오후 9시-오전 12시이고, 삼경은 오전 12시-오전 3시이다. 그러므로 유대의 시간 체계를 따르든 아니면 로마의 시간 체계를 따르든, "이경"과 "삼경"은 한밤중이다.

39절: 예수님은 "도둑"을 소재로 삼아서 생각하지 않은 때에 오는 예를 제시하신다. 이것은 예수님이 생각하지 않은 때 갑자기 오신다는 사실을 강조한다(참고. 마 24:43-44; 살전 5:2-4; 벧후 3:10; 계 3:3; 16:15).

40절: "인자"(The Son of Man)는 예수님이다(참고. 8절). 예수님은 전혀 예상하지 못한 때 다시 오신다. 그러므로 항상 깨어서 준비하고 있어야 한다.

41절: 베드로가 예수님께 질문한다. 베드로는 제자들의 대변인 혹은 대표자이다. 따라서 그의 질문은 제자들의 질문이다. 베드로는 이 비유의 대상이 누구인지를 묻는다.

42-48절: 예수님은 베드로의 질문에 직접적으로 대답하지 않으시면서 교훈을 주신다. 하지만 이어지는 말씀을 통해서 볼 때 비유의 대상은 제자들(청지기들)이다. 그러나 누구를 향한 것인지를 명시적으로 알려주시지 않은 이유는 각자 새겨야 할 말씀이기 때문이다. 예수님은 두 명의 "청지기"('오이코노모스', manager)를 비교하신다. 42-44절은 "지혜 있고 진실한 청지기"이다. 그는 주인의 종들에게 때를 따라 양식을 나누어준다. 그에게는 복이 있을 것이다. 주인은 그에게 모든 소유를 맡길 것이다. 45-48절은 악한 청지기이다. 그는 주인이 더디 오리라고 생각하여 종들을 학대하며 향락을 즐기는데, 생각하지 않은 날 알지 못하는 시각에 주인이 이르러 그를 엄히

때리고 "신실하지 아니한 자의 받는 벌"을 내릴 것이다. 주인의 뜻을 알고도 준비하지 않고 그 뜻대로 행하지 않는 종은 많이 맞을 것이다. 그러나 알지 못하고 잘못을 저지른 종은 적게 맞을 것이다. 많이 맡은 자에게는 많은 책임이 요구된다.

12:49–53 불을 던지러 오신 예수님

하나님은 선지자들과 사도들을 보내셔서 메시아가 오시는 것과 메시아가 하시는 일을 알려주셨다. 그리고 지금 약속된 메시아가 오셔서 활동하고 계신다. 사람들은 메시아의 말씀을 듣고 깨달아야 하는데 그렇지 못하다.

49절: 예수님은 "내가 불을 땅에 던지러 왔노니"라고 하신다. 성경에서 '불'이란 이미지를 다양하게 해석할 수 있는데, 여기서는 51절 이하를 고려할 때 '분쟁'을 가리킨다. 따라서 이 말은 예수님이 세상에 분쟁을 일으키기 위해서 오셨다는 뜻이다. 우리는 예수님이 이 세상에 화평을 주러 오셨음을 알고 있다. 예수님은 '평강의 왕'이시다(참고. 사 9:6). 그러므로 예수님이 분쟁을 일으키기 위해서 이 세상에 오셨다는 말씀은 이해하기가 어렵다. 하지만 복음이 전파되면 자연스럽게 분쟁이 생길 수 있다. 복음을 대적하는 사탄이 세상을 다스리는 동안에는 분쟁이 일어나는 경우가 많다. "이 불이 이미 붙었으면 내가 무엇을 원하리요"라는 말씀은 예수님이 오심으로 불(분쟁)이 붙었고, 이것은 당연하고 자연스럽다는 뜻이다.

50절: 예수님이 받으실 "세례"는 십자가에서 죽임을 당하시는 일이다(참고. 막 10:38-39; 롬 6:3-4). 예수님은 죽음에 대한 인간적인 두려움("답답함")을 드러내신다.

51절: 예수님은 '불'이 무엇인지를 설명하신다. 그것은 분쟁이다(참고. 49절의 설명). 예수님은 사람들을 구분하신다. 믿는 사람들을 구원하시고, 믿지 않는 사람들을 심판하신다.

52-53절: 예수님은 심지어 가족 안에서 일어나는 분쟁을 말씀하신다(참고. 마 10:34-37). 가족은 예수님을 믿는 일로 나누어질 것이다. 곧 예수님의 말씀을 믿고 따르는 일로 가장 가까운 가족 간에도 다툼이 있을 것이다.

12:54-59 시대를 분간하고, 철저히 회개하라

54-56절에서 예수님은 시대를 분간하라고 하시며, 57-59절에서 회개하기를 힘쓰라고 하신다.

54-55절: 예수님은 천지의 기상을 분간하는 일을 말씀하신다. 구름이 서쪽(지중해 쪽)에서 이는 것은 구름이 팔레스타인의 한랭한 산지를 타고 오르면서 습한 공기의 응결을 가져오는 현상을 가리키는데, 그렇게 되면 소나기가 발생한다. 그리고 남풍이 부는 것은 남동쪽 사막에서 뜨겁고 건조한 바람이 불어와 뜨거운 열기를 몰고 오는 것을 뜻한다(ESV Study Bible).

56절: 예수님은 천지의 기상을 분간하듯이 그들 앞에 놓인 일을 분간하라고 하신다. "외식하는 자여"는 알지 못하면서 아는 것처럼 행세하는 자를 가리킨다(참고. 6:42; 12:1; 13:15). "어찌 이 시대는 분간하지 못하느냐"란 말은 예수님의 사역을 통해 하나님 나라가 임하는 것을 어떻게 분간하지 못하느냐는 뜻이다. 이는 예수님의 재림을 바라면서 준비하라는 뜻이다.

57절: 예수님은 옳은 것을 스스로 판단하라고 당부하신다. 그리스도인은 천지의 기상을 분간하듯이 하나님의 뜻을 깨달아야 한다. 하나님의 뜻은 죄를 회개하는 것이다.

58절: 예수님은 예화를 사용하셔서 바로 판단하고 선택해야 한다는 사실을 설명하신다. 예수님은 재판장에게 재판받아 옥에 갇히기 전에 미리 고발한 사람과 화해하기를 힘쓰라고 하신다. 궁극적으로, 이 말씀은 하나님께 심판받아 영원한 형벌을 받기 전에 회개하라는 촉구이다.

59절: "한 푼"에 해당하는 헬라어 '렙톤'은 당시 팔레스타인에서 사용되던 가장 작은 동전이다(참고. 21:2). 한 렙톤은 1/28 데나리온이다. 따라서 이것은 약간의 죄라도 있어서는 안 된다는 사실을 강조한다. 죄를 깨끗이 정리해야 한다. 그래야 하나님의 심판을 받지 않는다.

• 토론과 나눔 •

1. 우리가 두려워하거나 염려하지 말아야 할 이유는 무엇입니까?

2. 그리스도인은 재물에 대해서 어떤 태도를 지녀야 합니까?

3. 예수님은 자신이 갑작스럽게 오신다는 사실을 어떤 비유로 설명하셨습니까?

4. "내가 불을 땅에 던지러 왔노니"에서 '불'은 무엇을 가리킵니까요(49, 51절)?

5. 우리는 어떤 마음과 자세로 주님의 재림을 기다려야 합니까?

• 핵심과 실천 •

우리가 경건하게 살고자 하면 주님의 대적자 마귀가 가만히 두지 않습니다. 마귀는 경건하게 살려는 사람을 박해하고 괴롭힙니다. 또한, 세상은 근본적으로 부조리와 문제점을 지니고 있어서 우리를 행복하게 해 주지 못합니다. 질병과 물질과 문화 등은 우리를 끊임없이 연약하게 합니다. 이런 세상을 살아가는 우리는 하나님에 대한 철저한 믿음을 가지고 강하고 담대해져야 합니다. 복음의 대적자를 두려워하지 말아야 하고, 염려로 인해 어려움을 겪지 말아야 합니다. 주님이 다시 오실 것을 믿고 깨어서 준비해야 합니다.

13장

누가복음 13장에는 예수님의 강론들이 기록되어 있다. 이 강론들은 제자도에 관한 것이다. 제자들은 회개해야 하며(1-5절), 열매 맺어야 하고(6-9절), 외식하지 말아야 하며(10-17절), 제자 공동체의 확장에 대한 꿈을 가져야 하고(18-21절), 좁은 문으로 들어가기를 힘써야 한다(22-30절). 이 장 마지막 부분에서 주님은 선지자들을 죽인 예루살렘을 탄식하신다(31-35절).

LUKE

13:1–5 회개하지 않으면 망하리라

이 단락에서 죄와 고난의 문제를 생각할 수 있다. 고난을 겪는 사람이 더 큰 죄를 지었기 때문은 아니다. 오히려 우리는 이런 일을 보면서 자신을 돌아보아야 한다. 물론, 하나님은 범죄자에게 고통을 주신다. 그러나 모든 범죄자가 고통을 겪는 게 당연하지만, 하나님이 은혜를 베푸셔서 고통을 감해 주시거나 참아 주시는 경우가 있다. 또한, 하나님이 범죄자에게 고통을 주시지만, 그보다 더 큰 죄를 지은 자들에게 고통을 주시지 않을 수가 있다. 따라서 어떤 사람이 고통을 겪는 것을 보면서 자신이 그보다 덜 죄를 지었다고 생각해서는 안 된다.

1절: "그때"('토 카이로', ESV: "at that very time")는 이 이야기가 12:57–59와 연결된다는 것을 알려준다. 즉 회개의 주제가 나온다는 사실을 암시한다. 예수님은 당시 일어난 두 가지 사건을 통해서 회개할 것을 촉구하신다. 첫 번째 사건은 빌라도가 제사 지내는 갈릴리 사람들을 죽인 사건이다.

이 일은 여기에만 나오고 다른 성경이나 고대 문헌에 기록되어 있지 않다.

2절: 당시 유대인들은 고난을 죄의 결과로 보았다(참고. 요 9:2; 욥 4:7; 8:4, 20; 22:4-5). 물론, 죄로 인해 고난을 겪을 수가 있다(참고. 잠 24:16). 그러나 고난이 언제나 죄의 결과인 것은 아니다. 이유 없이 고난을 마주할 때가 있으며, 의인도 고통을 겪을 수가 있고, 심지어 복음을 전하다가 어려움을 당하는 일도 부지기수이다. 따라서 힘들고 어려운 형편에 처한 사람을 보면서 그가 죄를 지었기 때문에 저런 일을 겪는다고 단정해서는 안 된다. 어려움을 겪는 사람을 정죄할 것이 아니라, 오히려 도울 방안을 생각해야 한다.

3절: 예수님의 말씀에 암시된 것은 죽임을 당한 사람들의 죄가 더 컸던 것이 아니라는 사실이다(참고. 요 9:3). 다른 사람도 회개하지 않으면 망하게 될 것이다.

4절: 예수님은 또 다른 사건을 언급하신다. 그것은 실로암에서 망대가 무너져 열여덟 사람이 죽은 사고이다. 이 일도 이곳에만 기록되어 있다. 아마도 실로암 옆 성벽의 망루가 무너지는 바람에 열여덟 명이 치어 죽은 것으로 보인다. 예수님은 그렇게 죽은 사람들이 예루살렘에 거주하는 다른 사람들보다 죄가 더 있는 것이 아니라고 하신다.

5절: 이 말씀은 3절과 정확히 같다. 헬라어 본문도 부사 한 단어를 제외하고 같은데, 그 부사의 의미가 같다('이와 같이').

13:6-9 열매 맺지 못하는 무화과나무 비유

앞 단락(1-5절)에서 예수님은 죄를 지어도 하나님이 참으셔서 멸하지 않으신 경우를 말씀하셨다. 이제 이 단락에서는 하나님이 참아 주셔도 열매를 맺지 못하는 자들이 끝내 멸망할 것이라는 사실을 말씀하신다. 이를 위해서 예수님은 비유를 사용하신다.

6절: 무화과나무는 이스라엘에서 매우 흔하다. 성경에서 "무화과나무"는 자주 이스라엘을 상징한다(참고. 호 9:10, 16; 미 7:1; 렘 8:13; 24:1-10; 눅 20:16; 행 13:46; 18:6; 28:25-26).

7절: "삼 년"은 무화과나무가 열매를 맺기에 충분한 기간을 의미한다. 이것은 예수님의 3년 공생애를 상징하지 않는다. 하지만 이 무화과나무는 열매를 맺지 못했다. 이 나무는 앞으로도 열매를 맺지 못할 것이다. 이 나무는 쓸모가 없다. 괜히 땅만 버리고 있다.

8-9절: 포도원 지기는 주인에게 조금 더 참아달라고 부탁한다. 그리하여 무화과나무에는 일정 유예기간이 주어진다. 하지만 유예기간은 "금년"으로 한정된다. 하지만 만일 그 후에도 열매를 맺지 못하면 찍어 버려질 것이다. 신자들은 반드시 열매를 맺어야 한다. 하나님은 열매 맺을 기회를 충분히 주신다. 그런데도 열매를 맺지 못하면 책망받을 것이다.

13:10-17 안식일에 여인을 고치심

예수님이 안식일에 여인을 고치신 일로 회당장과 유대인들이 예수님을 비난한다. 그러나 예수님은 그들을 책망하시면서 안식일의 진정한 의미를 설명하신다.

10절: 예수님이 안식일에 한 회당에서 가르치신다.

11절: 회당에는 열여덟 해 동안이나 귀신 들려 앓으며 꼬부라져 조금도 펴지 못하는 한 여인이 있었다. "열여덟 해"라는 기간은 고침을 받을 가능성이 없는 상태를 암시한다(참고. 요 5:5의 "서른여덟 해 된 병자"). '등이 꼬부라져 조금도 펴지 못하는 질병'은 의술로 고칠 수 없는 병이다. 따라서 여인의 괴로움은 매우 크다. 질병의 원인은 귀신 들림이다. 하지만 유의해야 할 것은 귀신이 들려서 질병이 생길 수 있으나(참고. 11:14), 질병이 항상 귀신이 들린 결과는 아니라는 사실이다.

12절: 예수님은 여자를 보시고 "여자여 네가 네 병에서 놓였다"라고 하신다.

13절: 예수님이 여자를 고쳐주시니 여자가 하나님께 영광을 돌린다. 열여덟 해 동안이나 고통받아 온 여자는 "곧"(immediately) 고침을 받는다. 따라서 예수님의 능력은 강하고 놀랍다.

14절: 유대인들은 안식일 준수에 매우 예민했다. 이 문제로 예수님과 유대 종교 지도자들은 자주 충돌했다(참고. 6:5-11; 14:1-6; 마 12:2-10; 요 5:1-18; 9:13-17). 여기서도 회당장은 화를 내면서 예수님이 안식일에 병 고치신 것을 안식일 위반이라고 주장한다. 회당장은 오랜 세월 고통을 겪은 사람이 즉시 고침을 받은 것에 놀라지 않고 감동하지도 않는다. 오로지 안식일에 예수님이 일하셨다고 비난할 뿐이다. 이것은 유대인들의 완악한 마음을 대변한다.

15-16절: 예수님은 소위 '작은 것에서 큰 것으로' 논증법(a fortiori argument)을 사용하셔서 말씀하신다. 당시 유대인들은 안식일에 가축을 외양간에서 "풀어내어"('뤼에이') 이끌고 가서 물을 먹여도 되었는데(Shabb. 128b), 그렇다면 가축보다 훨씬 귀중한 사람, 곧 열여덟 해 동안이나 사탄에게 매인 바 된 하나님의 자녀를 매임에서 "푸는"('뤠데나이') 것은 합당하다. 예수님은 '풀다'에 해당하는 헬라어 '뤼오'를 가축과 사람에게 모두 사용하심으로 가축과 사람을 비교하신다. "외식하는 자들아"란 말은 회당장만이 아니라 이러한 사고를 지닌 모든 유대인을 향한 것이다(참고. 12:1, 56). 예수님은 유대인들이 율법의 정신을 모르고 문자에만 얽매여 있는 것을 안타까워하신다. 그들은 열여덟 해 동안 엄청난 고통을 겪고 있던 여인에 대해서 아무런 관심과 연민이 없다. 오로지 안식일 규정만을 내세워서 비난할 뿐이다. 게다가 유대인들은 안식일 규정을 율법이 아니라 자신들의 전통에 근거해서 만들어 놓았다.

17절: 예수님의 말씀에 사람들의 반응은 나뉜다. 사람들이 부끄러워하는 것과 기뻐하는 것을 불신과 믿음으로 이해할 필요는 없다. 더욱이 부끄러워하는 사람들이 회개한 것도 아니다.

13:18-21 겨자씨와 누룩 비유

'겨자씨 비유'와 '누룩 비유'는 같은 주제를 다룬다. 하나님 나라가 처음에는 작으나 이후에는 크게 된다는 것이다. 예수님의 사역은 처음에 작지만 이후 크게 될 것이다. 제자 공동체의 규모도 마찬가지다. 처음에는 작으나 점점 커질 것이다.

18절: 예수님은 "하나님 나라"를 설명하시고자 하신다. 성경은 하나님 나라에 관한 이야기이다. "하나님 나라"는 다채롭고 다양하며 풍성하고 부요하다.

19절: 예수님은 하나님 나라를 "겨자씨 한 알"과 같다고 하신다. "겨자씨"는 매우 작은 씨앗이지만, 나중에 크게 자라서 나무가 되어 공중의 새들이 그 가지에 깃든다. 이는 복음이 지금은 영향력이 크지 않은 것처럼 보이지만, 나중에 엄청나게 커질 것을 예고한다.

20절: 이 구절은 18절과 같다.

21절: 예수님은 하나님 나라를 "누룩"과 같다고 하신다. "누룩"은 작은 것이지만, 크게 부풀어서 많은 양의 빵을 만들게 한다. 마찬가지로 하나님 나라는 지금 작지만, 장차 거대해질 것이다. 따라서 제자들은 원대한 꿈을 가지고 하나님 나라의 복음을 전파해야 한다.

13:22-30 좁은 문으로 들어가기를 힘쓰라

지금 예수님은 예루살렘으로 올라가시는 중이다. 이 여정은 9:51에서 시작되었는데, 13:21에서 1차 여정이 마무리되었다. 이제 2차 여정은 13:22에서 시작되어 17:10까지 이어진다. 그리고 3차 여정은 17:11에서 시작되어 19:27까지 이어진다. 예수님은 19:28에서 마침내 예루살렘에 입성하신다. 이 단락에서 예수님은 여러 비유로 말씀하신다.

22절: 예수님은 예루살렘을 향하여 조금씩 나아가고 계신다. 누가는 미완료형 단어를 사용하여 예수님이 목적지를 향해서 계속 나아가고 계신다는 사실을 알린다.

23절: 유대인들은 구원받기 위해서 선행을 많이 해야 한다고 믿었다. 따라서 그들은 구원받는 사람이 많지 않을 것이라고 생각했다.

24절: 예수님은 그의 질문에 직접 대답하지 않으시고 "좁은 문으로 들어가기를 힘쓰라"라고 하신다(참고. 마 7:14). 구원은 우리의 노력으로 얻어지는 것이 아니다. 오직 주님을 믿음으로 구원받는다. 믿는 사람은 좁은 문으로 들어가기를 힘쓰지만, 믿지 않는 사람은 좁은 문으로 들어가려고 하지 않는다. 따라서 이 말씀은 믿음으로 구원받는다는 교리와 어긋나지 않는다. "들어가기를 구하여도 못하는 자가 많으리라"라는 말은 인간이 태생적으로 죄 가운데 있어서 좁은 문으로 들어가려고 하더라도 막상 들어가지 않는 자가 많다는 뜻이다. 따라서 요시는 모든 사람이 구원받는 것이 아니라 오직 하나님이 선택하신 사람만 구원받을 수 있다는 것이다.

25절: 예수님은 구원받지 못할 자가 많다는 사실을 가르치시기 위해서 "집주인" 비유를 말씀하신다. 여기서 집주인은 예수님을 가리킨다. 집주인과 함께 있다가 떠난 자들은 다시 돌아오려고 해도 집에 들어올 수 없다. 집주인은 그들을 알지 못한다고 선을 긋는다(참고. 마 7:21-23; 25:41-45). 그들은 구원의 기회를 박탈당한다.

26절: 그들은 집주인을 향해서 "우리는 주 앞에서 먹고 마셨으며 주는 또한 우리를 길거리에서 가르치셨나이다"라고 할 것이다.

27절: 그러나 집주인은 그들을 알지 못한다고 하면서 "행악하는 모든 자들아 나를 떠나가라"고 단호하게 말할 것이다. 이는 예수님과 함께 식사하고 가르침을 받는 것 자체가 구원을 보장하는 것이 아니라는 뜻이다. 예수님을 진심으로 받아들이고 믿을 때 구원받을 수 있다.

28절: 28-30절에서 예수님은 유대인의 쫓겨남과 이방인의 구원을 말한다. "아브라함과 이삭과 야곱과 모든 선지자"는 하나님의 말씀을 따르고 전파한 사람들과 더불어 그들이 전해준 말씀을 듣고 믿은 사람들을 가리킨다. 이들은 하나님 나라에 있다. "슬피 울며 이를 갈리라"라는 표현은 마태복음에 자주 나오는데, 지옥 형벌을 의미한다(참고. 마 8:12; 13:42, 50; 22:13; 24:51; 25:30). 말씀을 믿지 않는 자들은 지옥에서 영원히 고통당할 것이다.

29절: "사람들이 동서남북으로부터 와서 하나님의 나라 잔치에 참여하리니"라는 말은 이방인들이 하나님 나라에 들어가서 즐거움을 누릴 것이라는 뜻이다. 이것은 시편 107:3의 "동서남북 각 지방에서부터 모으셨도다"를 배경으로 한다. 구약성경은 이방인들도 구원받을 것을 증언했다(참고. 사 66:18-19; 말 1:11).

30절: "나중 된 자"는 이방인인데, 그들 가운데 "먼저 될 자"(믿는 자)도 있다. "먼저 된 자"는 유대인인데, 그들 가운데 "나중 될 자"(믿지 않는 자)도 있다. 이방인이나 유대인이나 가리지 않고 구원받을 수 있다. 인종과 민족에 따라 구원에 차별이 있는 것은 전혀 아니다(참고. 행 10:34-35; 15:9; 롬 3:22; 10:12; 골 3:11).

13:31-35 예루살렘을 향한 탄식

31-33절은 헤롯 안티파스의 흉계에 대한 예수님의 입장이고, 34-35절은 예루살렘을 향한 예수님의 탄식이다.

31절: 어떤 바리새인들이 예수님께 헤롯의 음모를 알려준다. 여기서 헤롯은 헤롯 안티파스이다(참고. 3:1; 마 14:1). 그는 갈릴리를 다스렸다. 따라서 예수님이 현재 갈릴리에 계신다는 것을 알 수 있다. 헤롯은 이미 세례 요한을 죽였기에(참고. 3:19-20; 9:9; 마 14:1-2), 다른 선지자들도 죽일 수 있다. 그는 예수님에 대해서 시기하여 죽이려고 했을 것이다. 당시 모든 바리새인이 예수님을 적대적으로 대한 것은 아니다. 어떤 바리새인들은 예수님을 호의적으로 대했다. 그들은 예수님의 안위를 염려하여 이렇게 말한다. 그런데 일부 학자들은 해석을 다르게 한다. 그들은 예수님이 갈릴리에서 명성을 크게 얻자, 이를 시기한 일부 바리새인들이 자신들의 지위를 지키고자 예수님에게 겁을 주어서 갈릴리를 떠나게 하려 한 것이라고 주장한다.

32절: 예수님은 헤롯 안티파스를 "여우"라고 하신다. 여우는 교활한 짐승을 대표한다. 귀신을 쫓아내며 병을 고치는 것은 예수님의 사역이다. 따라서 지금 예수님은 자신이 하셔야 할 일을 하신다. "제삼일에는 완전하여지리라"라는 말은 예수님이 십자가에서 죽으신 후 제삼일에 살아나심으로 사역을 완성하실 것이라는 뜻이다. 그러므로 지금 헤롯 안티파스가 예수님을 죽이려고 하겠지만, 예수님이 사역을 완성하시기 전에는 죽일 수 없다.

33절: "오늘과 내일과 모레는 내가 갈 길을 가야 하리니"라는 말은 예수님이 지금 하셔야 할 일을 하시겠다는 뜻이다. "선지자가 예루살렘 밖에서는 죽는 법이 없느니라"라는 말은 예루살렘 밖에서 죽은 선지자가 없다는 뜻이 아니다. 이스라엘 역사를 살펴보면 예루살렘 밖에서 죽은 선지자가 분명히 있었다(참고. 대하 24:20-21; 렘 26:20-23; 38:4-6). 이 말씀은 예수님이 예루살렘에서 죽으실 것을 의미한다. 예루살렘은 헤롯 안티파스가 다스리는 지역이 아니다. 따라서 예수님은 헤롯 안티파스에 의해서 죽임을 당하지 않으실 것이다.

34절: 예수님은 "예루살렘"을 두 번 부르시면서 안타까움을 드러내신다. 여기서 "예루살렘"은 예루살렘 도시가 아니라 이스라엘 전체를 가리킨다. "선지자들을 죽이고 네게 파송된 자들을 돌로 치는 자여"에서 "죽이고"('아포크테이누사')와 "돌로 치는"('리도볼루사')은 현재형이다. 이는 그들이 오랫동안 그렇게 해왔고 지금도 그렇게 하고 있음을 암시한다. 그들은 과거에 선지자를 죽였는데, 얼마 후 예수님을 죽일 것이며, 이후 사도들도 죽일 것이다. "암탉이 제 새끼를 날개 아래에 모음 같이"라는 말은 어미가 새끼를 보호하는 행동이다. "내가 너희의 자녀를 모으려 한 일이 몇 번이냐"라는 말은 예수님이 이들을 많이 사랑하셨다는 뜻이다. "그러나 너희가 원하지 아니하였도다"라는 말은 그들이 예수님의 사랑과 관심을 거부했다는 뜻이다.

35절: "너희 집이 황폐하여 버린 바 되리라"라는 말은 예루살렘 멸망을 의미한다(참고. 렘 12:7; 22:5). 이 예언은 주후 70년 예루살렘이 실제로 멸망함으로 성취된다(참고. 19:42-44; 21:6). "너희가 주의 이름으로 오시는 이를 찬송하리로다 할 때까지는 나를 보지 못하리라"라는 말씀은 예수님을 일정 기간 보지 못할 것이라는 뜻이다. 즉 예수님이 이 땅에 다시 오시기 전까지 보지 못할 것이라는 뜻이다.

• 토론과 나눔 •

1. 유대인들은 고난의 원인을 무엇이라고 보았습니까? 그들의 견해는 옳은가요?

2. 유대인들이 예수님께서 안식일에 사람을 고치신 것을 비난한 이유는 무엇인가요?

3. 겨자씨 비유와 누룩 비유가 주는 교훈은 무엇인가요?

4. 30절의 "나중 된 자"와 "먼저 될 자"는 각각 누구를 가리키나요?

5. 34절의 "내가 너희의 자녀를 모으려 한 일이 몇 번이냐"라는 말씀은 무슨 뜻인가요?

• 핵심과 실천 •

주님의 제자는 죄를 회개해야 하며, 열매를 맺어야 하고, 외식하지 말아야 하며, 교회 공동체의 확장에 대한 꿈을 가져야 하고, 좁은 문으로 들어가기를 힘써야 합니다. 따라서 제자의 삶은 쉽지 않고 평탄하지도 않습니다. 그러나 이것은 중요하며 값어치 있습니다. 제자 공동체는 반드시 확장될 것입니다. 왜냐하면, 공동체 안에 생명이 있기 때문입니다.

14장

누가복음 14장 앞부분에는 식사 자리에서 일어난 에피소드와 관련 교훈이 기록되어 있다(1-24절). 누가복음에는 식사하는 상황이 자주 나온다(참고. 5:29; 7:36; 9:16; 10:38; 11:37; 22:14; 24:30). 이 장 뒷부분에는 제자가 갖추어야 할 자질이 제시되어 있다(25-35절).

LUKE

14:1-6 수종병 든 사람을 고치심

예수님은 안식일에 병을 고쳐주시면서 교훈을 주신다.

1절: 예수님은 다양한 부류의 사람들과 교제하신다. 즉 세리, 죄인, 창녀, 바리새인을 비롯한 유대의 종교 지도자들 등과 어울리신다. 예수님은 그들과 함께하시면서 복음을 가르치신다. "안식일에"라는 문구는 6:6-11과 13:10-17에서 일어난 에피소드를 생각나게 한다. "바리새인 지도자"는 산헤드린 회원(공회원)이거나 명망 있는 바리새인일 것이다. '떡을 잡수신다'라는 말은 '음식을 드신다'라는 뜻이다. 안식일에 회당에서 강론한 사람이 예배를 마친 후 '안식일 식사'(Sabbath meal)에 초대받는 일은 종종 있었다. 5:1에서도 한 바리새인이 예수님께 자기와 함께 음식 잡수시기를 청했다. 바리새인 가운데는 예수님에 대해서 호의적인 생각을 가진 이들도 있었다. "그들이 엿보고 있더라"라는 말에서 알 수 있는 것은 식사 자리에 바리새인들이 여럿 있었다는 점이다. 그들은 예수님이 어떻게 말씀하시고 행동하시는지를 유심히 지켜본다. 즉 예수님에게 어떤 흠이 없는지를 찾고자 한다(참고. 6:7; 11:53-54; 20:20). 그러나 식사 자리를 마련한 "바리새인 지도자"도 이런 목적을 가지고 있었는지는 알 수 없다.

2절: 예수님 앞에 수종병 든 한 사람이 있다. "수종병"(dropsy)은 신체 여러 부위에 물이 고여서 부어오르는 병(부종)이다. 이 사람이 어쩌다 거기 있었는지 아니면 바리새인들이 예수님을 시험하려고 일부러 그를 데려다 놓았는지 본문은 말하지 않는다. 후자일 가능성이 높다.

3절: 예수님이 율법교사들과 바리새인들에게 물어보신다. "안식일에 병 고쳐주는 것이 합당하냐 아니하냐" 예수님은 안식일에 사람의 병을 고쳐주셨을 때 유대인들이 반발한 것을 염두에 두시면서 이렇게 물으신다(참고. 6:9; 13:15-16; 마 12:10).

4절: 그들은 아무 말을 하지 않는다. 이는 예수님의 질문에 어떻게 대답해야 할지를 모르기 때문이다. 예수님은 수종병 든 사람을 고치신다. 바리새인들이 자신을 옭아매려고 하는 의도를 알고 계셨으나 개의치 않으시고 질병으로 큰 고통을 겪고 있는 사람을 치유하신다. 이는 인간을 향한 예수님의 사랑과 자비에 기인한다.

5절: 예수님이 율법교사들과 바리새인들에게 다시 물어보신다(참고. 신 22:4). 여기에 '더더구나' 논증이 나온다. 예수님은 당시의 관행을 가지고 질문을 던지신다. 유대인들은 아들이나 소가 우물에 빠지면 안식일에라도 끌어냈다. 따라서 이 질문에 내재된 주장은 '자기 아들의 생명이 소중하다면 다른 사람의 생명도 마찬가지로 소중하고, 안식일에 가축의 생명을 구한다면 가축보다 훨씬 중요한 사람을 고치는 것은 당연하다'라는 것이다(참고. 마 12:11-12).

6절: 누가는 유대 종교 지도자들의 반응을 "그들이 이에 대하여 대답하지 못하니라"고 기록한다. 그들은 예수님의 말씀이 옳았기에 아무런 말을 하지 못한다. 즉 예수님의 말씀과 행위를 비난하지 못한다. 그렇지만 그들은 예수님을 따르지 않는다. 그들은 여전히 완고하다. 자신들의 생각이 잘못되었음을 알았으나 바꾸려고 하지 않는다.

14:7–11 끝자리에 앉아라

앞 단락(1-6절)에서 예수님은 사랑을 실천해야 한다고 말씀하셨다. 이제 이 단락에서는 겸손해야 한다고 가르치신다. 예수님은 비유로 말씀하신다. 비유의 배경은 잠언 25:6-7이다.

7절: "높은 자리"('포로토클리시아')는 만찬을 베푼 주인의 옆자리이다. "택함"('엑셀레곤토')은 헬라어에서 미완료 중간태 복수형으로 되어 있어서 사람들이 스스로 높은 자리를 차지하려고 했음을 암시한다. 높은 자리에 앉으려는 것은 인간의 본성이다.

8-10절: 비유의 내용과 의도는 명확하다. 혼인 잔치에 초청받았을 때 높은 자리에 앉지 않는 것이 좋다. 그렇지 않으면 나중에 더 높은 사람이 왔을 때 자리를 내주게 되어서 부끄러워 끝자리로 가게 된다. 따라서 초청받았을 때 차라리 끝자리에 앉는 것이 좋다. 그렇게 하면 초청한 사람이 올라앉으라고 할 것이며, 그렇게 함으로 다른 사람들 앞에서 영광을 얻을 것이다.

11절: 비유의 결론이다. "낮아지고"와 "높아지리라"는 신적 수동태(divine passive)이다. 이는 하나님에 의해서 시행되는 일이다. 자기를 높이는 자들, 곧 교만한 자들은 부끄러움을 당할 것이고, 자기를 낮추는 자들, 곧 겸손한 자들은 영광을 얻을 것이다(참고. 18:14; 마 23:12).

14:12–14 가난한 자들을 초청하라

1-6절에서 예수님은 사랑을 실천해야 한다고 하셨고, 7-11절에서 겸손

해야 한다고 하셨다. 이제 이 단락에서 예수님은 적극적으로 사랑을 실천해야 한다고 촉구하신다.

12절: 예수님은 자신을 식사 자리에 초청한 자, 곧 바리새인의 지도자에게 말씀하신다. 예수님은 그에게 점심이나 저녁을 베풀거든 친구나 형제나 친척이나 부유한 이웃을 청하지 말라고 하신다. "청하지 말라"라는 말은 셈어적 표현(Semitic idiom)이다. 이것은 26절에도 나온다. 이 말은 아예 청하지 말라는 뜻이 아니라 덜 청하라는 뜻이다. 곧 친구나 형제나 친척이나 부유한 이웃을 청하는 것을 하지 말라는 것이 아니라, 이들을 청하는 것이 하늘의 상을 받을 만한 일이 아니라는 것이다. 예수님은 "두렵건대 그 사람들이 너를 도로 청하여 네게 갚음이 될까 하노라"고 하신다. 이 말씀의 의미는 이어지는 구절들에서 드러난다. 그 사람들이 도로 갚아주기(보상) 때문에 하나님의 갚아주심(보상)이 없을 것이다(참고. 마 6:2).

13절: 예수님은 잔치를 베풀거든 차라리 가난한 자들과 몸 불편한 자들과 저는 자들과 맹인들을 청하라고 하신다. 그들은 사회에서 소외된 자들이다(21절에 다시 나옴).

14절: "의인들의 부활 시"는 '마지막 날'을 가리킨다. "갚음을 받겠음이라"는 신적 수동태(divine passive)이다. 이는 마지막 날에 하나님이 갚아 주신다는 뜻이다(종말론적인 보상). 자기 친척이나 부자 이웃들을 초청하여 돈을 써 버리면 가난한 자들을 위해서 사용할 돈이 없어진다. 하나님이 우리에게 주신 돈에는 가난한 자들을 위한 구제비가 포함되어 있다. 그러므로 우리가 그것을 무책임하게 사용해서는 안 된다. 잠언 19:17는 다음과 같이 말한다. "가난한 자를 불쌍히 여기는 것은 여호와께 꾸어 드리는 것이니 그의 선행을 그에게 갚아주시리라."

14:15-24 큰 잔치 비유

예수님은 여전히 바리새인 지도자의 집에서 식사하고 계신다(참고. 1절).

15절: 함께 음식을 먹는 사람 중 하나가 "무릇 하나님의 나라에서 떡을 먹는 자는 복되도다"라고 말한다. 그는 대화 주제를 가벼운 것으로 옮겨보려고 이렇게 말했을 것이다. 아마도 14절에서 예수님이 "의인들의 부활"을 언급하시자, 그것을 모티프로 삼아서 말했을 것이다. 유대인들은 자신들만 하나님 나라에 들어갈 수 있다고 생각했다. "떡을 먹는" 것은 음식을 먹는 것(참고. 14:1), 곧 하나님이 메시아를 통해서 베푸시는 잔치에 참여하는 것을 의미한다. 그러나 이어지는 비유에서 예수님은 이방인들도 하나님 나라의 잔치에 참여할 수 있다고 하신다.

16절: 예수님께서 비유로 말씀하신다. 어떤 사람이 큰 잔치를 베풀고 많은 사람을 청했다.

17절: 당시 잔치 초청에는 두 단계가 있었다. 첫 번째 단계는 초청 예약으로 잔치 계획이 세워지면 초청 대상자에게 통보했다. 두 번째 단계는 실제 초청으로 잔치를 시작할 때가 되면 초청 대상자에게 참여하라고 알렸다. 따라서 여기서는 초청의 두 번째 단계이다. 이제 잔치가 시작되어서 종들이 잔치에 참여하기로 결정된 사람들에게 참여하라고 통고한다.

18-20절: 초청받은 사람들은 모두 사양한다. 이것은 당시에 실제로 일어나지 않는 일이었으나, 예수님은 교훈을 주시기 위해서 일어나지 않는 상황을 가정하신다. 잔치에 오기로 약속되어 있었는데, 잔치할 시각이 되어서 알리니 오지 않겠다고 하는 것은 잔치를 무시하는 행동이었다. 그들은 유대인들이다. 그들은 구약성경을 통하여 메시아 잔치를 미리 통고받았으나 메시아가 베푼 잔치에 참여하지 않는다. "소 다섯 겨리"('five yoke of oxen')는 '하나의 멍에에 묶여 있는 두 마리의 소'로서 모두 열 마리이다. '밭과 소와

장가'는 당시에 일어나는 일상이다. 그러나 이것은 모두 급한 일이 아니다. 밭을 산 것이나 소를 사들인 것이나 금방 장가든 것은 잔치 참여를 거부할 만한 사유가 되지 않는다. 따라서 그들의 사유는 합당하지 않다.

21절: "가난한 자들", "몸 불편한 자들", "맹인들", "저는 자들"은 13절의 "잔치를 베풀거든 차라리 가난한 자들과 몸 불편한 자들과 저는 자들과 맹인들을 청하라"라는 말씀과 연관된다. 바리새인들은 이들을 부정하게 여기고 정죄했다(참고. 5:29-30; 15:1). 따라서 바리새인들은 이들이 잔치에 초청받을 것이라고 예상하지 못했다.

22절: 하나님의 집은 크고 넓다. 따라서 많은 사람이 그 집에 들어올 수 있다.

23절: "길과 산울타리 가"에 있는 사람들은 도시 밖의 사람들, 곧 유대인 공동체 밖의 사람들이다. 이들은 이방인들이다. "강권하여 데려다가 내 집을 채우라"라는 말은 강압이 아니라 간곡한 설득이다. 전도할 때 무례하게 해서는 안 된다.

24절: 주인은 단호하게 말한다. 주후 70년에 예루살렘이 멸망함으로 이 말이 성취된다. 예수님께서 하시려는 교훈은 다음과 같다. 유대인들이 하나님의 잔치에 참여하기를 거부하므로 이방인들이 그 자리에 채워진다. 부자들과 기득권층이 오지 않으므로 가난한 자들과 병든 자들이 초청받는다. 그리하여 인간의 불순종과 거부에도 불구하고 하나님의 뜻이 이루어진다.

14:25-35 제자의 자질

예수님은 식사 자리를 떠나서 길을 가신다. 이때 많은 사람이 예수님을 따른다. 예수님은 길을 가시는 중에 제자가 갖추어야 할 자질을 말씀하신다. 26-27절에서 예수님은 제자가 되려는 사람이 예수님을 최우선 순위에 두어야 한다고 말씀하시고, 28-32절에서는 두 개의 비유를 통해 제자가 되려는 사람이 신중히 생각하고 결단해야 한다고 가르치신다.

25절: 예수님은 9:51 이하에서부터 예루살렘을 향해 가시는 중이다. 이때 제자들만 예수님을 따르는 것이 아니다. 수많은 사람이 예수님을 따르고 있다. 이들 중에는 예수님이 전하시는 말씀에 감동한 자들이 있었을 것이다. 예수님이 행하시는 이적을 체험하고 싶은 자들도 있었을 것이다. 심지어 유대의 종교 지도자들이 보낸 첩자들도 있었을 것이다.

26-27절: 예수님은 제자가 갖추어야 할 자질을 말씀하신다. 그것은 가족과 자신을 미워해야 한다는 것과 자기 십자가를 져야 한다는 것이다(참고. 9:23). 예수님은 33절에서도 제자가 되려면 자기 소유를 버려야 한다고 하신다. 여기서 '미워한다'라는 말은 문자적으로 '미워한다'라는 뜻이 아니라 '덜 사랑한다'라는 뜻이다. 이것은 셈어적 표현이다(12절과 같음; 참고. 창 29:30-31; 신 21:15-17; 마 6:24, 10:37; 요 12:25). 성경은 분명히 가족을 사랑하고 돌보아야 한다고 말한다(제5계명). 다만 제자는 예수님을 최우선순위에 두어야 한다. 십자가를 지고 가는 것은 죽으러 가는 것이다. 제자는 죽음을 각오하고 주님을 따라야 한다.

28-32절: 예수님은 두 개의 비유를 통해서 제자가 되려고 하는 자들이 신중히 생각해야 한다고 당부하신다. 28-30절은 건축 비유다. 망대를 세우고자 할 때는 비용을 계산해 보아야 한다. 이와 마찬가지로 주님의 제자가 되고자 하는 사람은 자신이 앞으로 어떤 대가를 치러야 하는지를 알고 결단해야 한다. 31-32절은 전쟁 비유다. 비유의 요지는 상대를 이기지 못할 것 같으면 사신을 보내어 화친을 청해야 한다는 것이다. 주님의 제자가 되고자 하는 사람을 마귀는 그냥 내버려 두지 않는다. 따라서 제자는 강하고 지혜로워야 한다.

33절: "자기의 모든 소유"에는 재산과 명예와 심지어 가족도 포함되어 있다.

34-35절: 예수님은 '소금'을 소재로 말씀하신다(참고. 마 5:13; 막 9:50). 주님을 따르지만, 내실이 없는 사람은 쓸모가 없다. 제자는 훈련을 많이 받아서 잘 갖추어져야 한다. 그런 사람이 주님의 일에 사용될 수 있다.

• 토론과 나눔 •

1. 예수님은 식사 자리에서 어디에 앉으라고 하셨나요(8-10절)?

2. 예수님은 잔치 자리에 어떤 사람을 초청하라고 말씀하시나요(13절)?

3. 예수님 당시 유대 사회의 잔치 초청 절차를 설명해 보십시오(17절).

4. 잔치 초청을 거절한 사람들은 어떻게 되나요? 당시 거절한 자들은 누구를 가리키나요?

5. 예수님은 제자가 되려는 사람이 신중히 생각하고 결단해야 한다고 가르치시기 위해서 어떤 비유를 사용하시나요(28-32절)?

• 핵심과 실천 •

주님이 부르시는 자리에는 반드시 나아가야 합니다. 그것은 주님이 마련하신 하늘의 잔치 자리입니다. 그 자리에 나아가기를 거절하면 큰 형벌을 받습니다. 주님은 다른 사람으로 그 자리를 메꾸실 것입니다. 우리는 복음을 전함으로 하늘의 잔치에 초청하는 일을 부지런히 해야 합니다. 그것이 그 사람을 살리는 길입니다. 이를 위해서 복음을 전할 뿐 아니라 사랑을 베풀어야 하며 친절히 대해야 합니다. 내가 전도하며 사랑을 베풀어야 할 대상은 누군가요? 이를 어떻게 할 수 있을까요?

15장

누가복음 15장에는 세 개의 비유가 나온다. 그것은 잃어버린 양 비유(3-7절), 잃어버린 드라크마 비유(8-10절), 그리고 잃어버린 아들 비유(11-32절)이다. 이 비유들은 같은 주제를 다루지만, 강조점에 약간의 차이가 있다. 이 비유들은 죄인이 하나님께 돌아오는 일을 말한다.

LUKE

15:1-2 비유의 배경

1절: 세리들과 죄인들이 말씀을 들으러 예수님께 나아온다. 다양한 부류의 사람들이 예수님께 나아갔으며, 예수님은 사람들을 차별하지 않고 맞이하셨다. "모든 세리와 죄인들"에서 "모든"은 과장법이다. 이것은 '많은'을 뜻한다. 누가복음에서 '세리'와 '죄인'은 같은 카테고리로 묶이는데(참고. 5:30; 7:34; 19:7), 이들은 바리새인들이 보기에 부정한 자들이다. "가까이 나아오니"는 현재 분사형이다. 이는 사람들이 계속해서 예수님께 가까이 나아오는 것을 의미한다.

2절: 바리새인들과 서기관들은 예수님이 죄인을 영접하고 음식을 같이 먹는다고 수군거린다. 복음서에서 바리새인들과 서기관들은 자주 함께 등장한다(참고. 5:21, 30; 6:7; 7:30; 11:53; 14:3). "이 사람이"는 예수님을 경멸하는 표현이다. "수군거려"란 비방을 뜻한다(참고. 5:30; 19:7). "죄인을 영접하고 음식을 같이 먹는다"라는 말은 예수님이 부정하다고 취급된 자들과 함께하신 것을 가리킨다. 주후 1세기 지중해 연안 국가에서는 음식을 같이 먹는 것을 신분이 같아지는 일로 여겼다. 따라서 어떤 사람과 함께 식사하느냐는 중요한 사안이었다. 즉 죄인과 함께 음식을 먹는 것은 죄인이 되는 것이었다. 한편, 5:27-32에 이와 같은 일이 이미 있었다. 바리새인들과 서기관들은 예수님께서 세리 레위의 집에서 식사하실 때 비방했다.

15:3-7 잃어버린 양 비유

첫 번째 비유이다. 성경에는 양과 목자를 소재로 삼아서 이야기를 전개하는 경우가 종종 나온다(참고. 시 23:1-4; 겔 34:11-16). 예수님은 요한복음 10장에서도 이런 소재를 사용하셨다.

3절: 예수님이 비유를 말씀하신다. 비유를 듣는 대상은 바리새인들과 서기관들이다.

4-6절: "어떤 사람"은 예수님을 가리킨다. "양 백 마리"는 예수님께 속한 사람들을 상징한다. 그들은 구원받기로 예정된 사람들이다. 그들 가운데는 구원이 이루어진 사람도 있고, 구원이 이루어져야 할 사람도 있다. "어깨에 메고"란 표현은 양을 향한 목자의 사랑을 보여준다. 양이 길을 잃어서 탈진했기에 목자가 어깨에 메고 온다. 목자는 양을 찾은 것이 즐거워서 자기 집에 친구와 이웃을 불러 모으고 잔치를 벌인다. 그런데 이 이야기를 읽다 보면 의문이 생긴다. 목자가 잃어버린 양 한 마리를 찾으러 가버리면 나머지 양 아흔아홉 마리는 누가 관리한다는 말인가? 하지만 이것은 비유이기에 그런 점에 대해서 신경 쓸 필요가 없다. 비유는 하나의 초점(one main point)을 지니며, 세세한 일까지 논리 정연하게 설명하지 않는다.

7절: 비유의 결론이다. 누가복음에서 '회개'는 매우 중요한 주제이다. 누가복음-사도행전에서 이 단어는 동사형('메타노에오')으로 14번 나오고, 명

사형('메타노이아')으로 11번 나온다. "회개할 것 없는 의인 아흔아홉"이란 이미 구원이 이루어진 사람들을 가리킨다. 그들은 이미 영화롭게 된 사람들이다. 이 비유에 담긴 예수님의 마음을 읽는 것이 중요하다. 목자의 행동은 예수님의 즐거움, 곧 하나님의 기쁨을 반영한다. 주님의 마음: 1) 예수님은 잃어버린 사람을 애타게 찾으신다. 2) 예수님은 잃어버린 사람을 찾아서 어깨에 메신다. 3) 예수님은 잃어버린 사람을 찾아서 너무나 기뻐하신다. 4) 예수님은 잃어버린 사람을 찾아서 잔치를 여신다. 5) 잃어버린 사람이 회개하면 하늘에서 큰 기쁨이 있다(하나님, 천사들, 성도들).

15:8-10 잃어버린 드라크마 비유

두 번째 비유이다. 이 비유는 잃어버린 양 비유와 같은 교훈을 담고 있다.

8절: 어떤 여자가 열 드라크마를 가지고 있었는데, 그중 하나를 잃으면 등불을 켜고 집을 쓸며 찾아내기까지 부지런히 찾을 것이다. '드라크마'의 가치는 데나리온과 같았던 것으로 추정된다. 이것은 노동자의 하루 품삯이다. 따라서 열 드라크마는 노동자의 열흘 품삯이다. "등불을 켜고 집을 쓸며"란 표현은 돈을 찾고자 하는 간절한 마음을 반영한다. 집을 쓰는 것은 샅샅이 찾는 것을 뜻한다. 만약 돈을 밤에 잃었거나 창문이 없다면 이렇게 찾아야 한다.

9절: 여자는 드라크마를 찾은 후 친구와 이웃을 불러 모아서 즐기자고 말할 것이다.

10절: 비유의 결론이다. "하나님의 사자들"은 천사들을 가리킨다.

15:11-32 잃어버린 아들 비유

세 번째 비유이다. 이 비유는 세 개의 비유 중 가장 길다. 예수님은 비유로 말씀하실 뿐이며 비유가 상징하는 인물들에게 직접적으로 권고하지 않으신다. 그리고 누가는 예수님의 말씀에 대한 사람들의 반응을 기록하지 않는다. 사람들이 보여야 할 반응은 회개와 돌이킴이다.

11절: 이 구절은 서론이다. 어떤 아버지에게 두 아들이 있었다. 이 비유의 인물 유비는 다음과 같다. 아버지는 하나님이고, 첫째 아들은 유대 종교 지도자들이며, 둘째 아들은 유대인 가운데서 죄인 취급을 받는 자들(이방인들 포함)이다.

12절: 12-24절은 둘째 아들과 아버지 사이에서 일어난 이야기이다. 둘째 아들은 아버지에게 재산 중에서 자신에게 돌아올 분깃을 달라고 요구한다. 아버지가 죽기 전에 아들이 재산을 달라고 하는 일은 없었다. 따라서 이 아들은 아버지가 죽기를 바라는 마음을 품고 있다. 이것은 아버지를 심각하게 모독하는 일이다. 유대의 유산 상속 규례에 따르면, 장자가 두 배를 받았다(참고. 신 21:17). 따라서 아들이 두 명일 경우, 첫째는 2/3를 받았고, 둘째는 1/3을 받았다. 둘째 아들이 요청함에 따라 아버지는 살림을 각각 나눠 준다. 아버지는 매우 자애롭다.

13절: "다 모아 가지고"란 표현은 재산을 현금(돈)으로 바꾸었음을 암시한다. 재산에는 토지와 가축 등이 포함되어 있었을 것이나, 아버지에게서 유산을 받았더라도 아버지가 살아 있는 동안에는 재산을 처분하지 않았다. 이게 최소한의 도리였다. 따라서 아들은 악랄하고 방탕하다.

14절: 둘째 아들이 재산을 다 없앤 후 그 나라에 크게 흉년이 들어 궁핍해졌다.

15절: 둘째 아들은 이방인 밑에서 돼지를 치는 일을 했다. 돼지는 부정한 짐승이다(참고. 레 11:7; 신 14:8). 따라서 그는 부정한 땅에서 부정한 사람 밑에서 부정한 짐승을 쳤다.

16절: 쥐엄 열매는 들이나 산에 있는 단단한 야생 콩으로 주로 돼지가 먹었다. 가난한 사람들도 먹을 것이 전혀 없을 때 간혹 먹기는 했으나 소화가 잘 안되었다. "주는 자가 없는지라"란 말은 도와주는 사람이 없다는 뜻이다. 돈을 잃으면 사람도 잃는 경우가 많다. 더욱이 악한 사람 주변에는 돈 때문에 사람이 있을 뿐이지 사람 자체를 좋아해서 모이는 경우가 별로 없다.

17절: 둘째 아들은 형편이 심각해지자 스스로 돌이켜서 아버지 집의 풍족함을 그리워한다.

18-19절: "하늘과 아버지께 죄를 지었사오니"란 하나님 아버지께도 죄를 지었고, 육신의 아버지에게도 죄를 지었다는 뜻이다. 사실, 육신의 아버지를 무시하는 것은 하나님 아버지를 무시하는 것이다. 이것은 제5계명을 위반하는 것이다(참고. 출 20:12).

20절: 둘째 아들이 아버지에게 돌아온다. 이것은 회개이다. 회개는 행동을 포함한다. 아직도 거리가 먼데 아버지는 둘째 아들을 보고 측은히 여겨 달려가 목을 안고 입을 맞춘다. 아버지가 거리가 먼데도 아들을 알아보고 달려간 것은 집을 나간 아들이 돌아오는지를 항상 내다보고 있었음을 암시한다. "달려가"라는 표현을 주목해야 한다. 당시 나이가 든 사람, 특히 이 사람과 같은 부유한 지주에게 달리는 것은 점잖지 못한 행동으로 여겨졌다. 그러나 아버지는 아들이 돌아오는 것을 보면서 체면 같은 것을 던져 버린다. 이것은 하나님의 사랑을 상징한다.

21절: "하늘과 아버지께"라는 표현이 19절에 이어서 다시 나온다.

22절: 아버지는 아들의 말을 마저 듣지 않는다. 아버지는 지난날 일어났던 일을 일절 말하지 않는다. 이는 아버지가 아들을 이미 용서했음을 의미한다. 아버지는 제일 좋은 옷을 내어다가 입히고 손에 가락지를 끼우고 발에 신을 신기라고 종들에게 명령한다. 여기서 옷과 가락지와 신을 준 것은 아들을 극진히 맞이했다는 뜻이다. 제일 좋은 옷은 귀한 손님을 위해서 준비해 놓은 옷이다. 손에 가락지를 끼우는 것은 아버지의 권위를 아들에게 주는 것이다. 당시 신은 비쌌다. 그래서 종은 신을 신지 않았다. 따라서 신을 신긴 것은 종이 아니라 아들이라는 표시이다. 즉 아버지의 명령은 아들의 신분과 명예를 회복시켜 준 것을 시사한다.

23절: 아버지는 종들에게 살진 송아지를 끌어다가 잡으라고 명령한다. 지금도 그렇지만 당시에도 소는 굉장히 비쌌다. 큰 잔치가 있을 때나 귀한 손님이 왔을 때만 살진 송아지를 잡아서 먹었다(참고. 창 18:7-8; 암 6:4). "우리가 먹고 즐기자"라는 말은 아버지의 기쁨을 반영한다.

24절: 여기서 '죽었다'와 '잃었다'는 말은 비유적인 표현이다. 이것은 완전히 단절되었다가 다시 회복된 것을 상징한다. 이 단어들은 비유의 문맥에서 영적인 메시지를 가진다. 우리는 죄와 허물로 인하여 죽었다가 영원한 생명을 얻었다(참고. 엡 2:1).

25-27절: 25-32절은 첫째(맏) 아들과 아버지 사이에 일어난 이야기이다. 맏아들은 밭에 있다가 돌아와 집에 가까이 왔을 때 풍악과 춤추는 소리를 듣는다. 그는 종을 불러서 무슨 일이 일어났는지 묻는다. 종은 일어난 일을 알려준다.

28절: 맏아들이 노하여 잔치에 참석하려 하지 않자, 아버지가 나와서 권한다. 당시 문화에서 아버지가 아들에게 권하는 모습은 생경하다. 아들이 아버지를 모독하면 아들에게 큰 벌을 내리거나 심지어 죽일 수도 있는데(참고. 신 21:18-21), 아버지는 그러한 아들에게 들어가자고 다독인다. 아버지는 분노와 징계보다 용서와 사랑을 중요하게 여긴다.

29-30절: 맏아들이 아버지에게 불평한다. 이것은 아버지를 모독하는 것이다. "이 아들"이란 표현은 냉정하다. 그는 자기 동생을 '동생'이라 부르지 않고 "이 아들"이라고 부른다. 이것은 바리새인들이 가난하고 소외된 사람들을 형제로 여기지 않은 모습을 상징한다. "내가 여러 해 아버지를 섬겨

명을 어김이 없거늘"이란 표현은 맏아들이 아버지를 아버지로 대한 것이 아니라, 자신이 아버지를 섬겼다고 말함으로 주인으로 대했음을 드러낸다. 바리새인들은 하나님과 친밀한 교제(아버지와 아들)를 누리지 못하고 주종관계로 이해했다. 그들은 자신들을 의롭다고 여겼다. "염소 새끼라도 주어 나와 내 벗으로 즐기게 하신 일이 없더니"란 말은 바리새인들이 공로주의 혹은 보상주의에 빠져 있었음을 시사한다. 그들은 하나님을 아버지로 여긴 것이 아니라, 상 주는 대상으로 여겼다. 이것은 하나님에 대한 심각한 오해였다. 그런데 맏아들은 둘째 아들의 사정을 어떻게 알고 "아버지의 살림을 창녀들과 함께 삼켜 버린 이 아들"이라고 말했을까? 그것은 비유라는 장르에서 의미 없는 궁금증이다. 하여튼 맏아들은 아버지 집에 있으나 아버지를 공경하지 않았고 동생을 사랑하지도 않았다. 그는 오로지 자기를 위하여 자기 일을 할 뿐이었다. 이 맏아들은 바리새인을 상징한다. 바리새인들은 하나님을 진심으로 공경하지 않았고 죄인에 대한 사랑과 자비심을 가지고 있지 않았다. 그들은 편협하고 옹졸했다.

31절: 아버지가 맏아들에게 말한다. "얘"('테크논')라는 단어는 친근하고 자상한 표현이다. 이것은 아들을 향한 애정 어린 호소이다. "너는 항상 나와 함께 있으니 내 것이 다 네 것이로되"란 맏아들이 모든 것을 가지고 있다는 뜻이다. 그는 유산 가운데 자신의 몫을 분배받았다.

32절: 맏아들은 동생을 "이 아들"이라고 했으나, 아버지는 그를 "네 동생"으로 고쳐준다. 바리새인들은 가난한 자들, 소외된 자들, 부정한 자로 취급되는 자들, 이방인들을 형제로 대해야 한다. 그들을 하나님 나라에 함께 들어갈 자들로 여겨야 한다. "죽었다가 살아났으며 내가 잃었다가 얻었기로"란 24절에 이미 나왔다. 이것은 비유적인 표현으로 가족 관계가 단절되었다가 회복된 것을 의미한다. "우리가 즐거워하고 기뻐하는 것이 마땅하다"는 바리새인들이 소외된 사람들과 이방인들이 하나님께 돌아오는 것을 당연히 즐거워하고 기뻐해야 한다는 뜻이다. 이 비유에서 가장 눈여겨보아야 할 것은 아버지가 어떤 사람이냐는 것이다. 아들들을 향한 아버지의 마음은 우리를 향한 하나님의 마음을 대변한다. 아버지는 사랑이 풍부하다. 아버지는 둘째 아들이 돌아오기를 기다린다. 둘째 아들의 과거를 묻지 않고 용서해 준다. 둘째 아들이 돌아오자 너무나 즐거워하여 큰 잔치를 벌인다. 아버지는 첫째 아들도 사랑한다. 첫째 아들과 둘째 아들이 서로 사랑하고 화해하기를 소망한다. 첫째 아들이 둘째 아들이 돌아온 것을 함께 기뻐하고 잔치에 참여하기를 바란다. 하나님 아버지는 이런 마음을 품고 계신다.

• 토론과 나눔 •

1. 바리새인들과 서기관들이 예수님께서 죄인을 영접하고 음식을 같이 먹는다고 수군거린 이유는 무엇입니까?

2. 잃어버린 양을 찾은 목자의 기쁨은 어떻게 묘사되었나요(7절)?

3. 잃어버린 아들 비유에서 아버지와 첫째 아들과 둘째 아들은 각각 누구를 유비하나요?

4. 잃어버린 아들이 돌아왔을 때 아버지는 어떻게 대했나요?

5. 첫째 아들은 아버지와 둘째 아들에 대해 어떤 반응을 보이나요?

• 핵심과 실천 •

하나님은 잃어버린 자녀들이 돌아오기를 기다리십니다. 따라서 우리는 잃어버린 사람들을 찾기 위해서 노력해야 합니다. 믿지 않는 사랑하는 가족을 전도하기 위해서 노력해야 합니다. 친구와 지인을 전도하기 위해서 간절히 기도하며 애써야 합니다. 내가 받은 죄 사함과 구원의 기쁨이 그들에게도 있도록 최선을 다해야 합니다. 오늘날 소위 '가나안 교인'이 많습니다. 그들이 주일날 예배당에 나가서 예배드릴 수 있도록 배려하며 도와야 합니다.

16장

누가복음 16장은 재물에 관한 가르침을 담고 있다. 돈은 인간에게 매우 중요하다. 그래서인지 누가복음에는 '돈'과 관련된 이야기가 많다. 이 장은 비유로 시작하고(1-8절), 비유로 마친다(19-31절). 두 비유 다 '어떤 부자가 있었다'라는 문구로 시작된다.

LUKE

16:1-8 옳지 않은 청지기 비유

이 비유는 돈을 지혜롭게 사용해야 한다는 교훈을 준다.

1절: 어떤 부자에게 청지기가 있는데 그가 주인의 소유를 낭비한다는 말이 주인에게 들렸다. "청지기"(manager)는 주인의 재산을 관리하는 사람이다. 주인에게서 재산 관리에 대한 전권을 위임받는다. 따라서 아무나 청지기가 될 수 없다. 주인은 대단히 신뢰하는 사람을 청지기로 임명한다. 그러나 여기서 주인은 청지기가 재산을 낭비한다는 소식을 듣는다.

2절: 주인은 청지기를 해고하고자 한다.

3절: 청지기는 직위에서 해고된 후 무엇을 해야 할지 고민한다. '땅을 판다'는 말은 육체노동을 뜻하는데, 그는 지금껏 사무직을 했기에 힘이 없어서 이런 일을 할 수 없다. 또한, 부자의 재산을 관리하던 나름 높은 직위에 있었기에 자존심이 남아 있어서 구걸할 수도 없다.

4절: 청지기는 묘수를 생각해 낸다. "내가 할 일을 알았도다"라는 말은 갑

자기 생각이 번뜩한 것을 의미한다. "이렇게 하면 직분을 빼앗긴 후에"란 그가 아직 직분을 가지고 있었기에 직분을 활용하여 뭔가 대책을 세우려고 한다는 점을 암시한다. "사람들이 나를 자기 집으로 영접하리라"라는 말은 다른 사람의 집에 가서 일할 수 있을 것이라는 뜻이거나 다른 사람에게 신임을 얻어서 먹고 살 수 있는 길이 열릴 것이라는 뜻이다. 따라서 청지기는 머리가 좋은 사람이다. 그는 다른 사람에게 호의를 베풀어서 환심을 사려고 한다. 당시에는 '호혜주의'(the spirit of reciprocity)가 중요해서 누군가에게 호의를 베풀면 그 호의를 다시 갚아주었다.

5절: 청지기는 주인에게 빚진 사람을 일일이 불러서 얼마나 빚졌느냐고 물어본다.

6-7절: "기름 백 말"과 "밀 백 석"의 정확한 가치를 파악하기란 어렵다. 그러나 당시 기름(올리브유)은 때에 따라 소출이 불안정해서 이자율이 100%에 육박했다. 따라서 백 말을 오십 말로 감면해 준 것은 상당히 많은 이자를 감면해 준 것이다. 또한, 밀은 소출이 비교적 안정적이어서 이자율이 20-30%였다. 따라서 밀 백 석을 팔십 석으로 감면해 준 것도 이자 대부분을 감면해 준 것이다. 결국, 청지기는 빚진 사람들의 이자 대부분을 감면해 준 셈이다.

8a절: 예수님은 주인이 이 옳지 않은 청지기가 일을 지혜 있게 하였으므로 칭찬했다고 하신다. 여기서 "주인"은 하나님이 아니다. 비유에 등장하는 부자이다. 그러면 주인은 왜 청지기를 야단치지 않고 오히려 칭찬했을까? 그 이유는 다음과 같다.

첫째, 주인의 원금은 전혀 손실되지 않았기 때문이다. 청지기는 오로지 이자에 대해서만 탕감을 단행했다. 따라서 주인에게는 손해가 별로 발생하지 않았으며, 이에 주인이 분노할 이유가 없었다. 게다가 청지기가 해고되는 처지에 자기 재산을 늘리기 위해서가 아니라, 새로운 곳에 취직하기 위해서 그렇게 했음을 알았기에 그를 이해해 주었다.

둘째, 청지기가 사람들의 이자를 탕감해 줌으로 사람들은 주인이 이자를 받지 않는 선량한 사람이라고 생각했으며, 이는 이자를 금지하는 구약의 교훈(참고. 출 22:25; 레 25:36; 신 23:20)을 주인이 잘 실천하고 있다는 인식을 심어주었기 때문이다. 따라서 주인은 큰 손해를 보지 않고도 사람들에게 좋은 평판을 얻게 되었기에 청지기를 칭찬해 주었다.

셋째, 청지기가 사람들에게 감면해 준 빚 일부는 청지기 자신이 챙겨야 할 몫(수수료)이었기 때문이다. 청지기는 자기 몫을 포기하면서까지 사람들의 빚을 탕감해 주어서 미래를 준비했다. 즉 순간의 이익을 포기함으로 많은 것을 얻을 수 있다는 사실을 알고 있었다.

8b절: "이 세대의 아들들"은 세상 사람들이고, "빛의 아들들"은 하나님의 자녀들이다(참고. 1QS 1:9 이하; 1QM 1:1 이하). "자기 시대에 있어서는"이란 말은 '이 세상을 살아가는 면에서는'이라는 뜻이다. 세상 사람들은 세상에서 행동하고 처신하는 면에 있어서 하나님의 자녀들보다 더 지혜롭다. 그러므로 하나님의 자녀들도 돈을 지혜롭게 사용해야 한다.

16:9-15 재물에 관한 교훈

앞 단락(1-8절)에 이어서 돈에 관한 주제가 나온다. 예수님은 비유를 말씀하신 후 교훈을 주신다. 예수님은 돈을 사랑하거나 섬길 것이 아니라 잘 사용하라고 당부하신다.

9절: "불의의 재물"(ESV: "unrighteous wealth")이라는 표현은 재물을 얻는 과정에서 불의한 방식이 종종 사용되는 현실을 반영한다. 또한, 재물로 인해서 사람이 불의해지는 수가 있기에 이런 표현이 사용되었다. "친구를 사귀라"라는 말은 재물을 잘 사용하여 사람을 얻으라는 뜻이다. 재물을 통해서 높은 지위를 얻을 수 있고, 유력한 친분 관계를 이룰 수도 있다. "재물이 없어질 때"란 재물(일자리)을 잃어버려서 가난하게 될 때를 가리킨다. "영주할 처소로 영접하리라"라는 말은 4절의 "자기 집으로 영접하리라"와 같은 표현이다. 즉 다른 사람의 집에 가서 일할 수 있거나 아니면 다른 사람의 도움으로 먹고 살 수 있을 것이라는 뜻이다.

10-12절: 예수님은 세 구절에서 비슷한 말씀을 세 번 반복하신다. 10절에서는 '지극히 작은 것과 큰 것'을, 11절에서는 '불의한 재물과 참된 것'을, 12절에서는 '남의 것과 너희의 것'을 말씀하신다. 이것은 '세상의 것과 하나님의 것'에 대한 반복 대조(병행)이다. 그리스도인은 '세상의 것'에 충성함으로 '하나님의 것'을 감당할 수 있어야 한다. 이 말은 세상 일을 충실히 수행함으로 하나님 나라가 확장되도록 공헌해야 한다는 뜻이다.

13절: 이 구절의 의미는 마태복음 6:24의 것과 같다. 그리스도인은 재물을 사용해야 할 뿐 섬기지 말아야 한다. 옳지 않은 청지기가 재물을 섬기지 않고 그것을 이용하여 다른 직장을 얻으려 했다면, 하물며 그리스도인이 재물을 섬기고 그것에 얽매이는 것은 바람직하지 않다.

14절: 바리새인들은 돈을 좋아했다. 그래서 예수님의 말씀을 듣고는 비웃는다. 그들은 예수님이 돈을 좋아하지 말고 잘 사용하라고 하시자 세상 물정을 모른다고 생각한다. 여기서 "비웃거늘"('엑세뮈크테리존')에 해당하는 헬라어는 비완료 능동태인데, 계속해서 비웃었다는 뜻이다. 따라서 바리새인들은 겉으로 경건한 척하지만, 실상 돈을 좋아했다.

15절: 예수님은 바리새인들의 정체를 드러내신다. 그들은 대체로 부자였는데, 자신들이 경건하게 살아서 부자가 되었다고 생각했다. 그들은 재물을 많이 모은 것이 경건의 결과, 곧 하나님의 복이라고 보았다. 그래서 그들은 사람들 앞에서 의롭다고 자부했고, 사람들의 칭찬과 존경을 기대했다. 그러나 하나님은 그들의 속을 들여다보고 계신다. 부자라고 해서 반드시 하나님의 복을 받은 것은 아니다. 경건한 사람들이 가난하게 되는 경우가 많다. "사람 중에 높임을 받는 그것은 하나님 앞에 미움을 받는 것이니라"라는 말씀은 우리가 사람의 칭찬과 평판을 받으면 안 된다는 뜻이 아니다. 오히려 이 말씀은 사람에게서 높임과 존경을 얻기 위해서 가식적으로 노력할 필요가 없다는 뜻이다. 우리가 이 땅에서 하나님의 말씀을 지키며 살면 사람들이 자연히 우리에게 존경과 신망을 보낼 것이다. 결국, 그리스도인은 재물 앞에서 자신을 잘 관리해야 한다. 돈 많은 것을 하나님의 복을 받은 절대적인 표지로 생각하는 것, 돈 많은 것을 가지고 거들먹거리는 것, 돈을 바르게 사용하지 않는 것, 돈의 노예가 되어 속박되는 것, 돈을 좋은 일에 사용하지 않기 위해서 각종 변명과 핑계를 늘어놓는 것 등은 옳지 않다.

16:16-18 율법과 이혼

지금이나 예전이나 인간사에서 이혼 문제는 매우 중요한 사안이다. 16-17절은 율법의 절대성에 관한 언급이고, 18절은 이혼에 관한 가르침이다.

16절: 마태복음 11:12에도 이와 유사한 말씀이 있다. "율법과 선지자"는 구약 시대, 곧 옛 언약 시대를 가리킨다. "요한의 때까지"란 세례 요한의 때까지를 뜻한다. 세례 요한은 옛 언약 시대와 새 언약 시대의 과도기에 속한 사람이다. 즉 그는 구약 시대와 신약 시대를 연결하는 일을 맡았다. "그 후부터는"이란 세례 요한 이후부터를 의미한다. 이는 신약 시대, 즉 새 언약 시대의 시작을 가리킨다. "하나님 나라의 복음이 전파되어"란 어구는 신약 시대에 하나님 나라의 복음이 구체화되면서 더욱 활발하게 전파되었음을 시사한다. "침입하느니라"에 해당하는 헬라어 '비아제타이'(원형: '비아조')는 중간태('침입한다')일 수도 있고 수동태('침입받는다')일 수도 있다. 중간태로 본다면, 적극적으로 천국에 들어가려고 한다는 뜻이고, 수동태로 본다면, 천국으로 들어가도록 초대받는다는 뜻이다. 여기서는 문맥상, 중간태로 보아서 하나님 나라의 복음이 전파됨으로 사람들이 천국에 들어가는 일이 활발해졌다는 의미로 보아야 한다.

17절: 예수님은 구약 시대의 율법(도덕법)이 신약 시대에도 여전히 유효하다고 하신다. 율법은 의식법과 시민법과 도덕법으로 나뉜다. 의식법과 시민법은 "율법의 의식들과 표상들"이라고 불린다. 이것들은 제사, 절기, 판결, 음식, 질병 등에 관한 규정이다. 도덕법은 십계명에 요약되어 있다. 따라서 신약 시대에는 의식법과 시민법이 폐기되었고 도덕법만 남았다고 할 수 있다. 예수님은 "내가 율법이나 선지자를 폐하러 온 줄로 생각지 말라. 폐하러 온 것이 아니요 완전하게 하려 함이라"라고 말씀하셨다(마 5:17). 여기서 "율법과 선지자"는 구약성경 전체를 뜻한다(참고. 마 7:12; 11:13; 22:40; 요 10:34; 롬 3:21). "완전하게 하려 함이라"는 문구는 예수님이 구약의 절기들, 의식들, 제사들, 규례들 등을 완전히 성취하신다는 뜻이다.

18절: 예수님은 율법에 이어서 이혼에 관해 말씀하신다. 율법은 이혼하려면 반드시 '이혼 증서'를 써 주어야 한다고 명시했다(참고. 신 24:1). 이는 이혼을 함부로 하지 못하게 하려는 장치였다. 그러나 유대인들은 이 조항을 교묘히 악용했다. 그들은 이혼 증서를 써주면 이혼해도 된다고 주장했다. 마태복음에는 이혼과 관련해서 "음행한 이유 없이"가 추가되어 있다(참고. 마 5:32; 19:9). 이는 배우자의 음행이 이혼의 조건이 될 수 있다는 뜻이다. 그러나 배우자가 음행했다고 하더라도 이혼하지 않는 것이 더 낫다.

16:19-31 부자와 거지 나사로 비유

앞서 말했듯이, 누가복음 16장은 비유로 시작해서 비유로 마친다. 즉 옳지 않은 청지기 비유(1-15절)에서 시작하여 부자와 거지 나사로 비유(19-31

절)로 마친다. 비유 해석에서 유의해야 할 점은 비유에서 교리를 무리하게 끄집어내지 말아야 한다는 것이다. 비유 장르를 고려하면서 본문을 해석하되, 성경 전체를 고려하여 교훈을 찾아야 한다. 14절에 "바리새인들은 돈을 좋아하는 자들"이라는 언급이 있다. 예수님은 돈을 좋아하는 자들에게 비유를 말씀하신다.

19절: 19-21절은 부자와 거지 나사로가 죽기 전 상황이다. 한 부자가 있었다. 그는 자색 옷과 고운 베옷을 입고 날마다 호화롭게 즐겼다. "자색 옷"은 왕이 입는 옷이다(참고. 마카비 1서 8:14; 계 18:12). 당시에 염색 옷은 비쌌다. 따라서 이 사람은 왕처럼 큰 부자였다. "고운 베옷"은 이집트산 최고급 속옷일 것이다.

20절: 나사로라 이름하는 한 거지가 있었다. 그는 헌데 투성이로 부자의 대문 앞에 버려져 있다. 예수님은 부자의 이름을 말씀하지 않으시지만, 거지의 이름은 언급하신다. 그의 이름은 나사로이다. 여기 나오는 나사로는 요한복음 11장에 나오는 마리아와 마르다의 오라비 나사로와 다른 인물이다(동명이인). "나사로"('라자로스', Lazarus)라는 이름의 뜻은 '하나님이 도우신다'이다. 그러나 그는 하나님의 도우심을 받지 못한 사람처럼 보인다. 따라서 거지에게 이런 이름이 붙은 것은 독자들에게 생각할 여지를 안겨준다. 하나님은 어떻게 그를 도우시는가? 하나님은 가난한 사람들에게 도움을 주시는가? 한편, 다른 예수님의 비유에는 등장인물의 이름이 나오지 않는데, 여기만 나온다. 그래서 어떤 학자들은 이 이야기를 실제로 일어난 일이라고 주장한다. 그러나 정황상 비유가 분명하다. 왜 예수님은 거지의 이름을 굳이 말씀하셨을까? 혹시 거지를 존중해 주시기 위해서가 아니었을까?

21절: 나사로는 부자의 상에서 떨어지는 것으로 배 불리려고 한다. 또한, 심지어 개들이 와서 그 헌데를 핥는다. "개"에 해당하는 헬라어 '퀴온'은 집에서 길들이지 않은 사나운 개를 가리킨다. 이 개는 나사로의 상처를 핥으므로 그에게 병균을 전파했을 것이고, 의식적으로 부정하게 만들었을 것이다. 따라서 나사로는 불쌍하고 가련하며 부정하다. 그러나 부자는 나사로에 대해서 무관심하다. 그는 나사로에게 아무런 호의를 베풀지 않는다.

22a절: 이제부터 부자와 나사로가 죽은 이후 상황이다. 두 사람의 처지가 바뀐다. 나사로는 죽어서 천사들에게 받들려 아브라함의 품에 들어간다. "아브라함의 품"의 의미를 오해하지 말아야 한다. 아브라함을 천국의 문지기라고 생각해서는 안 된다. 이것은 비유적인 표현으로 나사로가 아브라함이 있는 천국에 갔다는 뜻이다.

22b-23절: 부자도 죽어서 장사된다. 이런 표현은 거지가 죽어서 장사도 되지 못했음을 암시한다. "음부"(히브리어로 '스올', 헬라어로 '하데스')는 불의한 자들이 죽은 후에 가는 고통과 형벌의 장소이다. 여기서는 "아브라함의 품"과 반대가 된다. "고통 중에"(being in torment)는 현재 분사 능동태이다. 이것은 음부에서 인간의 영혼이 멸절되는 것이 아니라 계속하여 고통당하고 있음을 시사한다. "눈을 들어 멀리 아브라함과 그의 품에 있는 나사로를 보고"란 어구 역시 비유적 표현이므로 이것을 가지고 지옥에서 천국에 있는 사람들을 볼 수 있다는 교리를 만들어서는 안 된다. 이 말은 천국과 지옥 사이의 거리가 너무나 멀다는 사실을 뜻한다.

24절: 부자가 아브라함에게 간청한다. 이런 간청 역시 비유이기 때문에 지옥에 있는 사람이 아브라함과 소통하고나 무엇인가를 요청할 수 있다는 사실을 지지하는 것으로 이해해서는 안 된다. "아버지 아브라함이여"라는 말은 부자가 유대인임을 암시한다(참고. 3:8; 13:16; 19:9). 하지만 육적인 유대인이라고 해서 아브라함의 자손인 것은 아니다(참고. 롬 9:6 이하; 갈 3:9, 29). "나사로를 보내어"라는 말은 부자가 나사로의 이름을 알고 있음을 뜻한다. 따라서 그는 생전에 나사로의 존재를 알았다. 나사로를 도와줄 수 있음에도 무시했다.

25절: 이 구절을 통해서 천국에 있는 사람이 지옥에 있는 사람과 대화할 수 있다는 교리를 창출하지 않도록 유의해야 한다. 또한, 부자는 자동으로 지옥에 가고, 거지는 무조건 천국에 간다는 주장도 바람직하지 않다. 이것은 비유로서 강조하려는 초점이 있을 뿐이다. 비유에 사용된 세부적인 묘사와 표현은 초점을 분명히 하기 위한 장치이다. 성경 전체는 '이신칭의'를 가르친다. 오직 믿음으로 천국에 갈 수 있다.

26절: 죽은 자의 운명은 번복되지 않으며, 천국과 지옥에 있는 사람들은 왕래할 수 없다.

27-28절: 부자는 죽어서도 나사로를 자기 마음대로 부릴 수 있는 종으로 생각한다(참고. 24절). 사람은 죽은 후 회개하지 않는다. 회개는 살아 있는 동안에 성령의 역사로 가능하다. 계시록 22:11은 "불의를 행하는 자는 그대로 불의를 행하고 더러운 자는 그대로 더럽고 의로운 자는 그대로 의를 행하고 거룩한 자는 그대로 거룩하게 하라"고 말한다. "내 형제 다섯"이란 표현을 풍유적으로(allegorically) 해석하지 말아야 한다. 이 비유에는 이 형제들에 대한 어떠한 정보도 없다. 부자는 나사로가 환생하여 자기 형제들에게 증언하게 함으로 그들이 지옥에 오지 않게 해 달라고 요청한다. 이것은 지옥이 얼마나 고통스러운 곳인지를 깨닫게 한다.

29절: "모세와 선지자들"은 구약이다. 구약은 예수님이 메시아임을 증언한다(참고. 24:27).

30절: 부자는 지옥에 오는 것이 회개하지 않은 결과임을 알고 있다. 즉 단순히 부자라고 해서 지옥에 오는 것이 아니다.

31절: 오직 성경을 통해서 회심할 수 있다(참고. 벧전 1:23). 성경이 전파되어야 회심이 있다.

• 토론과 나눔 •

1. 옳지 않은 청지기가 주인에게 칭찬받은 이유는 무엇입니까?

2. 예수님이 "불의의 재물"이라는 표현을 사용한 이유는 무엇입니까(9절)?

3. 율법을 어떻게 분류할 수 있습니까(17절)?

4. 율법이 이혼하려면 '이혼 증서'를 써 주라고 한 이유는 무엇입니까(18절, 신 24:1)?

5. 부자와 거지 나사로 비유는 어떤 사람들을 향한 것입니까?

• 핵심과 실천 •

돈은 매우 중요합니다. 그래서인지 성경에는 '돈'과 관련된 이야기가 많습니다. 누가복음도 마찬가지입니다. 그리스도인은 돈을 사랑하지 말아야 합니다. 잘 사용해야 합니다. 돈을 사랑하면 돈의 노예가 되지만, 돈을 잘 사용하면 돈의 주인이 됩니다. 돈을 잘 벌 수 있도록 기도하고 노력해야겠지만, 돈을 잘 사용할 수 있도록 더욱 기도하고 고민해야 합니다. 돈을 좋아하지 마십시오. 돈에 얽매이지 마십시오. 현재 돈을 어떻게 사용하고 있는지 점검해 보십시오.

17장

누가복음 17장은 제자들을 향한 말씀이다. 이는 누가복음 16장에서 예수님이 대중들에게, 특히 바리새인들에게 말씀하신 것과 대조를 이룬다. 예수님은 제자들이 실천해야 할 윤리와 더불어 하나님께 감사하는 도리와 하나님 나라에 관한 교훈을 가르치신다. 한편, 지금 예수님은 예루살렘을 향해 가고 계시는데, 이는 9:51에서 시작되었으며 19:27까지 이어지며, 19:28에서 마침내 입성하신다. 따라서 예수님은 예루살렘으로 향하는 여정 중에 계속 가르치신다.

LUKE

17:1-10 제자들이 실천해야 할 윤리

이 단락은 제자들이 실천해야 할 윤리이다. 여기에 네 개의 윤리 지침이 나온다. 첫 두 개는 사람과의 관계로서 사람을 실족하게 하지 말라는 것과 용서하라는 것이다. 이어지는 두 개는 하나님과의 관계로서 진정한 믿음을 가지라는 것과 종의 자세를 가지라는 것이다.

1절: 1-2절은 다른 사람을 실족하게 하지 말라는 말씀이다. "실족하게 하는 것"('스칸달라')은 어떤 사람을 넘어지게 하는 것을 뜻한다. 특히 성경에서 이 단어가 사용되었을 때는 죄를 짓게 하거나 신앙을 저버리게 하는 경우를 의미한다. 인간의 연약함과 세상의 현실을 생각할 때 다른 사람을 실족하게 하는 것이 없을 수는 없다. 그러나 그렇다고 해서 다른 사람을 실족하게 해도 되는 것은 아니다. 실족하게 하는 자에게는 반드시 화가 있다.

2절: "작은 자"('미크론')는 원래 어린아이를 가리키지만(참고. 9:47-48), 여기서 특별한 암시성을 가진다. 마태복음에서 '작은 자'는 주로 예수님의 제자들을 가리킨다(참고. 마 18:6, 10, 14; 11:25; 25:40, 45). 그러나 누가복음에서는 주로 가난한 자, 소외된 자, 힘없는 자를 의미한다. 어떤 학자들은 이 문맥에서 "작은 자"를 '새 신자'로 해석하는데, 그렇게 볼 여지도 있다. "연자 맷돌"(great millstone)은 곡물을 갈 때 짐승이 돌리는 큰 맷돌이다(참고. 마 18:6; 막 9:42). 어떤 사람의 목에 연자 맷돌을 매달아 바다에 던지면 바다에서 나올 수 없어서 반드시 죽는다. 따라서 이 표현은 작은 자를 실족하게 하는 것이 큰 죄이며, 그렇게 한 자를 하나님이 엄하게 심판하신다는 사실을 강조한다(참고. 잠 24:17). 이것은 매우 엄중한 경고이다. 그러므로 우리는 다른 사람을 실족하게 해서 큰 실망과 좌절에 빠지게 한 일이 없는지 생각해 보아야 한다. 그리고 잘못한 일이 있으면 반드시 사과하고 용서를 구해야 한다. 인간은 타인이 자기에게 피해 준 일은 잘 기억하면서 정작 자신이 남에게 어려움을 준 일은 기억하지 못하는 습성을 지니고 있다.

3절: 3-4절은 다른 사람을 용서하라는 말씀이다. "너희는 스스로 조심하라"라는 말은 신중하게 처신하라는 뜻이다. 예수님은 만일 형제가 죄를 범하거든 경고하고 회개하거든 용서하라고 하신다. 여기서 "죄"란 다른 사람에게 저지른 사적인 죄를 가리킨다. "경고하고"라는 단어가 주는 뉘앙스는 죄에 대해서 경각심을 심어주어야 한다는 것이다. 경고하는 목적은 정죄가 아니라 회개이다. 경고해서 회개하면 용서해 주어야 한다. 더 이상 비판하지 말아야 한다.

4절: 하루에 일곱 번이라도 죄를 짓고 일곱 번 회개하면 용서해야 한다(참고. 마 18:21-22). 당시 유대교에서는 죄를 용서할 때 세 번까지 용서하면 잘한 것으로 생각했다(참고. b. Yoma 86b-87; m. Yoma 8:9). 그러나 제자들은 그들보다 더 많이 용서해 주어야 한다. 예수님의 말씀은 계속해서 용서해 주어야 한다는 뜻이다.

5절: 5-6절은 믿음에 관한 말씀이다. 제자들은 이미 믿음을 가지고 있으나 더욱 큰 믿음을 달라고 간청한다. 제자들의 간청에 담긴 의도에 대해서는 7-9절의 해설을 참고하라.

6절: '겨자씨'는 매우 작은 씨앗을 대표한다(참고. 13:19). '뽕나무'는 상당히 큰 나무이다. 따라서 뽕나무의 뿌리가 뽑혀서 바다에 심기는 것은 불가능하다. 이것은 과장을 통해서 메시지를 전하는 기법이다. 작은 믿음이라도 놀라운 역사를 일으킨다. 즉 믿음이 있는 사람은 불가능한 일을 행할 수 있다. 그런데 우리가 믿음이 있다고 해서 뽕나무의 뿌리를 뽑아 바다에 심기게 하려 해서는 안 된다. 그것은 하나님이 허락하시는 일이 아니다. 우리는 하나님이 허락하시는 범위 안에서 큰일을 행할 수 있다.

7-9절: 7-10절은 종의 자세에 관한 말씀이다. 예수님은 당시의 흔한 광경을 예로 들어 설명하신다. 이 짧은 비유는 누가복음에만 나온다. 그런데 왜 예수님은 믿음에 관한 말씀을 하신 후 바로 이어서 종의 자세에 관해 말씀하실까? 이는 더욱 큰 믿음을 달라는 제자들의 간청에 담긴 잘못된 의도를 깨우쳐 주시기 위해서이다. 제자들은 더욱 큰 믿음을 받아서 엄청난 능력을 발휘하고 싶어 했다. 그래서 예수님은 작은 믿음이 있어도 큰 역사를 일으킬 수 있다고 하셨다. 이어서 예수님은 종의 자세를 말씀하신다. 제자들은 위대한 인물이 될 것이 아니라 묵묵히 일하는 종이 되어야 한다. 그들은 높아지고자 할 것이 아니라 더욱 낮아져야 한다.

10절: 예수님은 이러한 예가 교훈이 된다고 하신다. 제자들은 묵묵히 사명을 감당해야 한다. 그런데 예수님의 말씀은 종을 무시하라는 뜻이 아니다. 다만, 주인과 종의 관계를 예로 들어서 설명하신 것이다. 여기서 요점은 종이 자기 일을 다 한 후에 주인의 칭찬과 보상을 기대하지 말아야 한다는 것이다. 종은 당연히 해야 할 일을 했을 뿐이라고 생각해야 한다. 우리 역시 하나님의 일을 했다고 해서 보상을 기대해서는 안 된다. 보상은 하나님이 알아서 하실 일이다. 우리는 하나님의 일을 기꺼이 한 후에 하나님이 모든 영광을 받으시기를 바라야 한다.

17:11-19 나병환자의 감사

이 단락은 감사해야 한다는 교훈을 담고 있다. 이 이야기는 구약 시대에 나아만이 엘리사에게 와서 나병 치유를 받은 사건을 떠올리게 한다(참고. 왕하 5장).

11절: 예수님께서 예루살렘으로 가실 때 사마리아와 갈릴리 사이로 지나가신다. 예수님은 9:51에서 예루살렘으로 올라가시는 여정을 시작하셨다. 누가복음의 구조상, 9:51-13:21은 첫 번째 여정이고, 13:22-17:10은 두 번째 여정인데, 이제 17:11-19:27은 세 번째 여정이다. 그리고 19:28에서 예루살렘에 입성하신다. 17:11-19:27에서 예수님은 종말론적 교훈을 주신다.

12절: 예수님이 한 마을에 들어가시니 나병환자 열 명이 있었다. 나병환자는 공동체에 들어오지 못하고, 사람들과 떨어져 살아야 했다(참고. 레 13:45-46; 민 5:2-4). 아마도 자기들끼리 마을을 이루어서 살고 있었을 것이다. "열 명"이라는 숫자에 어떤 의미가 들어있는 것은 아니다. 나병환자는 육체적인 고통과 정신적인 고통과 종교적인 부정을 모두 가지고 있었다. 그들은 저주받은 자로 여겨졌다. 살아있으나 죽은 자와 마찬가지였다. 사람들은 그들이 사는 마을에 들어가지 않으려 했겠으나, 예수님은 그 마을에 기꺼이 들어가신다.

13절: 나병환자들은 예수님을 만나 멀리 서서 소리를 높여 "예수 선생님이여 우리를 불쌍히 여기소서"라고 한다(참고. 왕하 7:3). "예수 선생님이여"란 호칭은 그들이 아직 예수님에 관한 충분한 인식에 도달하지 못했음을 암시한다. 그들은 예수님을 단지 이적을 일으키는 특출난 능력을 갖춘 분으로 생각했다. "우리를 불쌍히 여기소서"라는 어구는 제발 자신들의 병을 고쳐 달라는 간청이다(참고. 16:24; 18:38-39; 마 9:27; 15:22; 20:30-31; 막 10:47-48).

14절: 나병환자가 깨끗함을 증명받으려면 제사장에게 가서 몸을 보여야 했다(참고. 레 13:2, 9; 14:1-32). 그들은 나병이 고쳐지기 전에 예수님의 말씀만 듣고 가다가 깨끗함을 얻는다(참고. 왕하 5:10-14). 예수님은 병자를 다양한 방식으로 고치셨는데, 어떤 때는 안수를 하셨고, 어떤 때는 말씀만 하셨다. 그런데 여기서는 특별한 표징 없이 그냥 제사장에게 가서 몸을 보이라고 말씀하신다. 그런데 그들이 제사장에게 가는 중에 병이 낫는다.

15절: 나병환자 열 명 중 한 사람이 자기가 나은 것을 보고 큰 소리로 하나님께 영광을 돌리며 예수님께 돌아온다. 이것은 시편 109:30의 "내가 입으로 여호와께 크게 감사하며 많은 사람 중에서 찬송하리니"를 생각나게 한다.

16절: 고침을 받고 감사한 사람은 사마리아인이었다. 유대인들이 경멸하던 사마리아 사람만 감사했다는 것은 나머지 아홉 명이 유대인이라는 점을 암시한다. 분명히, 주님의 말을 듣고 있던 유대인 제자들은 충격을 받았을 것이다.

17절: 예수님은 감사할 줄 모르는 사람들을 질책하신다.

18절: 예수님의 말씀에는 유대인이 이방인만도 못하다는 뜻이 담겨 있다.

19절: "일어나 가라 네 믿음이 너를 구원하였느니라"라는 말씀에는 육체가 치유되었을 뿐만 아니라 영혼도 구원받았다는 사실, 즉 온전한 구원을 받았다는 사실이 내재되어 있다.

17:20-37 하나님 나라가 임함

이 단락에는 마태복음 24장의 '감람산 강화'에 나오는 이야기가 부분적으로 나오지만, 이를 감람산 강화와 같은 맥락으로 해석해서는 안 된다. 감람산 강화에는 예루살렘 멸망과 세상 종말 이야기가 뒤섞여 있으나, 여기에는 세상 종말 이야기만 있다.

20절: 바리새인들은 하나님 나라에 관심이 있었고, 그 나라가 임하는 것을 고대했다. 특히 하나님 나라가 임하는 '시기'와 그때에 일어날 '징조'에 관심을 가졌다. 그러나 그들은 하나님 나라에 관해 정확히 알지 못했다. 그들은 하나님 나라가 임하는 것을 이스라엘의 회복이라고 생각했다. 지금 바리새인들은 예수님을 조롱하면서 질문을 던진다. 예수님이 메시아라면 왜 로마를 이스라엘로부터 몰아내서 이스라엘을 강대한 나라가 되게 하지 않느냐는 것이다. 이에 대해 예수님이 대답하시는데, 그 대답에 들어 있는 메시지는 하나님 나라가 가시적인 표징이 없이 임한다는 것이다. 하나님 나라를 물리적인 나라로만 이해해서는 안 된다. 이스라엘의 정치적 회복을 하나님 나라의 임함으로 보는 것은 옳지 않다.

21절: "너희 안에"('엔토스 휘몬')는 '너희 마음에'('in your heart') 혹은 '너희 가운데'(ESV: "in the midst of you")로 번역할 수 있다. 여기서는 문맥상 '너희 가운데'로 보아야 한다. "너희"는 바리새인을 가리키지 않는다. 이것은 보편적인 사람들을 지시한다(indefinite). 따라서 이는 하나님 나라가 사람들 가운데 이미 임했다는 뜻이다. 이를 통해서 예수님은 자신이 하나님 나라를 사람들 가운데 가져오신 분이라는 사실을 넌지시 밝히신다.

22절: 예수님은 '하나님 나라가 임하는 날'과 '인자의 날'을 연관 지으신다. 예수님은 제자들이 "인자의 날 하루"를 보고자 하되 보지 못할 것이고 하신다. 이는 제자들이 예수님이 다시 오시는 날(재림)을 보지 못할 것이라는 뜻이다. 그들은 재림이 있기 전에 모두 죽을 것이다.

23절: 예수님이 어느 곳에 재림했다고 사람들이 말하더라도 가지 말고 따르지 말아야 한다. 예수님의 재림은 은밀하지 않다.

24절: 인자가 저기 있다고 해도 가지 말고 따르지 말아야 할 이유가 제시된다. 번개가 번쩍이면 모든 사람이 알 수 있듯이 인자도 모든 사람이 볼 수 있게 오신다. 따라서 사람들의 말에 미혹되거나 동요하지 말아야 한다.

25절: 예수님은 자신이 다시 오시기 전에 먼저 많은 고난을 받으며 이 세대에게 버린 바 되어야 할 것이라고 하신다. 이는 십자가에서 죽임당하시는 일이 먼저라는 뜻이다.

26절: 26-30절에서 예수님은 자신이 다시 오실 때가 노아의 때, 그리고 롯의 때와 같다고 하신다. 이것의 강조점은 사람들이 안심하며 나태해 있을 때 예수님이 갑자기 오신다는 것이다. 먼저, 예수님은 인자가 다시 오시는 때가 노아의 때와 유사하다고 하신다.

27절: 노아가 방주에 들어가던 날까지 사람들이 먹고 마시고 장가들고 시집가더니 홍수가 나서 그들을 다 멸망시켰듯이 인자의 때도 그러할 것이다.

28-29절: 이제 예수님은 인자가 다시 오시는 때가 롯의 때와 같다고 하신다. 롯의 때에 사람들이 먹고 마시고 사고 팔고 심고 집을 지었는데, 롯이 소돔에서 나가던 날에 하늘로부터 불과 유황이 비 오듯 하여 그들을 멸망시켰다.

30절: 예수님은 "인자가 나타나는 날에도 이러하리라"고 결론을 맺으신다.

31절: 31-35절에서 예수님은 인자가 다시 오실 때 일어날 일을 말씀하신다. 그날에 만일 사람이 지붕 위에 있고 그의 세간이 그 집 안에 있으면 그것을 가지러 내려가지 말아야 하며, 밭에 있는 자도 그와 같이 뒤로 돌이키지 말아야 한다. 이는 준비할 시간이 없기 때문이다. 그처럼 재림은 갑작스럽게 일어난다. 따라서 항상 준비하고 있어야 한다.

32절: 소돔이 하나님의 심판을 받아 멸망할 때 롯의 처는 뒤를 돌아보다가 소금 기둥이 되었다(참고. 창 19:26). 소돔에 대한 애착을 버려야 한다.

33절: 주님을 버리고 자기 목숨을 보전하고자 하는 자는 잃을 것이지만, 주님의 명령을 지키고자 하는 자들은 살거나, 죽어도 살아날 것이다(참고. 9:24).

34-35절: 주님이 다시 오실 때 한 사람은 데려감을 얻고 한 사람은 버려둠을 당할 것이다. 본문에는 데려감을 얻는 사람과 버려둠을 당하는 사람의 의미가 설명되어 있지 않다. 아마도 데려감을 얻는 사람은 주님이 다시

오실 때 구원받는 사람을 가리키고, 버려둠을 당하는 사람은 그때 심판받아 멸망하는 사람을 상징할 것이다.

36절(없음): 사본학적으로 36절은 존재하지 않는 것이 타당하다.

37절: "주여 어디오니이까"('푸, 퀴리에')라는 질문은 장소에 관한 물음이다. 사람들은 앞에서 '때'를 물었는데, 이제 '장소'를 묻는다. 그들은 예수님의 말씀을 충분히 이해하지 못한다. 이는 너무 오랫동안 자신들의 관념에 젖어있었기 때문이다. 그러나 인자가 어디에 오시는지를 묻는 것은 일견 타당하다. 인자가 언제 오실지는 몰라도 어딘가에는 오시지 않겠는가? 예수님은 사람들의 질문에 직접적인 대답을 하지 않으신다. 단지, "주검 있는 곳에는 독수리가 모이느니라"고 하신다. 이것은 당시 속담이거나 격언이다. 예수님은 주검이 있는 곳에 독수리가 모이듯이 사람들의 죄악이 있는 곳에 자신이 다시 오신다고 말씀하신다. 이는 종말론적 삶을 살아가는 자들이 죄를 짓지 않도록 노력해야 한다는 사실을 의미한다.

• 토론과 나눔 •

1. 다른 사람을 실족하게 한 사람에게 하나님은 어떤 형벌을 주십니까?

2. 만일 형제가 죄를 범하면 어떻게 해야 합니까? 그리고 회개하면 어떻게 해야 합니까?

3. 고침받은 나병환자 중 주님께 감사를 표시한 사람은 어떤 복을 받았습니까?

4. 예수님은 자신이 다시 오실 때가 마치 어떤 때와 같다고 하십니까(26-30절)?

5. 37절의 "주검 있는 곳에는 독수리가 모이느니라"라는 말씀은 무슨 뜻입니까?

• 핵심과 실천 •

그리스도인은 하나님과의 관계뿐 아니라 사람과의 관계도 잘 맺어야 합니다. 실상 이 두 관계는 별개가 아닙니다. 다른 사람을 실족하게 하지 마십시오. 다른 사람을 힘들게 하거나 실망하게 하거나 화를 내게 하거나 죄를 짓게 하지 마십시오. 다른 사람을 고통스럽게 한 일이 생각나면 즉시 찾아가서 사과하고 용서를 구하십시오. 또한, 나를 실족하게 한 사람을 기꺼이 용서하십시오. 그렇게 할 때 주님의 충분한 보상과 위로가 있을 것입니다.

18장

누가복음에 있는 기도 비유는 세 가지인데, 한밤중에 찾아온 친구 비유(11:5-8), 끈질긴 과부 비유(18:1-8), 그리고 바리새인과 세리의 기도 비유(18:9-14)이다. 따라서 18장에 두 개의 비유가 나온다. 비유들에 이어서 예수님의 강화와 치유 이야기가 나온다.

LUKE

18:1–8 끈질긴 과부 비유

이 비유의 목적은 "항상 기도하고 낙심하지 말아야" 한다는 것이다.

1절: 예수님은 "그들에게" 비유로 말씀하신다. 여기서 "그들"은 제자들이다(참고. 17:22). 이 비유는 17:22-37에 있는 종말론적 언급과 관련해서 이해해야 한다. 비유의 목적은 "항상 기도하고 낙심하지 말아야" 한다는 것이다. 제자들은 예수님의 재림이 언제 이루어질지 모르는 상황에서 낙심하거나 포기하지 말아야 한다. 신자라고 하더라도 인간은 연약한지라 기도 응답이 속히 이루어지지 않으면 낙심할 수 있다. 그러나 계속 기도하고 낙심하지 말아야 한다. 항상 기도하고, 수시로 기도하며, 모든 사안에 기도해야 한다(참고. 살전 5:17).

2절: 비유의 인물 설정이다. 어떤 도시에 하나님을 두려워하지 않고 사람을 무시하는 한 재판장이 있었다. 성경은 종종 하나님을 재판장으로 묘사하지만(참고. 시 7:11; 75:7 등), 여기에 나오는 재판장은 하나님이 아니다.

고대 이스라엘에는 각 마을에 재판장이 있었다. 그들은 유대인이었다. 로마 정부는 유대인들이 자기 민족의 소송 사건을 직접 처리하게 했다. 곧 사형 형벌 외에는 대부분 허락했다. 재판장은 재판하고 벌을 내려서 억울한 사람이 없도록 했다(참고. 신 16:18). 그러나 이 재판장은 나쁜 사람이다. 그는 자기 본연의 일을 하지 않는다.

3절: 또 다른 인물 설정이다. 과부는 사회적 약자인데, 다른 복음서에 비해 누가복음(과 사도행전)에는 '과부'가 많이 언급되어 있다(참고. 눅 2:37; 4:25-26; 7:12; 20:47; 21:2-3; 행 6:1; 9:39, 41). 재판장과 과부는 각각 힘 있는 사람과 힘없는 사람을 대변한다. 과부가 자신의 원한을 풀 수 있는 길은 재판장에게 호소하는 것밖에 없다. 지금 그녀는 절박하다.

4-5절: 재판장은 과부의 청원을 얼마 동안 듣지 않다가 결국 들어주려고 한다. 그는 착하거나 과부가 불쌍해서가 아니라 귀찮을까 봐 과부의 부탁을 들어준다.

6절: 예수님은 주의를 환기하신다.

7절: 예수님은 "하물며"(how much more)라는 단어를 사용하셔서 '더더구나 논증'(a minori ad maius)을 하신다. 이는 '작은 것이 참이라면 큰 것은 얼마나 더 큰 참이겠는가'라는 어법으로 복음서에 자주 나온다(참고. 11:11-13; 12:6-7, 25-28). 불의한 재판장은 하나님을 두려워하지 않고 사람을 무시했으나 과부의 부탁을 들어준다. "하물며" 의로우신 하나님께서 택하신 자들의 원한을 풀어 주시는 것은 당연하다. 하나님은 우리를 사랑하시는 아버지로서 우리의 절박한 사정을 반드시 들어주신다(참고. 11:13).

8a절: 예수님은 "내가 너희에게 이르노니"라는 표현을 사용하셔서 권위와 신실함을 드러내신다. "속히 그 원한을 풀어 주시리라"에서 "속히"('엔 타케이')는 인간이 볼 때 지체하는 것 같지만, 하나님이 보실 때 가장 적절한 때이다. 인간은 연약하고 무지해서 하나님의 때를 알지 못한다. 그러나 하나님은 측량할 수 없는 지혜와 전능하신 능력과 우리를 향한 큰 사랑을 가

지고 계셔서 가장 적절한 시기에 가장 현명하게 뜻을 이루신다.

8b절: 이 구절의 뜻은 '예수님이 세상에 다시 오실 때 항상 기도하고 낙심하지 않는 사람을 볼 수 있겠느냐'이다. 즉 이 말씀은 재림 지연 모티프와 연관된다(참고. 17:22-37). 우리는 예수님이 다시 오실 때까지 항상 기도하고 낙심하지 말아야 한다. "믿음"은 하나님의 선하심을 신뢰함으로써 낙심하지 않고 계속해서 기도하는 것이다.

18:9-14 바리새인과 세리의 기도 비유

누가복음에 있는 기도 비유 중 마지막이다. 예수님은 유대 사회에서 가장 대조적인 계층인 바리새인과 세리를 대조하시면서 기도에 관한 교훈을 주신다. 즉 앞 단락(1-8절)에서는 재판장과 과부를 대조하셨는데, 여기서는 바리새인과 세리를 대조하심으로 '극과 극'의 위치에 있는 사람들을 소재로 삼으신다.

9절: 예수님은 "자기를 의롭다고 믿고 다른 사람을 멸시하는 자들에게" 비유로 말씀하신다. 이들은 바리새인들이다. 즉 이 비유는 바리새인들을 향한 것이다.

10절: 비유의 소재는 당시에 일상적인 유대인들의 기도 모습이다. 두 사람이 기도하러 성전에 올라갔는데, 하나는 바리새인(the Pharisee)이고, 하나는 세리(tax collector)였다. 성전은 높은 산 위에 있으므로 대체로 '올라간다'라고 표현된다. 특히 성전의 중요성 때문에 이렇게 표현된다. 성전에서 기도하는 시간은 오전 9시(참고. 행 2:15)와 오후 3시였다(참고. 행 3:1). 이 시간에 온갖 부류의 사람들이 성전에 올라가서 기도했다. 바리새인은 당시 가장 경건하다고 평가받는 사람이었다. 그는 율법을 연구하고 엄격하게 지켰다. 그러나 세리는 세금을 걷어서 로마에 갖다 바침으로 매국노요 부정한 사람이며 죄인으로 취급되었다.

11절: 11-12절은 바리새인의 기도이다. 서서 기도하는 것은 유대인들의 일반적인 기도 자세이다. "따로"로 번역된 헬라어 '프로스 헤아우톤'은 '자기 자신을 향하여'라는 뜻이다. 그의 기도는 하나님을 향한 것이 아니라 자신을 향한 것이다. 기도 내용에 이런 사실이 잘 반영되어 있다. 이 기도에 '나'가 다섯 번이나 나온다. 우리말 성경 개역개정판에는 우리말의 특성상 '나'가 두 번밖에 들어있지 않으나, 헬라어 원문에는 일인칭 단수형 동사와 이인칭 대명사가 사용되어서 총 다섯 번의 '나'가 있다. 이러한 헬라어의 특성은 상당수 영어 성경에 잘 번역되어 있다. 따라서 바리새인의 기도는 자기중심적이다. 그는 기도라는 형태를 빌어 자기 의로움을 드러낸다. "이 세리와도 같지 아니함"이란 옆에 있는 '세리'를 경멸조로 가리킨 것이다.

12절: "이레에 두 번씩 금식하고"는 자기 경건을 과시하는 것이다. 구약 율법은 1년에 한 번 대속죄일에 금식하라고 명령했다(참고. 레 16:29, 31; 23:27-29, 32; 신 29:7). 그러나 신약 시대의 바리새인들은 일주일에 두 번, 즉 월요일과 목요일에 금식했다. 따라서 바리새인은 율법이 요구하는 것보다 더 많이 금식한다고 자부한다. "소득의 십일조" 역시 경건 과시이다. 유대인들은 엄격하게 십일조를 바쳤다(참고. 레 27:30-32; 민 18:21-24; 신 14:22-27). 이 구절 헬라어 원문에는 '모든'('판타')이 들어 있다. 바리새인은 '모든 소득의 십일조'(ESV: "all that I get")를 드린다고 아뢴다. 당시 바리새인들은 정원에서 기른 채소 같은 수확물에 대해서도 십일조를 바쳤으며, 심지어 시장에서 물건을 구매한 것까지도 십일조를 바쳤다. 따라서 율법이 요구하는 것보다 더 많은 십일조를 바쳤다. 이것 역시 자기 의로움을 과시하는 것이다. 그는 죄의식을 가지고 있지 않다. 하나님께 간구하지도 않는다. 그저 자신을 향해 말할 뿐이다.

13절: 바리새인 옆에서 세리가 기도한다. 그는 멀리 서서 감히 눈을 들어 하늘을 쳐다보지도 못하고 다만 가슴을 치며 "하나님이여 불쌍히 여기소서 나는 죄인이로소이다"라고 통회한다. 이 표현 하나하나에 세리의 자책이 들어 있다. "멀리 서서"라는 단어는 성전에 가까이할 수 없는 죄인임을 자각했기 때문이다. "감히 눈을 들어 하늘을 쳐다보지도 못하고"란 당시 유대인들이 하늘을 쳐다보면서 기도했는데, 그는 죄가 커서 부끄러워 감히 하늘을 쳐다보지 못하고 있다. "가슴을 치며"는 애통과 통회의 표시이다(참고. 23:48). "하나님이여 불쌍히 여기소서 나는 죄인이로소이다"라는 간구는 하나님의 자비를 구하는 것이다(참고. 시 51:1-3).

14절: 예수님이 두 사람의 기도를 평가하신다. "내가 너희에게 이르노니"라는 어구는 예수님의 권위를 반영한다. "저 바리새인이 아니고 이 사람이 의롭다 하심을 받고 그의 집으로 내려갔느니라"라는 말씀은 사람들의 예상과 완전히 다른 것이다. 사람들은 바리새인이 의롭다 하심을 받았을 것이라고 기대했다. 하지만 예수님은 세리가 의롭다 하심을 받았다고 하신다. "무릇 자기를 높이는 자는 낮아지고 자기를 낮추는 자는 높아지리라"라는 말씀은 자신을 회개하며 낮추는 사람을 하나님이 의롭다고 여기신다는 뜻이다(참고. 14:11; 벧전 5:5).

18:15-17 어린아이들을 금하지 말라

당시 사람들은 하나님 나라에 들어갈 수 있는 자격으로 의로움, 공헌과 업적, 선한 행위 등을 생각했다. 바리새인들이 그렇게 생각한 대표적인 인물들이었다. 그러나 예수님은 어린아이와 같은 사람이 하나님 나라에 들어갈 수 있다고 하신다. 그들은 순수하며, 부모를 절대적으로 의존한다. 우리가 하나님을 아버지로 믿고 따를 때 하나님 나라에 들어갈 수 있을 것이다.

15절: "데리고 오매"('프로스에페론')에 미완료 시상의 동사가 사용되었다. 이것은 사람들이 예수님께 아이들을 자주 데리고 왔음을 의미한다. 제자들이 꾸짖는 것은 예수님을 귀찮게 하지 못하게 하려는 뜻에서다. 제자들은 예수님이 더 중요한 사람들을 만나셔야 한다고 생각했다.

16절: 당시는 어린아이들을 귀하게 여기지 않았다. 그러나 예수님은 어린아이들을 귀하게 여기신다. "하나님의 나라가 이런 자의 것이니라"라는 말은 어린아이 같은 사람들이 하나님 나라에 들어갈 수 있다는 뜻이다. 이어지는 구절에서 그 의미가 드러난다.

17절: "내가 진실로 너희에게 이르노니"라는 말씀은 강조이다. "어린아이와 같이"라는 말을 가지고 어린아이라고 해서 자동으로 천국에 들어갈 수 있다고 해석해서는 안 된다. 예수님은 어린아이와 "같은" 사람이 천국에 갈 수 있다고 하신다.

18:18-30 부자 관리

이 이야기는 공관복음서에 모두 기록되어 있다. 예수님과 대화한 사람에 대해서 마태(19:20)는 '청년'이라고만 소개하고, 마가(10:22)는 '부자'인 것을 언급하지만, 누가(18:18, 23)는 '관리'라고 하면서 '큰 부자'라고 말한다.

18절: "관리"('아르콘')는 회당장이거나(참고. 8:41), 공회원일 것이나(참고. 23:13, 35; 24:20). "선한 선생님"은 일반적인 존칭이다. 관리는 예수님을 높여서 이렇게 부른다. 즉 예수님을 메시아로 생각하고 있지 않다. 그의 질문은 유대인들의 일반적인 구원관을 반영한다(참고. 10:25), 유대인들은 행위로 영생을 얻는다고 생각했다(공로주의).

19절: 예수님은 관리가 자신을 향하여 "선한 선생님"이라고 부른 것을 소재로 삼아서 가르침을 주신다. 즉 이 호칭을 신학적인 논제로 바꾸신다. "하나님 한 분 외에는 선한 이가 없느니라"라는 말은 예수님이 선하지 않다는 뜻이 아니다. 예수님은 하나님이시므로 당연히 선하시다. 다만, 이 말씀은 하나님의 선하심에 관심을 집중시키기 위한 것이다(참고. 신 6:4). 예수님은 인간의 선함이 하나님의 선하심에 대한 기준에 미칠 수 없다는 사실을 분명히 드러내신다.

20절: 예수님은 십계명 후반부를 말씀하신다(참고. 출 20:12-16; 신 5:16-20). 사람이 계명을 완벽하게 지키면 구원받을 수 있다. 레위기 18:5는 "너희는 내 규례와 법도를 지키라 사람이 이를 행하면 그로 말미암아 살리라"고 명시한다. 그러나 어떤 사람도 계명을 완벽하게 지킬 수 없기에 계명으로 구원받는 것은 불가능하다. 오직 계명을 모두 지키신 예수님 안에 거할 때 계명을 온전히 지킨 것이 되어 구원받을 수 있게 된다.

21절: 관리는 "이것은 내가 어려서부터 다 지키었나이다"라고 말한다. 실제로 당시 경건한 유대인들은 계명을 지키기 위해서 무진장 노력했다. 그러나 그가 계명을 다 지킨 것은 아니다.

22절: 예수님은 초자연적인 지각으로 관리의 부족한 면을 알고 계셨다. 그는 재산이 많은 사람이었고, 재산에 애착을 많이 두고 있었는데, 예수님은 그에게 재산을 다 팔아 가난한 자들에게 나눠 주라고 하신다. '하늘의 보화'는 영원한 생명을 의미한다(참고. 18절).

23절: 관리가 모든 계명을 지키지 않았음이 드러난다. 그는 하나님보다 돈을 더 사랑했다.

24-25절: 예수님은 관리의 예를 사용하셔서 제자들에게 교훈을 주신다. 예수님은 가장 큰 동물인 "낙타"와 가장 작은 구멍인 "바늘귀"를 대조하신다. 이 말씀은 부자가 천국에 들어가는 것이 전혀 불가능하다는 뜻으로 들린다. 그렇다면 부자는 아예 천국에 들어가지 못하는가? 그렇지 않다. 부자가 천국에 들어갈 수 없는 것은 아니다. 단지, 돈에 지나치게 집착한 나머지 구원에 대한 열망, 곧 믿음이 없어서 구원받지 못하는 것이다. 나아가서 이 말씀은 제자가 되려면 모든 것을 버려야 함을 시사한다. 한편, 어떤 이들은 이 구절을 해석하면서 당시 예루살렘에 높이가 낮은 '낙타 성문'(Camel's

Gate)이 있었는데, 낙타들이 그곳을 통과할 때마다 애를 먹었다는 사실을 반영하고 있다고 주장하지만, 당시 예루살렘에 '낙타 성문'이 존재했었다는 역사적 증거가 없다. 또한, 어떤 이들은 예루살렘에 '바늘귀'('The Needle's Eye')라고 불리는 성문이 있어서 낙타가 짐을 싣고 통과할 때 어려움을 겪었다고 설명하지만, 이러한 성문이 실제로 존재했다는 증거도 없다. 더욱이 어떤 이들은 사본학적으로 '낙타'('카멜로스', camel)를 '큰 실'('카밀로스', cable)로 읽어야 한다고 주장하는데, 근거가 희박하다.

26절: 사람들은 부자가 하나님의 복을 받았으므로 구원받을 것으로 생각했는데(참고. 신 28:1-14), 그렇지 못하다면 과연 누가 구원을 얻을 수 있을까 하면서 혼란스러워한다.

27절: 하나님은 부자의 마음을 변화시켜서 구원받게 하실 수 있다. 부자가 재산을 가난한 사람에게 나누어줌으로 제자가 되게 하실 수 있다. 19:1-10에 나오는 삭개오처럼 말이다.

28절: 베드로는 예수님의 칭찬을 듣고 싶어서 이렇게 말한다. "우리가"라는 단어가 사용된 것으로 보아 다른 제자들도 베드로와 생각이 같다.

29-30절: '집, 아내, 형제, 부모, 자녀' 목록이 마가복음 10:29에 있는 것('집, 형제, 자매, 어머니, 아버지, 자식, 전토')과 약간 다르나, 이는 중요하지 않다. 예수님은 소중하다고 여기는 것들을 버린 자를 언급하신다. 그들은 현세에 여러 배를 받고 내세에 영생을 받을 것이다.

18:31-34 예수님이 고난을 예언하심

예수님이 고난을 예언하신다. 누가복음에서 예수님의 고난 예언은 9:22, 43-45에 이어 이곳이 세 번째다. 고난 예언은 고난이 우발적인 것이 아니라 하나님의 계획에 의한 것임을 보여준다. 지금 예수님은 예루살렘으로 가시면서 이를 말씀하신다(참고. 12:50; 13:32-33; 17:25). 누가는 '예루살렘으로 가는 길'(the way to Jerusalem)이 '십자가를 지러 가는 길'(the way of the cross)이라는 사실을 알려준다.

31절: "선지자들을 통하여 기록된 모든 것"은 구약성경 전체를 가리킨다(참고. 24:25, 27, 32). "응하리라"('텔레스데세타이'; ESV: "will be accomplished")는 신적 수동태로서 예수님이 구약성경에 예언된 대로, 즉 하나님의 계획과 뜻에 따라 고난받으신다는 사실을 시사한다.

32-33절: 예수님은 이방인들에게 넘겨져 희롱을 당하고 능욕을 당하고 침 뱉음을 당하겠으며 그들이 채찍질하고 자신을 죽일 것이나 사흘 만에 살아날 것이라고 말씀하신다. 제자들은 예수님이 다시 살아나실 것이니 그분의 고난을 보더라도 좌절하거나 흔들리지 말아야 한다.

34절: 제자들은 하나도 깨닫지 못했는데, 이는 그 말씀이 감추어졌기 때문이다. 그들은 여전히 메시아에 대하여 바르게 인식하고 있지 않다. 즉 당시의 잘못된 메시아 관에 젖어 있다. 비록 예수님이 그들에게 많은 것을 가르치셨으나 아직 성숙하지 못해서 깨닫지 못하고 있다. 성령께서 가르쳐 주셔야 깨달을 수 있다.

18:35-43 맹인을 고치심

이 단락은 예수님이 맹인을 고치신 이적 사건이다. 맹인 치유 이적은 구약에 나오지 않는다. 오직 예수님이 이를 행하셨다. 이사야 29:18, 35:5는 맹인이 눈 뜨는 것을 메시아 시대의 증표라고 했다. 따라서 예수님의 맹인 치유 이적은 자신이 메시아임을 드러내신 것이다.

35절: 예수님은 9:51에서부터 예루살렘을 향하여 가고 계신다. 예수님은 "여리고에 가까이 가셨"다. 병행 본문에서 마태(20:29)와 마가(10:46)는 예수님이 "여리고에서 나가실 때"라고 기록하지만, 누가는 이와 달리 예수님이 "여리고에 가까이 가셨을 때"라고 언급한다. 이런 차이가 발생한 이유는 당시 두 개의 여리고가 있었기 때문이다. 옛 여리고(the old Jericho)와 새 여리고(the new Jericho)가 있었다. 이 사건이 일어났을 때 예수님은 옛 여리고를 떠나서(마태와 마가의 기록대로) 새 여리고에 이르고 계셨기에(누가의 기록대로) 복음서의 기록에 차이가 발생했다. 옛 여리고는 주전 8,000년 이전에 세워진 고대도시로서 사막 한가운데에 세워진 오아시스이다. 이곳은 예루살렘에서 약 27km 떨어져 있으며, 예루살렘으로 가는 순례 경로(the pilgrimage path to Jerusalem)에 있었는데, 예수님 당시는 과거와 달리 유명하지 않았다(참고. 수 5-6장). 새 여리고는 옛 여리고보다 조금 남쪽에 있다. 이곳은 하스모니안 왕가에 의해 세워졌으며, 헤롯 대왕에 의해 크게 발전되었다. 예수님 당시에는 순례자들을 위한 만남의 장소로 많이 사용되었다. 길가에 "한 맹인"이 있었다. 마태(20:30)는 '두 명의 맹인'을 말하지만, 마가(10:46)와 누가는 그들 중 한 명만 언급한다. 마가(10:46)는 이 맹인의 이름을 '바디매오'라고 알려준다. 맹인은 예루살렘으로 순례 여행하는 이들을 대상으로 구걸하고 있었다.

36-37절: '예수'는 흔한 이름이었다. 따라서 사람들은 예수님을 언급할 때 출신 지역을 붙여서 "나사렛 예수"라고 했다. 신약성경에서 예수님의 이름에는 나사렛이라는 지명이 자주 붙는다(참고. 마 2:23; 26:71; 요 17:5, 7; 19:19; 행 2:22; 3:6; 4:10; 6:14; 22:8; 26:9).

38절: 누가복음에서 예수님을 "다윗의 자손"이라고 고백하는 곳은 여기뿐이다. 하지만 누가복음(1:27, 24; 3:31; 20:41)과 신약성경(마 9:27; 12:23; 15:22; 21:9, 15; 막 12:35; 요 7:42; 행 2:29-32; 롬 1:3; 딤후 2:8)에서 예수님은 자주 다윗과 연관된다. 예수님은 20:41-44에서 자신이 '다윗의 자손'이라는 표현의 의미를 설명하신다. "나를 불쌍히 여기소서"라는 말은 고쳐 달라는 간청이다(참고. 17:13).

39절: 사람들이 맹인을 꾸짖는다. 이는 어린아이들이 예수님께 가까이 오는 것을 꾸짖은 것과 같다(참고. 15절). 그들은 당시 사람들의 보편적인 인식에 따라서 약한 자를 무시한다.

40절: 예수님은 맹인을 데려오라고 하신다. 맹인이 가까이 온다.

41절: 맹인은 예수님께 돈을 구하는 것이 아니라 치유를 구한다.

42절: 맹인은 믿음을 가지고 있었다. 믿음은 주님을 간절하게 찾는 것으로 드러난다. "너를 구원하였느니라"라는 말은 육체의 치유와 더불어 온전한(전인적인) 구원을 얻었다는 뜻이다.

43절: 맹인은 앞을 보게 되어 하나님께 영광을 돌리며 예수님을 따른다.

• 토론과 나눔 •

1. 누가복음에서 예수님이 기도를 가르치시기 위해서 주신 세 가지 비유는 무엇입니까(11:5-8; 18:1-8; 18:9-14)?

2. 끈질긴 과부 비유를 주신 목적은 무엇입니까(1절)?

3. 불의한 재판장이 과부의 부탁을 들어준 이유는 무엇입니까?

4. 바리새인의 기도에 담긴 심각한 잘못은 무엇입니까?

5. 부자 관리의 가장 큰 약점은 무엇입니까?

• 핵심과 실천 •

기도는 신비이며 비밀입니다. 기도란 하면 할수록 어렵습니다. 하지만 기도는 중요합니다. 우리는 반드시 기도해야 합니다. 당장 기도를 시작해야 합니다. 인내하면서 끈질기게 기도해야 합니다. 죄를 회개하면서 겸손하게 기도해야 합니다. 철저한 회개와 낮아짐은 기도의 출발점입니다. 기도는 응답 자체를 목적으로 하지 않습니다. 기도하는 이유는 주님과의 교제입니다. 시간을 정해두고 기도하십시오. 항상 기도하십시오. 기도 수첩을 활용해서 기도하십시오.

19장

예수님은 예루살렘을 향해서 가고 계신다. 이 여정은 9:51("예수께서 승천하실 기약이 차가매 예루살렘을 향하여 올라가기로 굳게 결심하시고")에서 시작되었다. 예수님은 예루살렘으로 올라가시는 길에 삭개오를 만나시고(1-10절), 열 므나 비유를 말씀하신 후(11-27절), 마침내 예루살렘에 입성하시며(28-44절), 입성하시자마자 성전에 들어가신다(45-48절). 19:28-21장은 예루살렘 사역이며, 22-23장은 고난을 겪으신 기록이고, 24장은 부활하신 이야기다.

LUKE

19:1-10 삭개오가 구원받음

예수님께서 예루살렘으로 올라가시는 중 그 경로에 있었던 여리고를 지나가신다(참고. 17:11). 이곳에서 예수님은 삭개오를 만나신다. '여리고'에 대해서는 18:35의 설명을 참고하라.

1절: 예수께서 여리고로 들어가 지나가신다.

2절: 여리고는 동서를 잇는 교통 요충지였다. 예수님 당시에 무역과 교류가 활발했고, 세관이 있었다. 이곳에 삭개오라는 사람이 있었다. 그는 세리장이었고 부자였다. "세리장"('아르키텔로네스', chief tax collector)은 이곳 외에 다른 문헌에 나오지 않는 직함이어서 지위와 역할을 정확히 알기가 어렵다. 아마도 세리들을 거느린 사람일 것이다. 삭개오가 부자였다는 사실은 이 이야기를 앞의 이야기와 연결하려는 의도를 가진다. 18:18-30에 소개된 이야기에서 예수님은 부자 관리와 대화하신 후 부자가 천국에 들어가기가 어려우나 하나님이 부자의 마음도 변화시키셔서 구원받게 하실 수 있다 하셨다. 이제 그 말씀이 삭개오의 예를 통해서 입증된다.

3절: 삭개오는 예수님이 어떤 분인지 궁금하여 보고자 했으나 키가 작고 사람이 많아 볼 수 없었다. 삭개오가 예수님을 보고자 한 것은 단순한 호기심이나 이적을 일으키는 사람에 관한 관심의 수준을 넘어서는 영적인 갈망이다. 지금 사람이 많은 이유는 유월절을 맞이하여 예루살렘을 방문하는 순례자들이 많았기 때문이다. 특히 예수님이 지나가신다는 소문을 듣고 예수님을 보려고 사람들이 모여들었다. 당시 예수님의 대중적 인기는 상당했다.

4절: 삭개오는 예수님을 보기 위해 돌무화과나무(a sycamore tree)에 올라가는데, 이는 예수님이 그리로 지나가실 예정이었기 때문이다. 돌무화과나무는 가지들이 좌우로 넓게 뻗어 있어서 사람이 올라가기가 쉬웠다.

5절: 예수님은 초자연적인 지각으로 삭개오를 이미 알고 계셨다. 예수님은 삭개오의 집에 유해야겠다고 말씀하신다. 이는 예수님이 삭개오에게 구원의 은혜를 베푸실 것임을 암시한다.

6절: 삭개오는 예수님의 말씀을 듣고 급히 나무에서 내려와 즐거워하며 예수님을 영접한다.

7절: 사람들은 예수님이 죄인의 집에 유하러 들어갔다고 수군거린다. 삭개오는 세리장이었는데, 세리는 유대인들에게 심각한 죄인으로 취급받았다. 당시 문화에서 죄인의 집에 유하는 것은 죄를 짓는 것으로 인식되었다. 그러나 예수님은 사람들의 수군거림을 개의치 않으신다.

8절: 삭개오가 결단한다. 소유의 절반을 가난한 자들에게 주겠다는 말은 소득의 절반이 아니라 그가 가진 전 재산의 절반을 주겠다는 뜻이다. 남의 것을 속여 빼앗은 것을 네 배를 갚겠다는 말은 율법 규정을 넘어선 것이다. 출애굽기 22:1, 레위기 6:5, 민수기 5:6-7 등에는 다른 사람의 소유를 빼앗거나 사기를 쳐서 돈을 얻은 것에 관한 규정이 있다. 율법은 그때 네 배까지 배상하라고 하지 않는다. 따라서 삭개오는 율법의 요구보다 더 많이 배상하려고 한다. 그리스도를 받아들인 후 삭개오는 변화되었다. 회개가 구체적인 행동으로 이어졌다. 그는 더이상 돈을 사랑하지 않게 되었고, 오히려 잘 사용하게 되었다. 가난한 사람들을 향한 관심이 생기게 되었다. 삭개오의 반응은 18:18-24에 나오는 부자 관리의 행동과 대조된다.

9절: 예수님은 삭개오가 구원받았다고 선언하신다, 이것은 삭개오뿐 아니라 그곳에 모인 사람들 모두가 들으라고 하신 말씀이다. 예수님의 선언은 삭개오가 이방인이었는데, 유대인이 되었다는 뜻이 아니다. 그는 원래 유대인이었다. 그의 이름 '삭개오'는 히브리식 이름이다. 이 말씀은 삭개오가 구원받음으로 아브라함의 참된(영적인) 자손이 되었다는 뜻이다(참고. 행 3:25-26; 갈 3:7). 그러므로 하나님께서 부자의 마음을 변화시키셔서 구원받게 하실 수 있음이 드러난다(참고. 18:26-27).

10절: 예수님은 결론적으로 자신이 오신 목적을 말씀하신다(참고. 5:24; 15:4-7). 삭개오가 구원받은 것은 다른 사람들도 구원받아야 한다는 사실을 상기시킨다. 이제 이것은 제자들이 수행해야 할 일이다. 제자들이 보냄을 받은 목적은 "잃어버린 자를 찾아 구원하려" 함이다.

19:11-27 열 므나 비유

이 비유는 9:51에서 시작된 예루살렘 여정을 끝맺는다. 이 비유는 달란트 비유와 유사하지만(참고. 마 25:14-30), 같은 것이 아니다. 달란트 비유는 감람산 강화 도중에 말씀하신 것이지만, 므나 비유는 여리고에서 예루살렘으로 가시던 도중에 말씀하신 것이다.

11절: 비유의 동기이다. 예수님을 따르는 사람들은 예수님이 예루살렘에 가까이 오셨기에 하나님 나라가 당장에 나타날 줄로 생각한다(참고. 17:20). 따라서 예수님은 사람들의 생각과 기대를 수정해 주시기 위하여 이 비유를 말씀하신다.

12절: 비유의 설정이다. 어떤 귀인이 왕위를 받아 오려고 먼 나라로 떠난다. 이러한 설정은 당시 실제로 일어난 일을 배경으로 한다. 주전 40년 헤롯 대왕과 주전 4년 헤롯 대왕의 아들 아켈라우스는 각각 왕권을 받으려고 로마에 갔다. 그래서 헤롯 대왕은 유다, 사마리아, 그리고 이두메아를 다스릴 왕권을 받았고(참고. Antiquities 14.13.1-4), 그의 아들 아켈라우스는 왕권을 받지 못했으나 분봉왕이라는 칭호를 받았다(참고. Antiquities 17.9.1-3; 17.11.4). 예수님은 그런 배경을 염두에 두시고 비유를 말씀하신다. "어떤 귀인"은 예수님이다. 예수님은 십자가에 달려서 죽으신 후 부활하시고 승천하실 것이다. 따라서 잠시 먼 나라로 떠나실 것이다. 그러나 하나님 우편에 계시면서 세상을 다스리시다가 언젠가 다시 이 땅에 오실 것이다.

13절: 귀인은 종 열 명을 불러서 은화 열 므나를 주며 자신이 돌아올 때까지 장사하라고 한다. '므나'는 1/60 달란트로서, 100드라크마(=100데나리온)이다. 이는 노동자의 3개월 치 임금에 해당한다. "내가 돌아올 때까지"라는 말은 '예수님이 재림하실 때까지'라는 뜻이다.

14절: 백성은 귀인을 미워하여 사자를 뒤로 보내어 "우리는 이 사람이 우리의 왕 됨을 원하지 아니하나이다"라고 한다. 이 말은 '귀인'이 예수님을 상징한다는 분명한 증거이다. "그 백성"이란 표현은 유대인을 상징한다. 그들은 예수님을 반대했다(참고. 23:2, 18-25; 행 2:23; 3:13-15; 13:27-29). "사자를 뒤로 보내어"라는 문구의 이미지는 유대인들에게 친숙했을 것이다. 당시 유대인들은 지방 통치자들을 반대하여 대표자들을 로마에 보낸 적이 있다. 그 한 예가 헤롯 아켈라우스에 반대하여 로마에 사신을 보낸 일이나(참고. Antiquities 17.11.1-2).

15절: 귀인이 왕위를 받아서 돌아온다. 그는 종들이 어떻게 장사했는지 알고자 하여 부른다. 이것은 왕이신 예수님이 이 땅에 다시 오셔서 사람들을 판결하시는 것을 상징한다.

16-17절: 첫째 종의 보고와 주인의 포상이다.

18-19절: 둘째 종의 보고와 주인의 포상이다. 첫째 종과 둘째 종은 장사하여 수익을 남김으로 고을을 다스리는 보상을 받는다. 고을을 다스리는 것은 돈에 비할 수 없을 만큼 큰 상이다. 따라서 주인은 수고하여 결실한 종들에게 대단히 큰 상을 내린다.

20-21절: 셋째 종의 보고이다. 그는 한 므나를 수건으로 싸 두었다가 그대로 내놓는다. 그는 아무 일도 하지 않았다. 그는 그렇게 한 이유를 제시한다. 그는 주인이 엄한 사람이라고 생각해서 무서워했다. 그리고 주인이 두지 않은 것을 취하고 심지 않은 것을 거두는 사람이라고 오해했다. 이것은 예수님에 대한 잘못된 인식을 반영한다. 예수님에 대한 무지로 예수님이 주신 사명을 감당하지 않은 것을 시사한다.

22-23절: 주인은 이 종을 향하여 "악한 종"이라고 한다. 그리고 그가 한 말로 그를 심판하려고 한다. 이는 주인을 나쁜 사람으로 본 그대로 종을 벌하겠다는 뜻이다. 주인은 종이 그의 돈을 최소한 은행에 맡겨서 이자라도 받아야 했는데, 그것조차 하지 않은 것을 꾸짖는다.

24-26절: 악한 종은 심판받으나, 신실한 종은 더욱 많은 보상을 받는다.

27절: 주인은 자신을 반대하던 사람들을 모두 죽인다. 이것은 일차적으로 주후 70년에 있었던 예루살렘 멸망 때 일어나지만, 궁극적으로 예수님의 재림으로 인한 최종 심판 때 발생한다.

19:28-44 예루살렘 입성

마침내 예수님은 예루살렘에 입성하신다. 예수님은 21:38까지 예루살렘에서 사역하시고, 22:1-23:56에서 고난과 죽임을 당하신 후, 24:1-53에서 부활하신다.

28절: 예수님은 예루살렘에 고난을 받으러 가신다. 그러나 위축되어서 억지로 가지 않으신다. 오히려 빠른 속도로 당당하게 가신다. 예수님은 하나님이 맡기신 일을 기쁘게 그리고 기꺼이 감당하시려고 한다.

29절: 예수님은 감람원이라 불리는 산 쪽에 있는 벳바게와 베다니에 가까이 가신다. "감람원"은 감람산(올리브산, Mount of Olives)을 가리킨다. 예로부터 올리브를 키우기에 적당한 곳이라 이렇게 불리었다. 이 산은 북쪽에서 남쪽으로 약 4km에 이른다. "벳바게"의 정확한 위치는 모르지만 베다니 근처일 것이다. "베다니"는 감람산 동쪽 산기슭에 있는데(참고. 요 11장), 예루살렘에서 동쪽으로 2.5km 떨어져 있다.

30절: 예수님은 초자연적인 지각을 통하여 나귀 새끼가 매여 있는 것을 알고 계신다. "맞은편 마을"은 아마도 벳바게일 것이다. "아무도 타 보지 않은 나귀 새끼"는 신성한 의무를 수행할 수 있는 자격을 갖춘 짐승을 상징한다(참고. 민 19:2; 신 21:3; 삼상 6:7). 이는 예수님이 지금 하실 일이 고귀하고 신성하다는 사실을 알려준다.

31절: 예수님이 나귀의 주인과 아는 사이인지는 모른다. 이것은 하나님의 섭리와 예수님의 주권을 보여준다.

32-34절: 제자들은 예수님이 명령하신 대로 행한다. 제자도는 지시를 따르는 것이다.

35절: 제자들은 나귀 새끼를 예수님께로 끌고 와서 자기들의 겉옷을 나귀 새끼 위에 걸쳐 놓고 예수님을 태운다. 이것은 스가랴 9:9의 예언을 성취하는 것이다. 겉옷을 나귀 새끼 위에 걸쳐 놓는 것은 안장을 만드는 일이다. 그런데 병행 본문의 마태복음 21:6-9에는 다른 복음서들과 달리 두 마리의 나귀가 나온다. 비평학자들은 마태가 스가랴 9:9를 잘못 이해하여 두 마리의 나귀를 언급했다고 하지만, 마태는 구약을 잘 알고 있었으며 구약이 예수님을 통해서 어떻게 성취되는지를 주의 깊게 서술하고 있기에 그런 실수를 했을 것으로 생각할 수 없다. 오히려 아직 어리고 아무도 태워본 적이 없는 나귀 새끼는 어미 나귀와 함께 있음으로써 예수님을 태우고 많은 사람

사이를 지나갈 때 놀라지 않았을 것이다. 즉 예수님은 나귀 새끼를 타고 가시고 어미 나귀가 새끼 옆에 같이 걸어가고 있는 형국이다.

36절: 겉옷을 길에 펴는 것은 경의를 표하는 행위로서 열왕기하 9:13에서 예후 왕이 이스라엘 왕으로 등극했을 때 백성들이 행한 모습과 유사하다(참고. Antiquities 9.6.2.). 오늘날로 치면 레드 카펫을 깔아 주는 것이다.

37절: "자기들이 본 바 모든 능한 일"이란 최근에 목격한 예수님의 말씀과 이적을 가리킨다. 특히 베다니에서 예수님이 죽은 나사로를 살리신 일이다(요 11-12장).

38절: 이 찬송은 시편 118:26인데, 예루살렘으로 들어가는 순례자들이 부른 노래다.

39절: 어떤 바리새인들은 제자들이 예수님을 왕으로 찬양하는 것을 못마땅하게 여긴다.

40절: 예수님의 대답은 하박국 2:11을 배경으로 한다(참고. 마 3:9).

41절: 예수님은 예루살렘에 가까이 오셔서 성을 보시고 우신다. 이 일은 누가복음에만 나온다. 이것은 예수님이 예루살렘을 보시면서 탄식하신 일과 유사하다(참고. 13:34; 마 23:37).

42절: 예수님이 예루살렘을 보면서 우시는 이유는 예루살렘이 "평화에 관한 일"을 모르고 있기 때문이다. "평화에 관한 일"이란 예수님을 통해서 이루어지는 구원이다. '예루살렘'이란 이름에는 '평화'('살렘')라는 뜻이 담겨 있다. 그러나 그 도시에는 평화가 없다. 예루살렘 사람들은 메시아를 거부함으로써 평화를 잃어버릴 것이고 전쟁과 멸망을 경험할 것이다. "숨겨졌도다"라는 단어는 신적 수동태(divine passive)로서 하나님에 의해서 숨겨졌다는 뜻이다. 그들이 예수님을 믿지 않고 거부하기 때문에 그들의 눈에 숨겨져 있다. 그들은 영적인 맹인이다. 그들은 자신들이 저지른 일의 대가를 받을 것이다.

43절: 예수님은 예루살렘의 멸망을 예언하신다(참고. 21장). "날이 이를 지라"라는 표현은 선지서에 20회 나오는데(3회를 제외한 모두 예레미야서와 아모스서에 나옴), 하나님의 심판이 이를 것이라는 뜻이다(예. 암 4:2). 따라서 여기서는 예루살렘이 멸망할 날이 이른다는 뜻이다. "토둔을 쌓고 너를 둘러 사면으로 가두고"에서 '토둔'(embankment)은 둑 혹은 제방을 의미한다. 이는 적군이 성을 정복할 때 사용하는 전술이다. 실제로 주후 70년 로마 장군 티투스는 예루살렘 성벽 둘레에 공격용 벽을 쌓았다(참고. Wars 5.11.4; 5.12.2).

44절: 예수님은 사람들이 죽임을 당하고, 성이 완전히 파괴될 것이라고 하신다. "이는 네가 보살핌받는 날을 알지 못함을 인함이니라"에 대한 헬라어 원문을 직역하면 '이는 너를 방문하는 날을 네가 알지 못함을 인함이니라'이다(ESV: "because you did not know the time of your visitation"). 예루살렘이 멸망하는 이유는 예수님이 예루살렘을 방문하셨을 때 알아보지 못하고 배척했기 때문이다. 그들은 예수님을 죽인 대가로 멸망 당한다.

19:45-48 성전에 들어가심

예수님이 예루살렘에 입성하셔서 가장 먼저 하신 일은 성전에 들어가신 것이다.

45절: 여기서 "성전"은 이방인의 뜰(the court of the Gentiles)이다(참고. 막 11:17의 '만민'). "장사하는 자들"은 희생제물에 사용될 짐승을 판매하는 자들과 성전세(temple tax)에 허용된 튀리안 은화(Tyrian silver coin)로 환전해 주면서 이득을 취하는 자들이다. 이것은 필요한 일이었으나 지나치게 상업적으로 변질되었다. 그들은 부당한 이득을 취했다.

46절: "내 집은 기도하는 집이 되리라"라는 말은 이사야 56:7을 인용하신 것이다. "너희는 강도의 소굴을 만들었도다"라는 말은 예레미야 7:11을 인용하신 것이다.

47절: 예수님은 성전에서 가르치신다(참고. 21:37). 종교 지도자들은 그분을 죽이려고 한다.

48절: 그러나 백성들이 예수님께 귀를 기울여 들으므로 그들은 어찌할 방도를 찾지 못한다.

• 토론과 나눔 •

1. 삭개오는 예수님을 만난 후 어떤 결단을 내립니까(8절)?

2. 셋째 종이 므나를 수건에 싸 두었다가 그대로 내놓은 이유는 무엇입니까(20-21절)?

3. 주인은 세 명의 종에게 각각 어떻게 보응하십니까?

4. 예수님이 예루살렘에 입성하실 때 "아무도 타 보지 않은 나귀 새끼"를 타신 이유는 무엇입니까(30절)?

5. 예수님이 예루살렘에 입성하셔서 가장 먼저 하신 일은 무엇입니까(45절)?

• 핵심과 실천 •

구원받은 자는 표시를 보여야 합니다. 회개는 행동으로 드러나야 합니다. 생각과 말로 회개를 표하는 것은 충분하지 않습니다. 회개의 표시 가운데 하나는 돈에 관한 관점 변화입니다. 회개한 자는 삭개오와 같은 결단을 해야 합니다. 불의한 방법으로 얻은 돈을 돌려주어야 합니다. 돈을 바르게 사용하려고 노력해야 합니다. 돈은 주님이 맡기신 수단입니다. 돈을 잘 사용하면 주님에게서 칭찬받겠지만, 그렇지 않으면 책망받을 것입니다.

20장

누가복음 20장은 예수님과 유대 종교 지도자들의 논쟁을 담고 있다. 이 논쟁을 통하여 예수님이 누구신지가 드러난다. 종교 지도자들은 예수님의 권위에 도전하고(1-8절), 예수님은 악한 농부 비유로 경고하신다(9-19절). 이어지는 단락에는 두 개의 논쟁이 나오는데(20-26절; 27-40절), 세금과 부활에 관한 논쟁으로 종교 지도자들이 마주한 첨예한 사안이었다. 예수님은 그리스도가 다윗의 계보를 통해서 오셨지만, 오히려 다윗의 주라고 하심으로 자신의 신분을 밝히신다(41-44절). 마지막으로, 예수님은 서기관들을 삼가라고 경고하신다(45-47절).

LUKE

20:1-8 예수님의 권위에 대한 도전

예수님은 공생애 마지막 주간에 날마다 예루살렘 성전에서 가르치신다(참고. 19:47). 하루는 예수님이 성전에서 백성을 가르치시며 복음을 전하고 계셨는데, 대제사장들과 서기관들과 장로들이 온다. 예수님은 이들과 논쟁하신다. 이를 통해 자신의 신적 지위를 드러내신다.

1절: "대제사장들과 서기관들과 장로들"은 유대의 최고 지도자들이다. 이들은 공회(산헤드린, Sanhedrin)의 회원들이다(참고. 9:22; 22:66). 공회원들은 안식일이나 특별절기를 제외하고 매일 모였다. 그들의 주된 임무는 재판이었다. 그들은 유대의 제반 사항에 대한 막강한 권한을 가지고 있었다. 그들은 복음서에서 줄곧 예수님을 대적하는 세력들로 묘사된다. 이번에도 그들은 예수님을 공격하기 위해서 모인다.

2절: "이런 일"('타우타', these things)은 복수형이다. 이것은 예수님이 죄를 사하신 일(참고. 5:24; 7:49), 안식일에 병을 고치신 일(참고. 6:6-11; 13:10-

17), 그리고 자신을 따르라고 명하신 일(참고. 9:23-24, 57-62; 14:26) 등이며, 특히 예수님이 예루살렘에 도착하시자마자 성전을 정결하게 하신 일이다. 그들은 예수님이 아무런 공적인 직함을 받지 못했으면서 이런 일을 했기에 책임을 물으려고 한다.

3절: 예수님은 역질문(counter-question)을 하신다. 이것은 당시 랍비들이 종종 사용한 대화 방식이다.

4절: "요한의 세례"는 요한이 베푼 세례뿐만 아니라 그가 행한 사역과 가르침을 포함한다. 세례 요한은 예수님이 누구시며 어떤 일을 하실지를 증언했다(참고. 3:16). 따라서 요한의 사역을 어떻게 평가하느냐에 관한 질문은 중요하다.

5절: 대제사장들과 서기관들과 장로들은 이 질문에 대답하기가 쉽지 않았다. 세례 요한이 예수님을 메시아라고 증언했기에 요한을 인정하면 예수님을 인정하는 꼴이 된다.

6절: 만일 요한의 세례가 사람으로부터라고 하면 백성이 요한을 선지자로 인정하고 있어서 그들이 다 자신들을 돌로 칠 것이다. 따라서 어떤 대답을 해도 문제가 될 수 있다고 예상한다.

7절: 그들은 "어디로부터인지 알지 못하노라"고 대답한다. 즉 역질문에 밀려서 대답하지 못한다. 그들은 주관과 소신이 없는 자들이다.

8절: 예수님은 이들과 대화하시는 것이 무의미하다고 하신다. 결국, 대제사장들과 서기관들과 장로들이 요한의 세례에 관하여 무지하다면 예수님에 관해서도 알 수 없음이 드러난다. 유대 종교 지도자들은 예수님께 곤란한 질문을 던져서 흠을 찾으려고 했다. 그러나 예수님은 지혜로운 분이셔서 그들에게 역질문을 하심으로 그들의 무지와 무소신을 드러내신다.

20:9–19 악한 농부 비유

이 비유는 앞 단락(1-8절)에서 이어지는 것으로, 예수님의 권위에 도전하는 유대 종교 지도자들에게 주어진 것이다(참고. 19절). 이 비유는 예수님이 하나님의 아들이시며, 이스라엘이 하나님의 아들을 죽임으로 받게 될 대가를 가르쳐준다.

9절: 예수님은 한 사람이 포도원을 만들어 농부들에게 세로 주고 타국에 가서 오래 있었다는 설정으로 비유를 시작하신다.

10절: 포도원 주인은 수확할 때가 이르자 포도원 소출 얼마를 바치게 하려고 한 종을 농부들에게 보내지만, 농부들은 종을 몹시 때리고 거저 돌려보낸다.

11절: 주인은 다른 종을 보내는데, 농부들이 그도 몹시 때리고 능욕하고 거저 돌려보낸다.

12절: 주인은 세 번째 종을 보내지만, 농부들이 이 종도 상하게 하고 내쫓는다. 따라서 종에 대한 학대가 점점 심해진다.

13절: 포도원 주인은 어찌할까 하다가 자기 사랑하는 아들을 보낸다. "포도원"은 하나님 나라를 상속받을 수 있는 특권을, "주인"은 하나님을, "종"은 선지자들을(참고. 대하 24:19, 31; 느 9:26; 렘 7:25-26; 25:4; 26:21-23), 그리고 "내 사랑하는 아들"은 예수 그리스도를 상징한다(참고. 3:22; 9:35). 주인은 농부들이 적어도 자기 아들을 존대할 것이라고 기대한다. 하나님은 그분의 백성들에 대한 기대감을 품고 계신다.

14-15a절: 그러나 농부들은 주인의 아들을 죽이면 자신들이 포도원을 차지할 수 있을 것으로 생각하고 주인의 아들을 포도원 밖에 내쫓아 죽인다. 따라서 예수님은 유대인들이 하나님께서 보내신 선지자들을 죽였는데, 이제 하나님의 아들이신 예수님마저 죽이려 한다고 하신다.

15b절: 예수님의 수사학적인 질문에 내재된 대답은 분명하다.

16a절: 예수님은 주인이 포도원에 와서 농부들을 진멸하고 포도원을 다른 사람들에게 줄 것이라고 하신다. 누가는 이 말씀이 주후 70년 예루살렘 멸망으로 이루어진다는 것을 알기를 기대한다(참고. 13:35; 19:43-44; 21:20-24; 23:29-31). '포도원을 다른 사람들에게 주는 것'은 유대인들이 가졌던 우월한 언약적 지위를 이방인들에게 넘긴다는 뜻이다(참고. 행 13:45-47; 18:6; 28:25-28). 병행 본문의 마태복음 21:43에는 더욱 강한 표현이 나온다.

16b절: 청중들은 "그렇게 되지 말아지이다"('메 게노이토', NASB: "May it never be")라고 대답한다. 이 말은 절대로 그렇게 되지 않기를 바란다는 뜻이다. 이 문구는 강한 표현으로, 복음서에서 여기에만 나오지만, 바울 서신에서는 열네 번이나 등장하는데, 로마서에 열 번 나오며(예. 롬 3:4, 6, 31; 6:2, 15; 7:7, 13; 9:14; 11:1, 11), 갈라디아서에 세 번 나오고(예. 갈 2:17; 3:21; 6:14), 고린도전서에 한 번 나온다(예. 고전 6:15). 문예 기능적으로, 이 표현은 청중들이 비유의 의미를 파악했음을 보여준다. 청중들은 비유를 들으면서 하나님이 이스라엘을 다른 사람들에게 넘겨주실지도 모른다고 우려한다.

17절: 예수님은 비유와 관련하여 시편 118:22를 인용하신다. 이 말씀은 사도행전 4:11과 베드로전서 2:7에도 나온다. "건축자들의 버린 돌"은 유대인들이 버린 예수님을 의미한다. "모퉁이의 머릿돌"은 건물에서 가장 중요한 부분이다. 유대인들이 버린 예수 그리스도는 교회(유대인들과 이방인들의 총합)의 머리가 될 것이다.

18절: 예수님은 비유의 결론을 내리시는데, 비슷한 표현을 두 번 반복하셔서 강조하신다. "이 돌 위에 떨어지는 자는 깨어지겠고"라는 말씀은 이사야 8:14-15를 인용한 것이다. 이는 예수님을 대적하는 자가 심판을 받아 멸망할 것이라는 뜻이다. "이 돌이 사람 위에 떨어지면 그를 가루로 만들어 흩으리라"라는 말씀은 다니엘 2:34-35, 44-45를 인용한 것이다. 이것도 심판에 관한 경고이다. 누구든지 주님을 대적하면 철저히 부서질 것이다.

19절: 예수님의 비유를 들은 서기관들과 대제사장들은 이 비유가 자기들을 가리켜 말씀하심인 줄 알고 즉시 예수님을 잡고자 하지만 백성을 두려워한다.

20:20-26 세금에 관한 논쟁

이 단락과 다음 단락에 논쟁이 나온다. 예수님은 유대의 대표적인 종파들과 논쟁하시는데, 그들은 예수님에게서 흠을 잡으려고 했다. 예수님은 이 단락에서 헤롯 당원들 및 바리새인들과 세금에 관해 논쟁하시고, 다음 단락(27-40절)에서 사두개인들과 부활에 관해 논쟁하신다.

20절: 서기관들과 대제사장들은 기회를 엿보다가 예수님을 총독에게 넘기려고 정탐들을 보내어 그들로 스스로 의인인 체하면서 예수님의 말을 책잡게 한다. "총독"은 본디오 빌라도를 가리킨다. 그는 유월절을 대비하기 위해서 예루살렘에 있다. "정탐들"은 마태복음 22:16과 마가복음 12:13에 바리새인들과 헤롯 당원들로 묘사되어 있다. 이들은 평소 사이가 좋지 않았으나 예수님을 공격하기 위해서 일시적으로 힘을 합친다(참고. 23:12).

21절: 정탐들의 말은 아첨이다. 그들은 예수님을 책잡기 위해서 이렇게 추켜세운다. 하지만 그들의 말은 아이러니하게도 모두 사실이다.

22절: 세금에 관한 논의는 당시 사회에서 매우 예민했다. 그들은 대답하기 난처한 질문을 던진다. "가이사"는 로마 황제를 가리키는 호칭이다. 당시 가이사는 티베리우스였다(참고. 3:1). 유대인들은 로마 정부에 상당히 많은 세금을 바치고 있었다. 헤롯 당원들은 친로마적인 사람들로서 가이사에게 세금을 바치는 것이 옳다고 생각했고, 바리새인들은 반로마적인 사람들로서 가이사에게 세금을 바치는 것이 옳지 않다고 주장했다. 따라서 예수님이 어떤 대답을 하셔도 한쪽 편에서 문제가 될 수 있었다.

23절: 예수님은 그들의 간계를 아신다.

24절: 예수님은 데나리온 하나를 자신에게 보이라고 말씀하신다. 그리고 누구의 형상과 글이 여기 있느냐고 물으신다. 그들은 가이사의 것이 있다고 대답한다. 데나리온의 앞면에는 가이사 디베료(Caesar Tiberius)의 초상과 'TI[berius] CAESAR DIVI AVG[usti] F[ilius] AVGVSTVS'('티베리우스 카이사르, 신 아우구스투스의 아들')라는 글귀가 새겨져 있었다. 그리고 데나리온의 뒷면에는 가이사의 어머니 리비아의 형상과 'PONTIF[ex] MAXIM[us]'('대사제')라는 문장이 새겨져 있었다. 이를 통해서 사람들은 로마 황제를 신적 존재로 추앙했다.

25절: 이 구절을 해석하는 열쇠는 문장 가운데 있는 헬라어 접속사 '카이'이다. 이것은 '그리고'(and)일 수도 있고, '그러나'(but)일 수도 있는데, 여기서는 '그러나'이다. 그렇다면, 이 말씀의 의미는 다음과 같다. 그리스도인은 세속 국가에 대한 의무를 진다. 따라서 가이사에게 세금을 바쳐야 한다. '그러나' 가이사 위에는 하나님이 계신다. 그리스도인은 하나님에 대한 의무를 더욱 크게 진다. 만일 로마 정부가 하나님이 세우신 기준에 부합한다면 세금을 바쳐야 하겠지만, 그렇지 않다면 세금을 바치지 말아야 한다. 어떤 학자는 "가이사의 것은 가이사에게"를 가이사에게 세금을 바쳐야 한다는 뜻으로 보고, "하나님의 것은 하나님께"를 하나님께 바칠 것은 믿음, 사랑, 충성, 인내, 찬양으로 이런 것을 하나님께 바치라는 뜻으로 본다. 그러나 이런 해석은 26절의 '종교 지도자들의 침묵'을 고려할 때 어색하다. 만일 이 해석을 취한다면 예수님이 바리새인들과 민족주의적 유대인들의 분노를 사게 되었을 것이다.

26절: 종교 지도자들은 백성 앞에서 예수님의 말씀을 능히 책잡지 못하고 그분의 대답을 놀랍게 여겨 침묵한다. 그들은 예수님의 말씀에 대해서 할 말이 없었다.

20:27-40 부활에 관한 논쟁

앞 단락(20-26절)에서 바리새인들과 헤롯 당원들은 예수님을 책잡으려고 세금에 관한 질문을 던졌다. 이 단락에서 사두개인들은 예수님을 곤경에 빠뜨리려고 부활에 관한 질문을 던진다.

27절: 부활이 없다고 주장하는 사두개인 중 어떤 이들이 예수님께 온다. 누가복음에서 "사두개인"은 이곳에만 나온다(참고. 사도행전에는 다섯 번 나옴: 행 4:1; 5:17; 23:6, 7, 8). '사두개인'이라는 명칭은 다윗과 솔로몬 시대의 제사장 사독(Zadok)의 이름에서 유래한 것으로 추정되지만 확실하지가 않다(참고. 삼하 8:17; 15:24; 왕상 1:8). 그들은 제사장과 상류층 유대인으로 구성되었는데, 예수님 당시 로마의 권력자들과 밀접하게 연관을 맺으면서 자신들의 세력을 구축해 나갔다. 사도행전 23:8에 명확히 언급되었듯이, 사두개인은 부활이 없고, 천사도 없고, 영도 없다고 주장했다. 사후세계를 믿지 않았으며, 구약성경도 모세오경만 인정했다. 그들이 부활에 관해서 질문하는 것은 죽음과 부활을 앞둔 예수님에게 상당히 중요했다.

28절: 사두개인들은 모세오경만 믿었으므로 모세 율법에 기록된 내용을 말한다.

28-33절: 사두개인들은 모세 율법에 기록된 '형사취수혼법'('계대 혼인법')을 거론하면서 부활의 부당성을 주장한다(참고. 신 25:5). 모세 율법에 따르면, 만일 어떤 사람의 형이 아내를 두고 자식이 없이 죽으면 그 동생이 그 아내를 취함으로 형의 대를 이어줄 상속자를 세운다. 그런데 칠 형제가 있었는데, 맏이가 아내를 취했다가 아들 없이 죽고, 동생들이 연이어 형수를 취했지만 모두 아들이 없이 죽고, 그 후에 여자도 죽으면, 칠 형제가 다 그녀를 아내로 취했으니 부활 때 그녀는 그들 중에 누구의 아내가 되겠는가? 이처럼 사두개인들은 매우 어려운 질문을 던짐으로 예수님을 곤경에 빠뜨

리려고 한다.

34-35절: 결혼해서 자식을 낳고 종족을 이어가는 것은 죽음이 있는 이 세상에서만 필요하다.

36절: "천사와 동등"이라는 말은 자손을 낳아서 종족을 이어가는 일이 없다는 뜻과 더불어 다시 죽지 않는다는 뜻이다.

37절: 예수님은 위의 주장에 더하여 사두개인들이 인정하는 유일한 성경인 모세오경을 통해 주장을 이어 나가신다. 예수님은 죽은 자가 살아난다는 것이 "모세의 글"(모세오경)에 나온다고 하신다. "가시나무 떨기에 관한 글에서"는 출애굽기 3:2-6을 가리킨다. 당시 구약성경에는 장과 절이 없었으므로 예수님이 이런 식으로 표현하신다(참고. 롬 11:2). 출애굽기 3:6에서 하나님은 자신을 "아브라함의 하나님이요 이삭의 하나님이요 야곱의 하나님이시라"고 하셨다. 이는 아브라함과 이삭과 야곱이 모두 소멸하지 않고 살아 있음을 전제한다. 구약에서 부활에 관한 분명한 언급은 욥기 19:26, 시편 16:9-11, 이사야 26:19, 다니엘 12:2등에서 발견된다. 그러나 사두개인들은 모세오경만 인정했으므로 예수님이 출애굽기를 인용하신 것이다. "칭하였나니"('레게이')는 현재형으로서 모세가 지금도 살아서 칭하고 있다는 사실을 강조한다.

38절: 예수님은 결론적으로 부활의 실재를 확언하신다.

39절: 서기관들은 바리새인들로서 부활을 믿었기에, 예수님이 사두개인들을 향하여 부활이 사실이라고 말씀하시자 동의한다.

40절: 예수님의 말씀에 사두개인들은 아무 것도 감히 더 물을 수 없었다. 예수님은 그들보다 훨씬 지혜로우신 분이다. 그들이 어떤 질문을 해도 당해낼 수 없다.

20:41-44 그리스도와 다윗의 자손

다윗은 위대한 메시아적 표상이다. 그는 중앙집권 국가체제를 구축하여 이스라엘을 역사상 가장 강력한 나라로 만들었다. 따라서 유대인들은 그리스도를 다윗의 자손이라고 부르면서 그가 유대인들의 민족적 기대감을 이루어 주기를 바랐다. 그러나 유대인들은 그리스도에 대해서 제대로 알지 못한 채 그를 '다윗의 자손'이라고 불렀다. 따라서 예수님은 자신의 신분과 정체에 관한 바른 지식을 가르쳐 주시기 위해서 이 말씀을 하신다.

41절: 유대 종교 지도자들이 예수님께 더는 질문을 하지 못하자 예수님이 질문하신다. 예수님은 "사람들이 어찌하여 그리스도를 다윗의 자손이라 하느냐"라고 물으신다. 그리스도를 '다윗의 자손'이라고 부르는 것은 틀린 말이 아니다. 구약성경에는 그리스도가 '다윗의 자손'이라는 사실이 많이 언급되어 있다(참고. 삼하 7:12-16; 시 89:3-4; 사 9:2-7; 11:1, 10; 렘 23:5-6; 30:9; 33:15-17, 22; 겔 34:23-24; 호 3:5; 암 9:11 등).

42-43절: 예수님은 시편 110:1에 있는 다윗의 말을 인용하신다. "주께서 내 주께 이르시되"란 '여호와께서 다윗의 메시아께 이르시되'로 읽을 수 있다. 따라서 메시아는 다윗보다 큰 분이다. "내가 네 원수를 네 발등상으로 삼을 때까지 내 우편에 앉았으라 하셨도다"라는 말씀은 하나님이 메시아에게 주신 영광스러운 지위와 권세를 의미한다.

44절: 다윗이 그리스도를 "주"라고 칭했다는 말은 그리스도가 다윗의 계보를 통해서 오셨기는 하지만, 오히려 그리스도가 다윗의 주라는 뜻이다.

20:45-47 서기관들을 삼가라

예수님은 서기관들을 삼가라고 당부하신다. 서기관들은 예수님의 대적

자를 대변한다.

45절: 예수님은 제자들에게 서기관들에 관하여 말씀하신다.

46절: 예수님은 서기관들이 긴 옷을 입고 다니는 것을 원하며 시장에서 문안받는 것과 회당의 높은 자리와 잔치의 윗자리를 좋아하는 것을 지적하시면서 그들을 삼가라고 하신다.

47절: 예수님은 서기관들이 과부의 가산을 삼키며 외식으로 길게 기도하니 그들이 더 엄중한 심판을 받으리라고 하신다. 당시 서기관들은 백성의 신망과 존경을 얻고자 했다. "과부의 가산을 삼키며"라는 표현은 율법사인 서기관이 죽은 남편의 유언에 따라 과부의 재산을 관리해 주는 일을 했는데, 그때 돈을 착복하곤 했다. 따라서 그들은 더 엄중한 심판을 받을 것이다.

• 토론과 나눔 •

1. "대제사장들과 서기관들과 장로들"이 지닌 권한은 무엇입니까(1절)?

2. "요한의 세례"라는 표현은 무엇을 의미합니까(4절)?

3. 악한 농부 비유는 누구에게 주어진 것입니까(19절)?

4. 예수님은 세금에 관해서 어떤 입장을 지니고 계십니까(25절)?

5. 예수님은 서기관들을 어떻게 평가하십니까(45-47절)?

• 핵심과 실천 •

과거와 마찬가지로 오늘날에도 주님의 권위에 도전하는 자들이 있습니다. 또한, 그리스도인들에게도 트집을 잡으려는 자들이 있습니다. 그들은 어떤 자들입니까? 어떤 세력입니까? 물론, 우리가 잘해야 합니다. 하지만 아무리 잘해도 비판을 받습니다. 우리는 그들의 정체를 파악할 뿐 아니라 지혜롭게 대처해야 합니다. 그들과 지나치게 논쟁하거나 강 대 강으로 대치하는 것은 현명하지 않습니다. 그들에게 끊임없이 사랑을 베풀어서 감동하게 하는 것이 더 낫습니다.

21장

예수님은 과부의 헌금에 관해서 언급하신 후(1–4절), '감람산 강화'를 말씀하신다(5–36절). 감람산 강화는 공관복음에 모두 나오지만, 복음서마다 조금씩 기록 차이가 있다. 이는 기록 관점과 목적의 차이 때문이다. 마가복음과 비교할 때 누가는 12, 15, 18, 20–22, 23a–26a, 28절을 덧붙였다. 이 장은 예수님의 성전 사역에 관한 언급으로 마친다(37–38절).

LUKE

21:1-4 과부의 헌금

20:47에서 예수님은 서기관들이 과부의 가산을 삼킨다고 하셨다. 여기서 예수님은 가난한 과부가 헌금하시는 모습을 언급하신다. 이는 부유한 서기관들보다 가난한 과부가 더 낫다는 메시지를 전달한다. 서기관과 과부는 가진 자와 가지지 못한 자를 대표한다.

1절: 예수님께서 부자들이 헌금함에 헌금 넣는 것을 보신다. "헌금함"은 성전 안 여인들의 뜰에 비치되어 있었는데, 입구가 나팔 모양으로 생긴 열세 개의 수집 상자(Shofar-chests)였다(참고. Mishnah, Shekalim 6:5). 각 헌금함에는 용도가 적혀 있어서 헌금하는 사람들이 용도를 선택하여 헌금할 수 있었다(Mishnah, Shekalim 2:2-3).

2절: 예수님은 어떤 가난한 과부가 두 렙돈 넣는 것을 보신다. "렙돈"은 당시에 사용되던 가장 적은 가치를 가진 동전으로 지름이 약 1cm이다. 렙돈은 1/128데나리온이다.

3절: 예수님은 가난한 과부가 다른 모든 사람보다 많이 넣었다고 하신다.

4절: 예수님은 부자들이 풍족한 중에서 헌금을 넣었으나 이 과부가 가난한 중에서 자기가 가지고 있는 생활비 전부를 넣었다고 하신다.

21:5-6 성전 파괴 예언

21:5-36은 '감람산 강화'이다. 이 강화는 크게 두 부분으로 나뉘는데, 첫 번째 부분(5-24절)은 주후 70년에 일어난 예루살렘 성전 파괴에 관한 예언이고, 두 번째 부분(25-36절)은 세상 종말에 관한 예언이다. 이 단락(5-6절)에서 예수님은 성전이 파괴될 것이라고 하신다.

5절: "어떤 사람들"은 마태복음 24:1에서 "제자들"이다. "성전"은 헤롯 대왕이 지은 것이다. 그는 성전을 아름답고 거대하게 세웠다. 성전은 예루살렘 성 전체의 1/6을 차지했다. "아름다운 돌"이란 정성을 들여 깎은 돌이다. 역사가 요세푸스는 성전에 사용된 돌 중에 길이가 45규빗, 높이가 5규빗, 너비가 6규빗이나 되는 거대한 돌들이 있었다고 증언한다(1규빗은 약 45cm, Wars 5.5.6[5.224]). 그는 멀리서 성전을 바라보면 마치 눈 덮인 산처럼 보였다고 묘사한다(Wars 5.5.6.[5.223]). 이 돌 중 일부는 지금도 성전에 유물로 전시되어 있다. "헌물"은 성전을 지을 때 백성들이 비싸고 화려한 장식물들을 바쳤음을 알려준다.

6절: 그러나 예수님은 성전이 완전히 파괴될 것이라고 하신다. 실제로 주후 70년 로마의 티투스(Titus)는 예루살렘을 침공하고 성전을 파괴했다. 서쪽벽 일부를 제외하고는 다 무너졌다. 성전이 파괴된 이유는 유대인들이 예수님을 죽였기 때문이며, 참된 성전이신 예수님이 오셨기에 물리적 성전이 필요 없어졌기 때문이다(참고. 히 9:9-10).

21:7-11 성전 파괴 직전의 상황

예수님은 성전이 파괴되기 직전에 일어날 일에 대해서 말씀하신다. 이 일들은 당시 실제로 일어났다(Wars 2.2.259, 433-456; Antiquities 3.320; 20.101). 예수님은 이것을 미리 말씀하심으로 백성들이 혼란에 빠지지 않게 하신다.

7절: 이 구절은 "그들이 물어 이르되"로 시작된다. 마태복음 24:3에는 "제자들"이 물었다고 기록되어 있다. 마가복음 13:3에 따르면, '베드로와 야고보와 요한과 안드레'가 물었다. 제자들은 성전이 파괴될 것이라는 말씀을 듣게 되자 심각하게 묻는다. 병행 본문을 통하여, 이 질문이 예수님의 측근 제자들을 통해서 주어졌으며, 그들이 성전 파괴를 하나님의 심판(세상 종말)으로 생각했다는 점을 알 수 있다. 그러므로 감람산 강화는 성전 파괴 예언에 대한 제자들의 오해로 인해 주어진 것이다. 그러나 마태와 달리, 누가는 마가와 마찬가지로 성전 파괴 예언에 집중하여(참고. 21:6), 예루살렘 성전이 파괴되기 직전에 무슨 징조가 있겠느냐고 물은 것만을 기록한다.

8절: 예수님은 미혹을 받지 않도록 주의하라고 하신다. 많은 사람이 자신을 메시아라고 주장하면서 '때가 가까이 왔다'라고 할 것이지만, 그들을 따르지 말라고 하신다. 요세푸스에 따르면, 당시에 거짓 선생들과 메시아들이 많이 등장했다(참고. Wars 6.5.2-3[6.285-288]). 예를 들어, 사도행전 5:36에는 드다가 400명의 추종자를 모았고 '스스로 선전했다'라는 기록이 있다. 그리고 사도행전 21:38에는 자객 4,000명을 일으켜 소요를 일으킨 이집트인 이야기가 나온다. 그들은 아마도 자신들을 메시아라고 말하면서 사람들을 선동했을 것이다.

9절: "난리와 소요의 소문"이란 예루살렘 멸망 직전에 있었던 유대인들의 반(反)로마전쟁을 가리킬 것이다. "이 일이 먼저 있어야 하되"라는 말씀은 하나님의 섭리에 따라 예루살렘이 멸망함을 뜻한다. 이런 일 가운데서도 하나님은 신자들을 보호해 주실 것이니 두려워하지 말아야 한다. "끝은 곧 되지 아니하리라"라는 말은 전쟁이 세상 종말을 가져올지 모른다고 사람들이 생각했기 때문이다. 그러나 예수님은 이것이 세상 종말('끝')이 아니라고 분명히 말씀하신다.

10절: 이 구절은 9a절을 설명한 것이다.

11절: "곳곳에 큰 지진과 기근과 전염병이 있겠고"란 당시 실제로 일어난 재난을 가리키는 것으로 보인다. "무서운 일과 하늘로부터 큰 징조들"이란 어구는 누가복음에만 나오고, 마태복음과 마가복음에 빠져 있다. 이것은 다양한 재난 상황을 묘사한 것 같다. 요세푸스는 예루살렘이 멸망하기 직전에 이런 징조가 있었다고 증언한다(참고. Wars 6.5.3-4[6.288-315]).

21:12-19 제자들이 박해받음

7-11절은 예루살렘 성이 무너지기 직전에 일어날 일들이다. 이제 12-19절에서 예수님은 제자들에게 집중하신다. 예수님은 제자들이 여러 사람으로부터 박해받을 것이나 하나님이 지켜주실 것이라고 하신다.

12절: 12-15절은 제자들이 권력자들에 의해서 박해를 받을 것이라는 말씀이다. "이 모든 일 전"이란 7-11절에 기록된 모든 일 전을 가리킨다. 즉 예루살렘이 멸망하기 전을 뜻한다. "내 이름으로 말미암아"는 예수님을 믿고 전한다는 이유로 박해받을 것임을 암시한다. 제자들은 유대인들과 로마인들에 의해서 고통을 겪을 것이다.

13절: 이 구절은 복음을 전할 기회가 될 것이라는 뜻이다.

14-15절: 이 구절들은 12:11-12와 연관된다. 제자들이 곤란한 상황에 부닥쳤을 때 성령께서 구변과 지혜를 주실 것이니 성령을 의지하면서 두려워하지 말라는 뜻이다.

16-17절: 제자들은 가족들과 친구들과 모든 사람으로부터 박해를 받을 것이다. 심지어 부모와 형제와 친척과 벗이 제자들을 넘겨주어 죽이게 할 것이다. 제자들이 예수님의 이름으로 말미암아 모든 사람에게 미움을 받을 것이다.

18절: 예수님은 제자들이 보호받을 것이라고 말씀하신다. 앞에서 주님은 제자들이 죽임을 당하거나 미움을 받을 것이라고 하셨다. 따라서 이 말씀은 신체 보호 약속이 아니다. 이 말씀은 그들이 영원한 상함(멸망)을 받지 않을 것이라는 뜻이다.

19절: 주님과 복음을 위하여 잘 견딘 자들은 영적인 구원, 즉 궁극적인 구원(영화)을 얻을 것이다. 병행 본문 마태복음 24:13과 마가복음 13:13은 똑같이 "끝까지 견디는 자는 구원을 얻으리라"고 기록한다.

21:20-24 성전 파괴 상황과 피난 지침

예수님은 예루살렘 성전 파괴를 언급하시면서 제자들에게 피난 지침을 주신다.

20절: "너희가 예루살렘이 군대들에게 에워싸이는 것을 보거든"이란 표현은 구체적인 상황 묘사이다. 이것은 주후 70년의 예루살렘 멸망을 묘사한다. 이 문구를 마태복음 24:15는 "멸망의 가증한 것이 거룩한 곳에 선 것을 보거든"이라고 표현했다. 누가복음은 이방인들을 대상으로 기록되었기 때문에 예수님의 말씀을 이방인들이 이해할 수 있는 표현으로 풀어 놓았다. 그러나 마태복음은 유대인들을 대상으로 저술되었기에 유대인들이 이해할 수 있는 표현을 사용했다. 마태복음의 표현 배경이 되는 다니엘 9:26-27은 주전 167년 시리아(Seleucid)의 통치자 안티오커스 에피파네스(Antiochus IV Epiphanes)가 예루살렘을 침략한 것에 대한 예언을 담고 있다. 다니엘은 안티오커스 에피파네스가 예루살렘을 침략한 후 성전에 제우스 올림피우스(Zeus Olympius, Jupiter)를 위한 제단을 만들고 그 위에 돼지의 피를 뿌린 것을 예언했다(단 11:31; 마카비 1서 1:54; Antiquities 12.5.4).

21절: 예수님은 피난 지침을 주신다. 즉 예루살렘 성이 군대들에 에워싸이는 것을 보거든 유대에 있는 자들은 산으로 도망갈 것이며, 성내에 있는 자들은 나갈 것이고, 촌에 있는 자들은 그리로 들어가지 말라고 하신다. 아직 로마가 예루살렘 성을 완전히 에워싸지 않은 상황이었기에 피신할 수 있다. 실제로 고대 역사가 유세비우스(Eusebius)는 주전 67년 유대에서 전쟁이 났을 때 예수님의 경고대로 그리스도인들이 예루살렘 북쪽에 있는 펠라 산으로 도망한 것을 기록한다(Ecclesiastical History 3.5.3).

22절: 여기서 "징벌"이란 표현이 사용된 것은 예루살렘 파괴가 하나님에 의해 이루어지는 행동임을 암시한다. 예루살렘이 무너지고 성전이 파괴되는 것은 유대인들이 잘못한 것에 대한 하나님의 심판이다. 하나님이 로마를 통해서 이스라엘을 벌하시는 것이다. 이스라엘의 가장 큰 잘못은 하나님의 아들이신 예수님을 죽인 것이다.

23절: 예수님은 그날에 아이 밴 자들과 젖먹이는 자들에게 화가 있을 것이라고 하신다. 이들은 전쟁이 일어났을 때 도망가기 힘들다. "이는 땅에 큰 환난과 이 백성에게 진노가 있겠음이로다"에서 "땅"은 이스라엘 땅을 가리킨다. "큰 환난"이란 유대인들이 나라를 잃어버리고 오랜 세월 전 세계에 흩어져 살게 된 사건을 뜻한다. "이 백성"은 유대인들이다. 이것을 "진노"라고 표현한 것은 하나님에 의해서 이루어진 "징벌"이기 때문이다(참고. 22절).

24절: 이 구절은 누가복음에만 나온다. 23절까지는 예루살렘 성전 파괴에 관한 언급이고, 24절은 성전 파괴 이후의 상황이다. 이것은 한 구절에 불과하지만, 오랜 기간을 담고 있다. "그들이 칼날에 죽임을 당하며 모든 이방에 사로잡혀 가겠고"라는 표현은 예루살렘이 멸망할 때 많은 유대인이 죽임을 당하거나 포로로 잡혀가는 상황을 의미한다. 요세푸스는 당시 칼에 죽거나 굶어 죽은 사람이 1,100,000명이고(참고. Wars 6.5.1[6.271–73]; 6.9.3[6.420]), 포로로 잡혀간 사람이 97,000명이라고 밝힌다(참고. Wars 6.9.3[6.420]; 7.5.3[7.118]; 7.5.5[7.138]; 7.5.6[7.154]). 이 숫자가 정확한지 확인할 길이 없으나 엄청나게 많은 사람이 죽거나 끌려간 것은 분명해 보인다. "이방인의 때가 차기까지"라는 말은 구원이 이방인에게로 넘어간 신약 시대의 긴 기간을 가리킨다. "이방인들에게 밟히리라"라는 말은 주도권이 이방인들에게 넘어가서 이방인들의 통치를 받을 것임을 시사한다. 이 기간이 얼마나 되는지 우리는 모른다.

21:25–28 인자의 재림

5–24절은 예루살렘 멸망에 관한 언급인데, 25절부터는 세상 종말에 관한 언급이다. 제자들이 성전 파괴를 세상 종말로 오해해서 잘못 질문했기에 예수님께서 교정해 주신다.

25–26절: "일월 성신에는 징조가 있겠고"라는 말은 문자적(literal language)이면서 동시에 상징적 표현(figurative language)으로 봐야 한다. 문자적으로 본다면, 주님이 재림하실 때 실제로 천체의 변화가 있으리라는 뜻이다(참고. 출 10:21–23; 마 27:45). 상징적으로 본다면, 묵시문학에서 천체의 변화가 우주 격변을 암시하는데, 예수님의 재림을 통하여 우주 격변이 일어나리라는 뜻이다[참고. 사 13:9–10(바벨론의 멸망); 사 34:4(열국의 멸망); 욜 2:10, 31, 3:15(종말의 상황)]. "땅에서는 민족들이 바다와 파도의 성난 소리로 인하여 혼란한 중에 곤고하리라"라는 말씀은 "사람들이 세상에 임할 일을 생각하고 무서워하므로 기절하리니"와 결합하여 믿지 않는 자들이 예수 그리스도의 재림으로 인하여 발생할 심판을 알고 후회하며 무서워할 것이라는 뜻이다. "이는 하늘의 권능들이 흔들리겠음이라"라는 말은 인자가 오신다

는 뜻이다. 이것은 "일월 성신에는 징조가 있겠고"와 연관된다.

27절: 예수님은 다니엘 7:13을 인용하셔서 자신(인자)의 재림을 언급하신다. 성경은 예수 그리스도가 구름을 타고 다시 오실 것이며, 모든 사람이 그분의 오심을 볼 수 있다고 예언한다(참고. 행 1:11; 살후 1:7-10; 계 1:7; 19:11-16; 시 104:3; 사 19:1).

28절: "이런 일이 되기를 시작하거든"이란 25-27절에 언급된 예수 그리스도의 재림을 가리킨다. "일어나 머리를 들라"라는 말은 다시 오시는 예수 그리스도를 맞이하라는 뜻이다. "너희 속량"이란 예수 그리스도의 재림을 통한 궁극적인 구원을 의미한다. 그리스도인들은 예루살렘 성전이 파괴되는 것을 보면서 예수 그리스도의 재림이 가까웠다는 교훈을 배워야 한다.

21:29-33 무화과나무 비유

예수님은 무화과나무 비유를 말씀하신다. 이 비유가 어떤 상황을 가리키는지에 대해서 이견이 있다. 이 비유는 예루살렘 파괴와 연관되는가? 아니면 예수 그리스도의 재림과 연관되는가? 학자들의 의견이 나뉘지만, 둘 다를 가리킨다고 보는 것이 옳다. 예루살렘 파괴는 세상 종말을 전조한다. 제자들은 곧 있을 예루살렘 파괴를 보면서 장차 있을 세상 종말을 예상할 수 있다. 무화과나무 비유는 두 사건을 이어준다.

29절: 다른 복음서(마 24:32-36; 막 13:28-32)와 달리 누가복음은 "무화과나무"에 "모든 나무"를 추가한다. 아마도 팔레스타인 밖에 사는 독자들이 무화과나무에 익숙하지 않을 것이어서 추가한 것 같다.

30절: 나무의 싹은 여름이 오는 징조이다.

31절: "이와 같이"는 무화과나무 비유가 주는 교훈을 말하려는 도입구이다. "너희가 이런 일이 일어나는 것을 보거든"은 '무화과나무와 모든 나무의 싹이 나는 것을 보거든'이란 뜻이다. 여기서 "이런 일"은 성전이 파괴되는 것을 뜻한다. 제자들은 성전이 파괴되는 것을 보면서 예수 그리스도의 재림, 곧 하나님 나라가 가까이 왔음을 알아야 한다. 즉 성전 파괴와 세상 종말을 아무런 상관이 없는 별도의 사건으로 이해하기보다는 가까운 미래에 있을 성전 파괴가 먼 미래에 있을 세상 종말을 예고하는 것으로 보아야 한다.

32절: "이 세대"는 이중의미를 지닌다. 그것은 예수님 당시에 살던 사람들을 의미하면서 나아가 신약 시대 전 기간에 사는 광범위한 사람들을 가리킨다. 그렇다면 "모든 일"이란 성전 파괴뿐 아니라(참고. 21:5-23), 세상 종말을 뜻한다(참고. 21:35-38).

33절: 예수님은 예언이 반드시 이루어질 것이라고 하신다. 종말의 날에 천지는 지금과 같은 형태로 존재하지 않을 것이다(참고. 벧후 3:10). 하지만 예수님의 말씀은 절대로 없어지지 않고 영원히 존재할 것이다.

21:34-36 항상 기도하며 깨어 있으라

제자들은 성전이 파괴될 것이라는 사실과 성전 파괴가 궁극적인 세상 종말을 전조한다는 사실을 들었다. 제자들은 이런 예언을 듣고 동요할 수 있었다. 따라서 예수님은 제자들이 앞으로 어떤 자세로 살아야 하는지를 말씀하신다.

34절: 이것은 미래를 준비하는 이들의 기본적인 생활 자세이다. "그날"은 예수 그리스도가 다시 오시는 날이다. 그날은 "덫과 같이", 즉 갑자기 임한다.

35절: 예수 그리스도의 재림은 모든 사람에게 임한다.

36절: 감람산 강화의 결론이다. "장차 올 이 모든 일을 능히 피하고"란 '

예수 그리스도의 재림 이전에 일어날 나태함과 죄악을 피하고'라는 뜻이다. "인자 앞에 서도록"이란 '예수 그리스도를 통하여 궁극적인 구원을 얻을 수 있도록'이라는 뜻이다. 이것은 말라기 3:2의 "그가 나타나는 때에 누가 능히 서리요"를 생각나게 한다. 계시록 6:17에도 유사한 표현이 있다. "그들의 진노의 큰 날이 이르렀으니 누가 능히 서리요"

21:37-38 예수님의 성전 사역

이 두 구절은 19:28부터 여기까지에 소개된 예루살렘 성전 사역에 대한 정리와 결론이다.

37절: 예수님의 고난주간 일과이다. 예수님은 죽음을 앞두시고도 사명을 꾸준히 감당하신다.

38절: 백성들은 예수님의 말씀을 들으려고 이른 아침에 성전으로 나아간다.

• 토론과 나눔 •

1. 예수님은 가난한 과부가 적은 액수를 헌금한 것을 어떻게 평가하십니까?

2. 예수님은 성전 파괴 직전에 어떤 일이 일어날 것이라고 말씀하십니까(7-19절)?

3. 주후 70년 성전이 파괴된 일에 대하여 간략히 설명해 보십시오(20절).

4. "이방인의 때가 차기까지"라는 표현은 무엇을 의미합니까(24절)?

5. 무화과 나무 비유를 주신 이유는 무엇입니까?

• 핵심과 실천 •

그리스도인이 어려움을 당할 때 주님은 반드시 피할 길을 주십니다. 따라서 낙심하지 말아야 합니다. 또한, 그리스도인은 다른 사람이 어려움을 겪을 때 도와주어야 합니다. 그렇게 하는 것은 우리의 당연한 도리입니다. 이제 우리는 그리스도의 재림을 기다리고 있습니다. 그리스도의 재림을 기다리는 가운데 우리가 해야 할 일은 항상 기도하며 깨어 있는 것입니다. 언제 재림이 있을지는 아무도 모릅니다. 잠들지 말고 근신합시다.

22장

누가복음 22-23장은 예수님의 고난 이야기이다. 22장은 십자가를 지시기 직전에 일어난 일이고, 23장은 십자가를 지시는 날에 일어난 일이다. 예수님의 고난은 가룟 유다가 예수님을 배신함으로 시작된다. 하지만 모든 일은 하나님의 섭리와 계획 속에서 진행되었다.

LUKE

22:1-6 가룟 유다가 예수님을 배신함

가룟 유다가 예수님을 배신한다. 그는 예수님의 제자이지만, 예수님을 진정으로 믿지 않았다. 겉으로만 예수님을 따랐다. 그는 마귀에게 사로잡힌 자였다(참고. 요 6:70).

1절: "유월절이라 하는 무교절"이 다가온다. "유월절"은 이스라엘 백성이 이집트에서 탈출한 것을 기념하는 날이다(참고. 출 12:17-20; 23:15; 34:18; 신 16:1-8, 16). 유월절은 유대의 첫 번째 달인 니산월(Nisan) 14일(목요일)로서 무교절이 시작되기 전날이다. 오늘날 3월 중순-4월 초순에 해당한다. "무교절"은 니산월 15-21일까지 7일간 진행되었다(참고. 레 23:5-6). 그러나 예수님 당시에 유월절은 무교절로 불리기도 했다(참고. 22:7; 행 12:3-4; Antiquities 3.10.5[3.249]; 14.2.1.[14.21]). 따라서 누가는 "유월절이라 하는 무교절"이라고 말한다.

2절: 대제사장들과 서기관들은 예수님을 죽이려고 했으나 마땅한 방도가 떠오르지 않았는데, 이는 백성을 두려워했기 때문이다(참고. 19:47-48; 20:19).

3절: '사탄이 들어갔다'라는 표현은 사탄의 영향을 강하게 받았다는 뜻이다.

4-5절: 유다는 대제사장들과 성전 경비대장들에게 가서 예수님을 넘겨줄 방도를 의논한다. "성전 경비대장들"은 성전 경비대의 장교들이다(Wars 6.5.3; Antiquities 20.6.2). '성전 경비대'는 성전을 지키는 경찰(temple police)이면서 성전 재정을 맡은 자들이다. 그들은 성전 재정을 관리했기에 유다에게 예수님을 넘기는 대가로 돈을 줄 수 있었다. 마태복음 26:15는 유다에게 '은 삼십냥'을 주었다고 하는데, 이는 노예 한 명의 값이다(참고. 출 21:32).

6절: 유다는 예수님이 무리와 떨어져 있을 때 그분을 넘겨주려고 기회를 찾는다.

22:7-13 유월절 식사 준비

유월절에 유대인들은 양을 잡아서 먹었다. 예수님이 유월절에 고난을 받으시는 것은 예수님이 유월절 양으로 희생되신다는 사실을 암시한다.

7절: "유월절 양을 잡을 무교절날"이 이르렀다. 마가복음 14:12는 "무교절의 첫날 곧 유월절 양 잡는 날"이라고 표현하고, 마태복음 26:17은 "무교절의 첫날"이라고 하여 '유월절 양을 잡는 날'이라는 표현을 생략한다. 유월절 양을 잡는 날은 니산월 14일(목요일) 오후이다(참고. 출 12:6). 이날 유대인들은 성전 뜰에서 양을 잡았으며, 저녁에 유월절 식사를 했다.

8절: 예수님은 베드로와 요한을 보내시면서 유월절 식사를 준비하라고 하신다. 오직 누가만이 이때 예수님께서 보내신 제자들의 이름을 밝힌다(참고. 막 14:13).

9절: 베드로와 요한은 예수님께 어디서 유월절 식사를 준비하기를 원하시느냐고 여쭙는다.

10절: 물 한 동이를 가지고 가는 사람은 누구인가? '사람'에 해당하는 헬라어는 '안드로포스'로서 '남자'다. 주후 1세기 팔레스타인에서 물동이를 나르는 사람은 여자였기에 남자가 물동이를 나르면 금방 눈에 띄었을 것이다. 그러므로 남자가 물동이를 가지고 가는 것은 제자들이 쉽게 식별할 수 있는 일이었고, 더욱이 물동이를 가지고 가는 것은 하나님의 섭리 가운데 집주인이 예수님과 제자들을 위해 유월절 식사를 준비하는 중이라고 이해할 수 있다.

11-12절: "다락방"('아나가이온')은 건물 위층에 있는 넓은 방이다. 당시 팔레스타인에서 큰 집의 경우 아래층은 위층의 압력을 견뎌야 했기 때문에 작은 방들로 이루어져 있었고 위층에는 넓은 방이 있었다. "큰 다락방"은 예수님과 제자들이 유월절 식사를 넉넉히 할 만한 장소이다. 복음서와 사도행전에는 다락방이 여러 군데 나온다. 예수님과 제자들이 마지막 만찬을 한 곳(참고. 22:11-12), 부활하신 예수님이 제자들을 만나신 곳(참고. 24:33; 요 20:19, 26), 예수님이 승천하신 후 120명의 제자가 모여서 기도한 곳(참고. 행 1:13), 마가 요한의 어머니 마리아의 집(참고. 행 12:12) 등이다. 이 모든 다락방이 같은 곳인지 아니면 일부 다른 곳인지 파악하기가 쉽지 않다.

13절: 베드로와 요한은 예수님이 하신 말씀대로 그 사람을 만나서 유월절을 준비한다. 따라서 예수님에 의해서 모든 일이 전개되며 주도되고 있다는 사실이 드러난다.

22:14-23 마지막 만찬

예수님과 제자들은 유월절 식사를 하신다. 이것은 성찬의 기원이 된다. 고린도전서 11:23-26에서 바울은 주님으로부터 성찬에 관한 지식을 받았다고 말한다.

14절: "때가 이르매"라는 문구는 유월절 식사를 할 시간이 이르렀다는 뜻이다. 그러나 이것은 예수님이 십자가에 달려 돌아가심으로 임무를 완수하실 때를 시사한다(참고. 요 13:1; 17:1). 예수님은 사도들과 함께 앉으신다. 여기서 '앉는다'에 해당하는 헬라어 '아나핍토'는 '기대어 앉는다'(recline)라는 뜻이다(참고. 11:37; 14:10; 17:7). 유대인들은 연회와 같은 중요한 식사를 할 때 옆으로 비스듬히 기대 누워서 음식을 먹었다(참고. 7:36의 설명).

15절: 예수님은 이 식사 후에 엄청난 고난을 겪을 것이지만, 그것이 인류를 향하신 하나님 아버지의 뜻과 계획이기에 기꺼이 감당하려고 하신다.

16절: "다시 먹지 아니하리라"라는 말은 예수님이 세상을 떠나심으로 제자들과 함께 식사하지 못할 것이란 뜻이다. 18절에 동일한 말씀이 나온다. "이 유월절이 하나님의 나라에서 이루기까지"라는 말은 '유월절로 상징되는 예수님의 구속 사역이 예수님의 재림으로 완성되기까지'라는 뜻이다. 예수님은 식사 자리에서 제자들에게 구속 사역 계획을 알려주신다.

17절: 유월절 식사에서는 포도주를 네 번 마신다. 첫 번째는 유월절을 준비하면서 마시고, 두 번째는 유월절을 설명하면서 마시며(17절의 잔에 해당함), 세 번째는 유월절 양과 무교병과 쓴 나물을 먹고 나서 마시고(20절의 잔에 해당함), 네 번째는 할렐 시편들을 찬송하고 나서 마신다. "감사 기도 하시고"는 헬라어로 '유카레스테오'인데, 성찬에 해당하는 '유카리스트'라는 단어가 여기서 나왔다. "이것을 갖다가 너희끼리 나누라"라는 말씀은 한 잔을 가지고 열두 명이 나누어 마시라는 뜻이다. 이런 행동은 같은 언약 안에 있는 한 몸 공동체임을 상징한다.

18절: 16절과 의미가 같다. 예수님은 하나님 나라에서 포도주를 마실 것을 고대하신다.

19절: 예수님은 유월절 식사의 의미를 설명하신다. "내 몸이라"라는 말은 실제 몸이 되었다는 뜻이 아니다(화체설이 아님). 이것은 상징이자 은유이다. "나를 기념하라"라는 말은 성찬이 그리스도를 기념하는 예식임을 의미한다.

20절: 이것은 유월절 포도주 중 세 번째 잔이다(참고. 17절의 설명). "내 피로 세우는 새 언약"이란 문구는 매우 중요하다. 예수님의 피는 새 언약을 세우는 보증이 된다(참고. 렘 31:31-34). 예수님은 자기 죽음을 통해서 새로운 언약이 이루어진다는 사실을 가르치신다.

성찬설 정리

1) 천주교의 화체설(Transubstantiation): 떡과 포도주가 실제로 그리스도의 몸과 피로 변한다는 주장이다. 이 교리를 신봉하는 자들로 인해서 떡과 포도주에 대한 미신이 생겼다.
2) 루터의 공재설(Consubstantiation): 떡과 포도주에 그리스도가 임하신다는 주장이다. 화체설과 비슷하다. 루터의 주장은 다른 종교 개혁자들에게 공격을 많이 받았다.
3) 쯔빙글리의 기념설(Commemoration, 상징설): 성찬이 그리스도의 죽음을 기념할 뿐이라고 주장한다. 이것은 성찬의 과거적 측면만 보기 때문에 성찬의 신비를 제거해 버린다.
4) 칼빈의 영적 임재설(Spiritual Presence): 성찬을 시행할 때 그리스도가 영적으로 임하셔서 성도들과 친밀하게 교제하시며 은혜를 베푸신다는 주장이다. 개혁교회가 받아들인다.

21절: 예수님은 자기를 팔 배신자가 열두 제자 중에 있다고 하신다. 따라서 성찬에 참여한다고 해서 구원이 보증되는 것은 아님을 알 수 있다. 세례도 마찬가지다. 세례를 받고 교회의 회원으로 가입하는 것이 주님의 자녀가 되었다는 보증은 아니다.

22절: 예수님은 하나님의 작정대로 죽임을 당하실 것이다. 예수님이 십자가에서 죽임을 당하시는 것은 하나님이 계획하시고 뜻하신 일이다. 그러나 예수님을 파는 사람에게는 화가 있을 것이다. 비록 가룟 유다는 하나님의 예정 가운데 예수님을 팔 것이지만, 그렇다고 해서 그에게 죄가 없는 것은 아니다. 그는 면책되지 않으며, 변명할 수도 없다.

23절: 제자들은 서로 물으면서 "우리 중에서 이 일을 행할 자가 누구일까"라고 한다. 이때 가룟 유다가 그들 가운데 있었으나 자신의 속셈을 드러내지 않는다.

22:24-30 하나님 나라에서 큰 자

제자들은 누가 큰 자인지를 다툰다. 그들은 여전히 예수님이 어떠한 메시아시며, 어떻게 구속의 일을 성취하시는지 모른다. 단지 예수님이 로마인들을 몰아내고 유대의 최고 권력자가 되면 자신들이 권세를 얻을 것이라고 기대하면서 서로 높은 자리를 차지하려는 꿈을 꾸고 있다.

24절: 제자들 사이에 누가 크냐 하는 다툼이 일어난다(참고. 9:46-48). 복음서 여러 곳에 제자들 사이에 누가 크냐 하는 다툼이 있었다는 기록이 있다(예. 마 18:1; 20:25-26; 막 9:33; 눅 9:46). 따라서 제자들은 자주 이런 다툼을 벌인 것을 알 수 있다.

25-26절: 예수님은 제자들에게 자신을 낮추라고 하신다. 26절에는 "너희"(제자들)가 문장 제일 앞에 나와서 강조되었다.

27절: 세상에서는 앉아서 먹는 자가 섬기는 자보다 크지만, 예수님은 섬기는 자로 그들 중에 있다고 하신다(참고. 막 10:45; 요 13:3-17). 제자들은 이러한 본을 따라야 한다.

28절: "나의 모든 시험 중에"란 예수님의 생애가 어려움과 시련과 유혹이 가득했음을 시사한다. 제자들은 그러한 일들을 옆에서 목격했다. 그들은 이런 시간을 통하여 특별한 훈련을 받았고, 일반인들과 달리 '사도'라는 특별한 지위를 얻었다(참고. 행 1:21-22).

29-30절: 열두 제자는 특별한 권한을 얻어서 중요한 역할을 수행할 것이다. 예수님은 "내 나라"와 "내 상"이라는 단어를 사용하셔서 그분과 친밀한 교제를 누린다는 사실을 강조하신다. "내 상에서 먹고 마시며"란 제자들이 장차 하늘나라에서 영원히 주님과 더불어 먹고 마실 것을 예고한다. "나도 너희에게 맡겨"와 "보좌에 앉아 이스라엘 열두 지파를 다스리게"란 세상의 지배자와 같은 권세를 누리지 못한다고 섭섭해할 필요가 전혀 없다는 뜻이다. 그들은 진정한 지배자가 될 것이다. 열두 사도가 주님의 보좌에 앉아 이스라엘 열두 지파를 다스린다는 표현은 선교적으로 이해해야 한다. 이것은 사도의 우월성이 아니라 우선성을 말한다.

22:31-34 베드로가 부인할 것을 예언하심

예수님은 베드로가 부인할 것을 예언하신다. 이는 베드로에게 회개하고 돌이킬 기회를 주시기 위해서이다. 하지만 베드로는 그러한 기회를 놓치고 만다.

31절: 예수님은 베드로가 그리스도인이 되기 전의 이름을 의도적으로 사용하신다(참고. 6:14). "너희"라는 복수형이 사용된 것은 사탄이 제자들 전체를 격렬하게 부추겨서 예수님을 배신하게 하려 한다는 사실을 암시한다. "요구하였으나"라는 단어는 사탄이 하나님께 허락받아서 활동하는 것을 시사한다. 베드로는 주님을 배신하지 않으리라고 자신만만했으나(참고. 33절), 사탄이 밀 까부르듯 함으로 제정신을 잃고 주님을 부인하게 된다.

32절: 헬라어 본문에서 '내가'('에고')가 강조되었다. 그리고 '너'('수')는 단수형이다. 예수님은 제자들 전체를 향하여 말씀하신 후에 다시 베드로에게 말씀하신다. 예수님께서 베드로를 위해서 기도하심으로 베드로는 예수님을 배신했다가 다시 돌이킬 것이다. “너는 돌이킨 후에 네 형제를 굳게 하라”라는 말은 자신의 실패를 거울로 삼아서 다른 사람들의 믿음을 굳건하게 세워주라는 뜻이다. 즉 베드로가 넘어진 경험은 다른 형제들이 같은 경험을 했을 때 효과적으로 사용될 수 있을 것이다. 실제로 사도행전 전반부에는 베드로가 예루살렘 교회의 최고 지도자로서 어떻게 활약했는지가 잘 기록되어 있다. 그는 사람들을 굳게 세우는 일에 헌신했다.

33절: 베드로는 주님을 절대로 배신하지 않을 것이라고 고백한다. 그의 본심으로 보인다.

34절: 예수님의 예언은 22:54-62에서 그대로 일어난다.

22:35-38 새로운 환경을 예고하심

예수님이 떠나신 후 제자들은 새로운 환경을 맞을 것이다. 그들은 이런 환경에서 능동적으로 사명을 감당해야 한다.

35절: 이전에 예수님께서 제자들을 마을로 보내실 때 전대와 배낭과 신발도 없이 보내셨으나 그들에게 부족한 것이 없었다(참고. 9:2-3; 10:3-4).

36절: 예수님은 이제 환경이 바뀔 것이라고 하신다. 예수님이 승천하신 후 제자들은 새로운 상황을 맞이하게 될 것이다. 그들에게는 전대와 배낭과 검이 필요하다. 칼이 필요하다는 말은 자기방어를 위한 도구가 필요하다는 뜻이다. 추위를 견디기 위해서 겉옷이 있어야 하는데, 칼이 겉옷보다 중요하다는 것은 대단히 위험하고 적대적인 환경을 맞닥뜨릴 것임을 암시한다.

37절: 예수님은 이사야 53:12를 인용하신다. 예수님이 범죄자로 취급받아 십자가에 달리시듯이, 제자들도 범죄자의 동류로 취급받아 박해받을 것이다.

38절: 제자들은 예수님의 말씀을 제대로 이해하지 못한다. 그들은 칼 둘이 있다고 말한다(참고. 22:49-50). 당시에 강도로부터의 공격을 방어하기 위해서 몸에 칼을 지니는 경우가 있었다. 예수님은 제자들의 오해를 막기 위해서 대화를 그치신다("족하다").

22:39-46 감람산에서 기도하심

예수님께서 감람산(Mount of Olives)에 기도하러 가신다. 그분은 "습관을 따라" 가시고 제자들도 뒤를 따라간다. 예수님은 언제나 기도하셨는데, 당면한 큰 위기 앞에서 더욱 기도하신다.

39절: "습관을 따라"라는 표현은 예수님이 자주 감람산에 가셔서 기도하셨음을 보여준다. 제자들이 예수님의 뒤를 따라가지만, 유다는 빠져 있다. 그는 잠시 후에 유대 종교 지도자들과 군인들을 데리고 예수님을 붙잡으러 올 것이다(참고. 47절).

40절: "그곳"은 겟세마네이다(참고. 마 26:36; 막 14:32; 요 18:2). 예수님은 제자들에게 "유혹에 빠지지 않게 기도하라"고 하신다. 이는 예수님이 고난을 받으실 때 낙심하거나 배신하지 않도록 기도하라는 뜻이다.

41절: "돌 던질 만큼"이란 가까운 거리를 의미한다. 그리스도께서 기도하시는 것은 제자들을 위한 교육 목적도 포함한다.

42절: "잔"(cup)은 고난을 은유한다(참고. 사 51:17, 22; 렘 25:15; 시 16:5). 예수님의 기도는 매우 인간적이다. 예수님은 이 고난이 너무나 고통스러운 것을 아시기에 고난을 옮겨달라고 간구하신다. 그러나 자기 원대로가 아니라 아버지의 원대로 되기를 원한다고 기도하신다.

43-44절: 예수님이 기도하실 때 천사가 나타나서 힘을 더한다. 예수님이 힘쓰고 애써 더욱 간절히 기도하시니 땀이 땅에 떨어지는 핏방울같이 된다. 이것은 예수님이 얼마나 큰 고통과 간절함으로 기도하셨는지를 보여준다.

45절: 제자들은 오랫동안 예수님을 따라다니면서 많이 지쳐 있던 데다가, 예수님이 십자가에 달려서 고난을 받으실 것이라는 말을 듣자 슬퍼하다가 잠이 든다. 예수님은 제자들의 슬픔을 이해하신다. 그러나 잠들어서는 안 된다. 기도함으로 사탄의 유혹을 이겨내야 한다.

46절: 예수님은 제자들에게 시험에 들지 않게 일어나 기도하라고 하신다(참고. 40절).

22:47-53 붙잡히심

예수님은 가룟 유다의 배신으로 붙잡혀서 고난을 겪으신다. 하지만 그것은 하나님이 작정하신 일이었고, 예수님이 그 작정에 순종하신 일이었다. 예수님께서 힘이 없어서 어려움을 겪으시는 것이 아니다. 예수님은 하나님의 구속 계획을 이루시기 위하여 자신을 기꺼이 버리신다.

47절: 여기서 "무리"는 52절을 참고할 때 가룟 유다를 포함하여 대제사장들과 성전 경비대장들과 장로들이다.

48절: 가룟 유다가 예수님께 입을 맞추려고 한다. 입을 맞추는 것은 당시의 일반적인 인사이다(참고. 7:45; 15:20; 롬 16:16 등), 그러나 여기서는 무리에게 그들이 붙잡아야 할 대상(예수님)이 누구인지를 알려주는 표시(군호)가 된다(참고. 막 14:44). 가룟 유다의 입맞춤은 예수님을 더욱 마음 아프게 했다.

49절: 제자들은 칼 둘을 가지고 있었다(참고. 38절). 이것은 호신용 작은 칼이다.

50절: 제자 중 한 사람이 대제사장의 종을 쳐서 오른쪽 귀를 떨어뜨린다. 여기에는 그들의 이름이 나와 있지 않다. 병행 본문에서 오직 요한만이 그들의 이름을 말한다. 요한복음 18:10은 시몬 베드로가 칼로 대제사장의 종말고의 오른편 귀를 베어버렸다고 기록하며, 요한복음 18:26은 "대제사장의 종 하나는 베드로에게 귀를 잘린 사람의 친척이라 이르되 네가 그 사람과 함께 동산에 있는 것을 내가 보지 아니하였느냐"라고 언급한다. 결국, 베드로는 말고의 귀를 자른 일로 신분이 들켜서 어려움을 당하게 된다.

51절: "이것까지 참으라"('에스테 헤오스 투토')라는 말씀은 다양하게 번역될 수 있는데, ESV의 번역이 적절해 보인다. 즉 '더 이상 하지 말라'("No more of this"; 참고. 새번역: "그만해 두어라")는 뜻으로 보아야 한다. 누가만이 예수님께서 말고의 귀를 낫게 해 주신 일을 기록한다. 예수님은 자신을 잡으러 온 자라도 고쳐주신다.

52절: 예수님은 자신이 죄인이 아님을 강변하신다.

53절: 이제 그들이 예수님을 잡을 때가 되었다(참고. 22:14). 예수님이 잡히시는 것은 우발적이거나 힘이 없어서가 아니라 하나님의 작정에 의한 것이다. 예수님은 대제사장들과 성전 경비대장들과 장로들이 "어둠의 권세" 아래 있다고 하신다. 그들은 사탄에게 사로잡혀서 이런 만행을 저지른다.

22:54-62 베드로가 예수님을 부인함

베드로가 예수님을 부인한다. 한 번 부인하는 것이 아니라 세 번이나 부인한다. 더욱이 남성들 앞에서만 부인하는 것이 아니라 여성 앞에서도 부인한다. 베드로는 세 번 모두 다른 방식으로 부인한다. 따라서 그의 잘못은 작지 않다.

54절: 무리가 예수님을 "대제사장의 집"으로 끌고 가고, 베드로가 멀찍이 따라간다. 원래 "대제사장의 집"에서는 심리가 열리지 않았다. 그러나 지금은 한밤중이라 아직 성전의 문이 열리지 않았고 일을 급박하게 처리해야 하기에 대제사장의 집에서 모였다. 그러나 여기서 "대제사장의 집"이 전임 대제사장 안나스의 집인지 현직 대제사장 가야바의 집인지가 분명하지 않다. 마태복음 26:57은 가야바를 언급한다. 그런데 요한복음 18:13-17에 따르면, 예수님은 전임 대제사장 안나스(주후 6-15년에 재임)의 집에 끌려가셔서 심문받으셨고, 이후에 현직 대제사장 가야바(주후 18-36년에 재임)의 집에서 심문받으셨다. 그러나 누가는 예수님이 "대제사장의 집"에서 심문을 받으신 것으로 통합하여 말한다. 복음서들의 정황을 참고할 때 가야바의 집과 안나스의 집은 가까이 있었고 뜰을 공유했던 것으로 추정된다.

55절: 사람들이 뜰 가운데 불을 피우고 함께 앉았는데, 베드로도 그 가운데 앉는다. 따라서 베드로는 위험한 장소에 들어간다. 그는 예수님에 대한 충절을 가지고 있었다.

56-58절: 베드로는 예수님을 두 번 부인한다. 그는 한 여종 앞에서, 그리고 다른 사람 앞에서 예수님을 부인한다. 따라서 그는 그리 위협적이지 않은 상황에서 이런 잘못을 저지른다.

59-60절: 베드로가 예수님을 세 번째로 부인한다. 이번에 베드로는 매우 강하게 부인한다. 이때 닭이 운다. 그리하여 예수님이 예언하신 대로 된다.

61-62절: "주께서 돌이켜 베드로를 보시니"라는 말은 누가복음에만 나온다. 이것은 애틋한 분위기를 자아낸다. 아마도 예수님이 안나스의 심리를 받으신 후 가야바에게로 끌려가시는 중간에 뜰을 지나시면서 베드로를 보셨을 것이다. 베드로는 심한 죄책감으로 심히 통곡한다.

22:63-65 희롱당하심

예수님은 희롱당하신다. 그러나 묵묵히 참으신다.

63-65절: "지키는 사람들"이 예수님을 희롱하고 때린다(참고. 사 50:5-6; 53:3-6). 그들은 성전을 지키는 경비대원들이거나(참고. 22:52) 대제사장의

집을 지키는 경비원들일 것이다. 그들은 주님의 눈을 가리고 주님을 때리면서 누군지 알아맞혀 보라고 조롱한다. 그들은 심각한 신성 모독죄를 짓고 있다. 그들은 이 외에도 많은 말로 욕한다.

22:66-71 공회에서 심문받으심

예수님이 심문받으신다. 네 복음서를 참고할 때 예수님이 심문받으신 순서는 다음과 같다.

전임 대제사장 안나스 앞에서 심문받으심(요 18:13-23)
현직 대제사장 가야바 앞에서 심문받으심(눅 22:54-62; 요 18:24)
공회 앞에서 심문받으심(눅 22:66-71; 요 18:19-24)
빌라도 앞에서 심문받으심(눅 23:1-5; 요 18:28-38)
헤롯 안티파스 앞에서 심문받으심(눅 23:6-12)
빌라도 앞에서 사형 선고를 받으심(눅 23:13-25; 요 18:39-19:16).

66절: 공회의 공식 재판은 날이 새어야 열릴 수 있었다. 여기서 "날이 새매"란 니산월 15일이다. "백성의 장로들"(백성의 장로회; ESV: "the assembly of the elders")은 대제사장들과 서기관들로 구성되었다. "그 공회로 끌어들여"라는 말은 공회가 열리는 장소(공회당)로 끌어들였다는 뜻이다. 이제 공회가 열려서 예수님에 대한 재판이 시작된다.

67-68절: 공회원들은 백성들을 두려워하여 예수님의 죄를 단정하지 못하고, 예수님 스스로 답변하게 만들어서 흠을 잡으려고 한다. 하지만 예수님은 그들의 계략을 알고 계셨기에 그들과 대화(논쟁)하려고 하지 않으신다(참고. 20:3-8). 사실, 그들에게 대답해봤자 아무 소용이 없다. 그들은 완악한 자들이다. 그들은 오로지 예수님의 흠을 잡으려고 할 뿐이다.

69절: 예수님은 다니엘 7:13과 시편 110:1을 결합하여 인용하신다. 예수님은 십자가에서 돌아가시지만 사라지시는 것이 아니다. 그분은 부활하시고 승천하신 후 하나님의 우편에 앉으셔서 권능을 가지고 온 세상을 다스리실 것이다.

70절: 공회원들은 "그러면 네가 하나님의 아들이냐"라고 다시 묻는다. 그들은 '하나님의 아들'과 '그리스도'를 같은 존재로 인식한다. 예수님은 지혜롭게 대답하신다. 예수님은 스스로 그리스도라고 하지 않으시고, 그들이 이미 그렇게 말하고 있다고 하심으로 그들이 흠잡으려고 하는 속셈을 피하신다. "너희들이 내가 그라고 말하고 있느니라"는 헬라어로 '휘메이스 레게테 호티 에고 에이미'(ESV: "you say that I am")인데, 이는 예수님의 신적 자기 계시 어구이다. 즉 예수님이 하나님이심을 밝히는 것이다. 요한복음에는 '에고 에이미'(I am)가 자주 나온다.

71절: 그들은 예수님을 정죄할 증거가 충분해졌다고 말한다.

• 토론과 나눔 •

1. 가룟 유다에게 '사탄이 들어갔다'라는 표현은 무슨 뜻인가요(3절)?

2. "이 유월절이 하나님의 나라에서 이루기까지"라는 말씀은 무슨 뜻인가요(16절)?

3. 성찬에 대한 견해들을 간략히 정리해 보십시오.

4. 예수님이 가룟 유다의 배신과 베드로의 부인을 미리 말씀하신 이유는 무엇인가요?

5. 누가는 예수님이 감람산에서 기도하실 때 간절히 기도하신 모습을 어떻게 묘사하나요?

• 핵심과 실천 •

제자들은 어리석고 미련하며 한심하기 짝이 없습니다. 가룟 유다는 예수님을 배신하여 유다 종교 지도자들에게 팔아 넘기려고 합니다. 베드로는 예수님을 세 번이나 모른다고 부인할 것입니다. 십자가를 지시고 죽임을 당하실 예수님 앞에서 제자들은 '누가 더 크냐'는 논쟁을 벌입니다. 이것은 그들만의 모습일까요? 우리 역시 그러한 잘못을 범하지 않을까요? 예수님은 제자들을 끝까지 사랑하셨습니다. 우리도 주님을 끝까지 사랑하며 따라야 합니다.

23장

예수님은 권력자들에게 심문받으시고 십자가에 못 박혀 돌아가신다. 예수님을 향한 권력자들의 심문은 예수님의 정체(그리스도, 왕, 무죄하신 분)를 점점 분명하게 드러내는 역할을 한다.

LUKE

23:1-5 빌라도 앞에 서심

예수님은 빌라도에게서 신문을 받으신다. 빌라도(Pilate)는 주후 26-36년에 유대를 통치한 로마 총독이었다(참고. 3:1). 당시 로마 총독은 지중해 해변 도시 가이사랴에 거주했다. 그러나 사람들이 예루살렘에 많이 몰리는 명절 기간에는 치안 유지를 위하여 이 도시에 왔으며, 더군다나 지금과 같은 유월절 시기에는 유대인들이 민족주의적인 독립 소망에 따른 반란을 도모할 수 있었기에 이를 사전에 차단하기 위하여 이곳에 머물렀다.

1절: 무리가 예수님을 빌라도에게 끌고 간다. 여기서 "무리"는 공회원들(참고. 22:66)과 백성들이다. 그들은 예수님을 빌라도에게 끌고 가는데, 이는 유대인들에게 사형집행권이 없었고, 오직 로마 총독에게만 있었기 때문이다(Wars 2.8.1). 요한복음 18:3에는 "유대인들이 이르되 우리에게는 사람을 죽이는 권한이 없나이다"라는 말이 언급되어 있다. 사람들은 예수님을 성전 서쪽에 있는 헤롯 궁전 아니면 성전 북쪽에 있는 안토니아 요새로 끌고 갔을 것이다.

2절: 무리가 예수님을 고발한다. “이 사람”이란 단어는 헬라어 본문에서 문장의 제일 앞에 나와서 강조되었다. 이것은 매우 경멸적인 표현이다(참고. 22:56, 59). 그들은 빌라도에게 예수님을 고발하는데, 유대인들의 분노를 살만한 죄목(종교적인 죄)을 말하지 않고, 로마의 법에 저촉되는 것만(정치적인 죄)을 말한다. 그들의 고발 내용은 다음과 같다. 첫째, 예수님이 유대인들을 미혹했다. 그러나 이 죄목은 모호하다. 무리는 예수님이 유대인들을 설득하여 로마에 저항하려고 했다는 뉘앙스를 주기 위해서 이렇게 말한다. 조금 후 5절에서 그들은 이 죄목을 약간 다르게 언급함으로써 강조한다. 둘째, 예수님이 가이사에게 세금 바치는 것을 금했다. 그러나 이 죄목은 분명히 잘못되었다. 예수님은 가이사에게 세금 바치는 것을 금하신 적이 없다(참고. 20:20-26). 셋째, 예수님이 자신을 “왕 그리스도”라고 주장했다. 헬라어 본문을 정확히 번역하면, ‘그리스도, 왕’(‘크리스톤 바실레아’; ESV: “Christ, a king”)이다. 이 말은 ‘그리스도’라는 용어가 ‘왕’이라는 뜻임을 암시한다. 물론, 예수님은 자신을 ‘그리스도’라고 말씀하신 적이 있는데(참고. 22:69), 이는 정치적인 개념이 아니라 종교적인 개념이므로 로마 정부에 아무런 위협이 되지 않는다. 그러나 무리는 ‘그리스도’라는 단어가 ‘왕’이라는 뜻이라고 굳이 설명함으로 예수님이 로마에 저항하여 반란을 꾸미려 했음을 강조한다.

3절: 빌라도는 예수님께 “네가 유대인의 왕이냐”라고 묻는다. 따라서 빌라도는 세 번째 죄목만을 언급한다. 그는 첫 번째 죄목이 모호해서 심문할 가치가 없다고 생각했고, 두 번째 죄목을 자신이 사전에 조사한 바에 따라 타당하지 않다고 여겼다. 그리하여 예수님이 로마 정부에 정치적인 위협을 줄 수 있는 존재인지 그렇지 않은지를 묻는다. 예수님은 “네 말이 옳도다”(‘쉬 레게이스’)라고 대답하신다. 이를 직역하면 ‘네가 말하고 있다’(NRSV: “you say so”)이다. 이것은 빌라도의 질문을 긍정적인 답변으로 바꾼 것이다. 예수님의 답변은 빌라도가 질문한 대로 자신이 '유대인의 왕'이지만, 빌라도가 생각하는 그런 종류의 왕(physical king)이 아니라는 점을 함의한다(참고. 요 18:36-37). 예수님의 답변은 그분의 정체성에 대한 권위 있는 계시이다. 예수님은 자신이 우주의 왕이라는 사실을 빌라도의 입을 통해서 선언하신다.

4절: 빌라도는 예수님이 무죄하다고 말한다. 그는 이후에도 여러 차례 예수님의 무죄를 주장한다(예. 14-15절, 22절). 또한, 예수님은 헤롯(15절), 행악자(39-43절), 백부장(47절)에 의해서도 무죄한 분으로 고백된다. 빌라도는 유대 종교 지도자들보다 객관적으로 예수님을 평가한다. 그는 예수님이 말씀하시는 '왕, 그리스도'가 무슨 뜻인지 이해하고, 정치적인 의미로 받지 않는다. 즉 예수님이 로마의 법을 어겼다고 생각하지 않는다. 이러한 빌라도의 증언 기록은 훗날 주님의 제자들이 로마 정부에 위협이 되지 않는다는 사실을 변증해 주는 기능을 가진다.

5절: 무리는 더욱 강하게 예수님의 유죄를 주장한다. 그들의 주장은 2절에 있는 첫 번째 죄목을 강조한 것이다. 여기서 "온 유대"는 이스라엘 땅 전체(갈릴리를 포함하는)를 가리킨다. "갈릴리에서부터 시작하여 여기까지 와서"는 누가복음의 거시 구조(흐름)와 어울린다. 누가는 예수님의 사역을 '여정'의 관점으로 전개한다. 즉 예수님의 탄생을 말하고(1:1-4:15), 갈릴리 사역을 기술하며(4:16-9:50), 예루살렘으로 오는 도중에서의 사역(9:51-19:27)을 소개한 후, 예루살렘 사역(19:28-24:53)을 언급한다(참고. 행 10:38-39).

23:6-12 헤롯 안디바 앞에 서심

이 단락은 네 복음서 중 누가복음에만 나온다(참고. 행 4:27-28). 예수님은 헤롯 안디바에게 심문을 받으시는데 실상 그것은 예수님이 심문을 받으시는 것이 아니라 오히려 자신의 정체를 계시하시는 것이다. 예수님이 어떤 분이신지는 공회원들에게 알려졌고(참고. 22:66-71), 빌라도에게 전해졌는데(참고. 23:1-5), 이제 헤롯 안디바에게도 증거된다.

6-7절: 빌라도는 해결하기가 쉽지 않은 사안(예수님 처벌)을 헤롯에게 넘기려고 한다. 여기서 헤롯은 헤롯 안디바(Herod Antipas)이다. 그는 갈릴리의 분봉왕이다(참고. 3:1; Antiquities 14.15.2[14.403]). 지금 그는 유월절 명절을 보내기 위해서 예루살렘에 머물고 있다. 필시 성전 서쪽에 있는 헤롯 궁전에 머물렀을 것이다.

8절: 헤롯 안디바는 예수님을 보고 매우 기뻐하는데, 이는 그가 예수님을 죽이려고 했기 때문이 아니라(참고. 13:31), 예수님의 소문을 들었으므로 보고자 한 지 오래였고(참고. 9:9), 또한 예수님이 이적 행하시는 모습을 보고 싶어 했기 때문이었다(참고. 11:16, 29).

9절: 헤롯 안디바는 예수님께 "여러 말로" 물어보지만, 예수님은 아무 대답도 하지 않으신다. "여러 말로"('엔 로고이스 히카노이스')란 '충분한 말로' 혹은 '많은 말로'라는 뜻이다. 그는 예수님에게서 죄를 찾기 위해서 많이 물어본다. 그러나 예수님은 침묵하신다. 예수님의 침묵은 극적인 긴장감을 유발한다. 특히 그분의 침묵은 이사야 53:7을 성취한다(참고. 벧전 2:23). 그리하여 헤롯 안디바는 예수님의 이적도 보지 못하고 그분의 목소리도 듣지 못한다.

10절: 대제사장들과 서기관들은 집요하다. 공회원들이 예수님을 고발한 죄목은 예수님이 로마 정부에 위협이 된다는 것이다. 이것은 공회원들의 비열함을 보여준다. 그들은 유대 민족주의자들로서 로마 정부를 싫어했다. 오히려 로마에 반역했다. 그러나 자신들의 목적을 달성하기 위하여 예수님이 로마에 위협이 된다고 고발한다.

11절: 헤롯 안디바는 그의 군인들과 함께 예수님을 업신여기며 희롱하고 빛난 옷을 입혀 빌라도에게 도로 보낸다. "빛난 옷"에서 "빛난"에 해당하는 헬라어 '람프로스'는 왕이 입는 화려한 옷을 상징한다. 따라서 예수님에게

"빛난 옷"을 입힌 것은 그분의 왕권을 조롱하는 행동이다.

12절: 이 구절은 누가의 설명이다. 악한 자들은 악을 도모하기 위해서 동맹한다.

23:13-25 빌라도가 예수님을 십자가에 못 박히게 넘겨줌

빌라도는 예수님이 무죄하다는 사실을 알았고 공적으로 선고했으나 유대인들의 환심을 사기 위해서 예수님을 넘긴다. 따라서 그에게 죄가 없다고 할 수 없다.

13-15절: 빌라도는 예수님의 무죄를 선고한다. 그는 예수님을 심문했으나 죄를 찾지 못했다고 시인하며, 헤롯 안디바도 예수님을 심문했으나 죄를 찾지 못하여 그분을 자신에게 도로 보냈다고 고백한다. 그래서 그는 "보라 그가 행한 일에는 죽일 일이 없느니라"고 결론 내린다.

16절: 빌라도는 대안을 제시한다. 그는 유대인들의 성난 민심을 달래기 위해서 예수님을 적당히 때린 후 놓아주겠다고 한다.

17절(없음): 사본학적으로 17절은 존재하지 않는 것이 옳다.

18절: 빌라도가 예수님의 무죄를 선언하자 "무리"가 일제히 소리를 지른다. 여기서 "무리"는 대제사장들과 관리들과 백성들이다(참고. 13절). 유월절에는 죄수 한 명을 놓아주는 관습이 있었다(참고. 마 27:15; 막 15:6; 요 18:39). 누가는 이를 생략하는데, 이는 독자들이 이 관습을 알고 있다고 생각하기 때문이다. 여기에 나오는 바라바에 대해서는 알려진 것이 없다(참고. 막 15:7). 아마도 무리가 그를 알고 있는 것으로 보아 잘 알려진 죄수였던 것 같다. 그를 단순한 죄인(강도, 살인자)으로 보는 견해도 있고, 민족주의자(혁명분자) 셀롯인으로 보는 시각도 있다. 그러나 정확하게 알기는 어렵다. 다만 분명한 것은 예수님과 맞바꿀 수 있을 정도의 죄인이라면 단순한 죄를 지은 자가 아니었을 것이라는 사실이다. 그의 이름 '바라바'는 아람어로 '아버지의 아들'이라는 뜻이다. 따라서 '하나님의 아들'이신 예수님과 '아버지의 아들'인 바라바가 대조되고 있다는 뉘앙스를 전달한다. 한편, 극히 일부 사본은 바라바의 이름을 '예수 바라바'라고 기록한다. 하지만 이는 사본상의 지지가 약해서 신뢰할 수 없다.

19절: 누가는 '바라바'에 대해서 설명한다.

20-21절: 빌라도는 예수님을 놓고자 하여 다시 무리에게 말한다. 그러나 무리는 예수님을 십자가에 못 박으라고 소리 지른다.

22절: 빌라도는 4절과 14절에 이어서 세 번째로 예수님의 무죄를 말한다. 따라서 빌라도는 예수님의 무죄를 확신한다. "때려서 놓으리라"라는 말은 성난 무리를 달래기 위한 것이다.

23절: 무리는 빌라도의 무죄 선언을 받아들이지 못한다.

24절: 빌라도는 예수님의 유죄를 선언하지 않고, 다만 무리가 요구하는 대로 하려고 한다. 그는 자신의 정치적인 입지를 유지하고 유대인들의 민란을 방지하기 위하여 예수님을 넘겨주려고 한다. 빌라도의 속셈은 요한복음 18:39-19:16에 상세히 기술되어 있다.

25절: 빌라도는 바라바를 놓아주고 예수님을 넘겨주어 무리의 뜻대로 하게 한다. 바라바에 대한 설명이 반복된다. 그는 "민란과 살인으로 말미암아 옥에 갇힌 자"이다. 그는 흉악한 범죄자이다. 그러나 백성은 범죄자 바라바보다 무고한 예수님을 증오한다.

23:26-43 십자가에 못 박히심

예수님께서 십자가에 못 박히신다.

26절: 로마 군인들은 예수님에게 십자가를 지워서 끌고 간다. 당시 십자가 사형수는 대개 십자가의 가로대(patibulum)를 지고 갔으며, 처형 장소에 도착하여 미리 세워져 있던 수직 기둥(palus)에 묶였다. 빌라도는 예수님을 채찍질한 후에 십자가에 못 박히게 넘겨주었다(참고. 마 27:26; 막 15:15). 따라서 예수님은 십자가를 짊어질 수 없는 상태가 되었다. 이에 로마 군인들은 시몬이라는 구레네 사람이 시골에서 오는 것을 붙들어 그에게 예수님의 십자가를 지워 예수님을 따르게 한다(참고. 마 27:32; 막 15:21). 당시 로마 군인들은 근처에 있는 사람을 징발해서 자신들의 짐을 지고 가게 할 권한을 가지고 있었다. 구레네 시몬은 유대인일 것이다. 구레네(Cyrene)는 오늘날 북아프리카의 리비아다. 그곳에는 톨레미(Ptolemy) 시대 때부터 유대인들이 거주하고 있었다. 병행 본문에서 마가(15:21)는 그를 "알렉산더와 루포의 아버지"라고 설명하는데, 루포는 로마교회의 지도자 중 한 명이다(참고. 롬 16:13). 마가는 마가복음의 독자들인 로마의 신자들이 잘 알고 있는 루포를 언급하면서, 그의 아버지가 주님의 십자가를 대신 졌다는 사실을 말하려고 했던 것 같다. 구레네 시몬이 십자가를 진 것을 제자도와 연결하는 것은 무리다. 이는 그가 자원해서 십자가를 지지 않았기 때문이다. 그러나 그가 한 행동에 신학적 의미를 부여할 수는 있다. 그가 십자가를 지는 것은 9:23과 14:27을 성취한 일이 된다.

27절: 27-31절은 누가복음에만 나온다. 울면서 예수님을 따라오는 여인들은 누구인가? 예수님의 제자들과 친척들인가? 직업적으로 울어주는 사람들인가(참고. 7:11-13)? 분명하지 않으나 전자일 가능성이 크다. 혹은 섞여 있었을 가능성도 배제하지 못한다.

28절: 28-31절은 스가랴 12:10-14를 간접 인용한 것으로 추정된다. 예수님은 예루살렘의 자녀들이 어려움을 당할 것이라고 하신다. 그것은 주후 70년에 일어날 예루살렘 멸망이다. 그들이 당면할 미래는 13:34-35; 19:42-44; 21:20-24(참고. 11:49-51)에 이미 암시되었다.

29절: 예루살렘의 딸들이 자신들과 자녀들을 위해 울어야 하는 이유가 제시되어 있다. 그들에게 아이가 태어나지 않는 것은 복이다. 즉 큰 환난을 겪을 것이기에 아이가 없는 것이 낫다.

30절: 예루살렘이 파괴될 때 사람들에게 큰 고통이 임할 것이기에 차라리 죽기를 바랄 것이다.

31절: 이 구절은 격언이다. 그 의미는 다음과 같다. 푸른 나무가 불에 탄다면 마른 나무는 더더욱 불에 잘 탈 것이다. 여기에 소위 '더더구나 논증'이 나온다. 하나님이 사랑하시는 자기 아들('푸른 나무')을 어려움에서 건지지 않으셨다면 자기 아들을 죽인 악한 유대인들('마른 나무')에게는 더더욱 그렇게 하지 않으시겠는가?

32절: 또 다른 두 행악자도 사형받게 되어 예수님과 함께 끌려간다. 이것은 이사야 53:12가 성취되는 것이다(눅 22:37도 성취됨).

33절: 군인들은 '해골'이라 하는 곳에 이르러 예수님을 십자가에 못 박고, 두 행악자도 하나는 우편에, 다른 하나는 좌편에 그렇게 한다. '해골'('크라니온', skull)은 아람어로 '골고다'(참고. 마 27:33; 막 15:22; 요 19:17)이며, 라틴어로 '갈보리'(Calvariae)이다. 지형이 해골처럼 생겨서 이런 이름이 붙었을 것이라는 견해가 유력하다. 하지만 사람을 많이 처형하는 바람에 해골이 많아서 그렇다는 견해도 있다. 심지어 어떤 사람들은 아담의 해골이 여기에 묻혀 있어서 이렇게 불렸다고 생각했다. 십자가형은 로마의 사형 방식인데, 주전 6세기부터 주후 337년에 콘스탄티누스가 금지할 때까지 시행되었다. 십자가 처형은 너무나 큰 공포심을 안겨주었고 고통과 수치를 겪게 했다. 이 형벌은 지나치게 악명이 높아서 로마 시민들에게 적용되지 않았고, 주로 심각한 죄수들과 전쟁 포로들에게 가해졌다. 여기서 "행악자"('카쿠르고스', 악을 행하는 자, evil-doer)는 마태복음 27:38과 마가복음 15:27에서 '강도'('레스테스')라고 표현되었는데, 일반적인 강도인지 아니면 정치적 혁명 분자인지 알기가 어렵다. 후자일 가능성이 크다.

34절: 예수님은 자신을 십자가에 못 박게 한 무리들을 위하여 기도하신다. 이것은 훗날 스데반이 기도한 것과 같다(참고. 행 7:60; 벧전 2:23). 군인들은 예수님의 옷을 나눠 제비 뽑는데, 이것은 시편 22:18을 성취하는 것이다. 당시 십자가 처형을 당하는 자의 옷을 제비 뽑아 나누는 관례가 있었다. 이것은 일종의 노름으로 군인들의 부수입이 되었다. 예수님이 십자가에서 아무것도 입지 않으셨는지 아니면 천(loincloth)과 같은 것을 두르셨는지는 분명하지 않다. 하여튼 군인들은 예수님의 옷을 벗김으로써 그분을 더욱 수치스럽게 만들었다.

35절: 관리들이 비웃는다. 이는 시편 22:7-8을 성취하는 것이다.

36절: 군인들이 희롱하면서 신 포도주를 준다. 따라서 관리들의 조롱에 이어 군인들도 조롱한다. 예수님께 "신 포도주"('옥소스')를 준 일은 병행 본문 모두에 기록되어 있다(참고. 마 27:48; 막 15:36; 요 19:29-30). 이것은 당시 군인들이 마시던 일반적인 포도주이다. 유대 전통에서는 죄수가 처형될 때 죄수의 고통을 덜어주기 위하여 유향을 탄 포도주를 주었다(b. Sanb. 43a). 하지만 예수님을 십자가에 데리고 간 로마의 병사들이 예수님에게 그런 자비를 베풀 리는 없다. 그들은 예수님에게 신 포도주를 주어 갈증을 해소하게 함으로써 그분이 더욱 오랫동안 고통을 겪게 하려고 했다.

37절: 군인들의 조롱은 35절에 기록된 관리들의 조롱 섞인 말과 같다.

38절: 예수님의 십자가에는 '유대인의 왕'이라고 쓴 패가 있었다. 당시 십자가에 죄명을 적은 '패'(titulus)를 붙이는 것은 로마의 관례였다. 이것은 범죄자에 대한 경고 기능을 가진다. 패에 기록된 문구에 대해서는 네 복음서의 기록이 조금씩 다르다(참고. 마 27:37; 막 15:26; 요 19:19). 아마도 당시에 사용되던 네 개의 언어(히브리어, 아람어, 헬라어, 로마어)로 붙여 놓았을 것이다. 그리고 각 복음서의 저자들은 자신들의 독자들을 고려하여 선택적으로 기록했을 것이다. 하지만 이것은 아이러니이다. 붙여진 패를 통해서 예수님이 누구신지가 알려진다. 비록 악한 자들에 의해서 행해진 것이라고 하더라도 말이다. 예수님은 35절에서 "하나님이 택하신 자 그리스도"이며, 37-38절에서 "유대인의 왕"이고, 이어지는 39절에서 "그리스도"이다.

39절: 39-43절은 두 행악자 이야기이다. 마태복음 27:44는 "함께 십자가에 못 박힌 강도들도 이와 같이 욕하더라"고 하며, 마가복음 15:32는 "함께 십자가에 못 박힌 자들도 예수를 욕하더라"고 하는데, 오직 누가복음은 행악자 중 한 명이 예수님의 무죄를 말하고, 그에 따라 구원받은 것을 언급한다. 십자가에 달린 행악자 중 하나는 예수님을 비방한다. 따라서 관리들이 조롱하고(35절), 군인들도 조롱하는데(36절), 이제 행악자가 조롱한다(39절).

40-41절: 그러나 다른 행악자는 그 사람을 꾸짖는다. 성경에는 나오지 않지만, 고대 문헌 Acts of Pilate 10:2에 이 행악자의 이름이 나오는데, 그의 이름은 '디스마스'(Dysmas)이다. 한편, 여기에 세 번째 무죄 확신이 나온다. 즉 빌라도와 헤롯 안디바(참고. 4, 14-15, 22)에 이어서 행악자도 예수님의 무죄를 말한다.

42절: 행악자는 예수님에게 자기 믿음을 표시한다. 그것은 간구의 형태를 띤다. 병행 본문을 참고할 때, 이 행악자는 처음에 예수님을 비난했으나(참고. 마 27:44), 예수님이 십자가에 달려서 취하신 태도를 보면서 감명을 입어서 이렇게 고백하는 것으로 보인다.

43절: "낙원"('파라데이소스', paradise)은 고대 페르시아에서 '정원'을 일컫는 단어였다. 구약성경(LXX)에서는 이 단어가 에덴(참고. 창 2:8)과 하나님의 농산(참고. 창 13:10)을 가리킬 때 사용되었나. 신약성경에서는 본문 외에 고린도후서 12:4와 요한계시록 2:7에서 사용되었다. 낙원은 의인이 죽어서 가는 곳이며 하나님이 계시는 곳이다.

23:44-49 죽으심

예수님이 십자가 위에서 돌아가신다. 예수님이 돌아가실 때 일어난 일들은 중요한 신학적 상징성을 지닌다. 또한, 예수님의 죽음을 목격한 사람들은 긍정적인 믿음의 반응을 보이는데, 그것은 독자들의 적극적인 반응을 촉구한다.

44절: '제육시부터 제구시까지'는 정오부터 오후 3시까지를 가리킨다. 예수님은 제3시(오전 9시)에 십자가에 달리셨고, 제6시(정오)에 온 땅에 어둠이 임하기 시작하여 제9시(오후 3시)까지 계속되었으며, 제9시에 돌아가셨다. "해가 빛을 잃고 온 땅에 어둠이 임하여"는 일식이 아니다. 당시는 니산월 15일로서 보름달(만월)이 뜨는 유월절 기간임으로 일식이 불가능하다. 이 어둠은 하나님에 의해서 일어난 초자연적인 현상이다. 즉 실제로 어두워진 것에 상징적인 의미가 더해진 것이다. 이것은 하나님의 분노와 슬픔이 반영된 종말론적 신현(eschatological theophany)이다(참고. 출 10:21-23; 암 8:9-10; 행 2:20).

45절: 성소의 휘장이 찢어진다. 성소의 휘장이란 지성소와 성소 사이에 있는 휘장을 가리킨다(참고. 출 26:31-33). 지성소는 가장 거룩한 곳으로 하나님이 거하시는 장소이다. 지성소는 오직 대제사장이 일 년에 한 번 속죄일(the Day of Atonement)에 들어가서 이스라엘의 죄를 대속하는 곳이다(참고. 히 9:2-7). 그런데 예수님이 돌아가시자 지성소를 구분하는 휘장이 찢어진 것은 예수님의 죽음으로 인류가 하나님께 나아가는 길이 열렸다는 사실을 극적으로 보여준다(참고. 엡 2:14-16; 히 6:19-20; 10:19-22). 그런데 이 기사는 병행 기사와 약간 다르다. 누가복음은 성소의 휘장이 갈라진 후에 예수님이 소리를 지르시고 숨지셨다고 기록하지만, 마가복음 15:37-38에 따르면, 예수님이 소리를 지르시고 숨지신 후에 성소의 휘장이 갈라졌다. 하지만 이것은 모순이 아니다. 이 모든 일이 동시에 일어났기 때문이다.

46절: 예수님은 숨지시기 전에 시편 31:5를 인용하신다. 이 본문은 잠들기 전에 낭독하는 기도문이다. 예수님은 잠드시기 전에(다시 깨어날 것이므로, 부활) 이 기도를 드리신다. 여기서 "영혼"이란 '전인적인 생명'을 의미한다. "아버지 손에 부탁하나이다"라는 문구는 예수님이 마지막 순간까지 아버지와의 신뢰 관계를 유지하고 계심을 보여준다. 예수님은 자신에게 맡겨진 사명을 완수하셨음을 아셨다. "숨지시니라"는 능동태로서 '숨을 멈추셨다'라는 뜻이다. 예수님은 힘이 없어서 죽임을 당하신 것이 아니라, 하나님이 부여하신 임무를 마치고서, 기꺼이 그리고 자발적으로 죽음을 받아들이셨다.

47절: '백부장'(centurion)은 로마 군대의 장교로서 100명의 부하를 거느린 사람이라는 뜻이다. 하지만 실제로는 60-80명의 부하를 통솔했다. 백부장은 선출직이어서 인격이 훌륭한 사람인 경우가 많았다. 이 백부장은 예수님을 처형하는 일을 지휘했을 것이다(참고. 7:2). "그 된 일"이란 예수님이 자기를 죽이는 자들을 위해서 기도하신 일(34절), 예수님이 한 행악자에게 하신 말씀(43절), 온 세상에 어둠이 내린 일(44절), 예수님이 자기 목숨을 기꺼이 내어놓으신 일(46절)을 모두 포함한다. 이러한 일련의 일들은 예수님의 죽음이 보통 사람의 것과 다르다는 점을 보여준다. 병행 본문의 마태복음 27:54와 마가복음 15:39는 백부장이 예수님을 "하나님의 아들"이라고 고백했다고 기록했으나, 누가는 "의인"이라 고백했다고 말한다. 백부장은 아마도 둘 다를 말했을 것이다. 결국, 백부장은 빌라도(4, 14, 22절), 헤롯 안디바(15절), 한 행악자(39-43절)에 이어 네 번째로 예수님의 무죄를 확신한다.

48절: 가슴을 치는 것은 슬픔, 고통, 자책 등을 상징한다.

49절: "예수를 아는 자들"이 누군지 특정하기가 어렵다. 제자들 가운데 일부가 포함될 것이다. "갈릴리로부터 따라온 여자들"은 8:1-3에 언급된 여자들일 것이다. 23:27-28에 기록된 "예루살렘의 딸들"은 아니다. 십자가 근처에 있던 여자들에 대해, 마태복음 27:56은 막달라 마리아, 야고보와 요셉의 어머니 마리아, 세배대의 아들들의 어머니를 말하고, 마가복음 15:40은 막달라 마리아, 작은 야고보와 요세의 어머니 마리아, 살로메를 언급하며,

누가복음 23:49는 단순히 갈릴리로부터 따라온 여자들을 기록하고, 요한복음 19:25는 예수님의 어머니, 예수님의 이모, 글로바의 아내 마리아, 막달라 마리아를 언급한다. 이러한 기록 차이는 그때 여자들이 많이 있었는데(참고. 막 15:41), 복음서 저자들이 선택적으로 기록했기 때문이다. 여자들은 이어지는 본문들에서 매우 중요한 역할을 한다. 그들은 예수님의 장례부터(참고. 23:55; 마 27:61; 막 15:47) 부활의 순간까지 예수님과 함께한다(참고. 24:1; 마 28:1; 막 16:1).

23:50-56 장사되심

예수님이 장사되신다. 장사는 확실한 죽음을 시사한다. 사실, 복음서는 예수님이 확실히 죽으셨다는 사실을 다중으로 증언한다. 군인들이 예수님의 다리를 부러뜨리지 않았고(예수님이 완전히 죽으신 것을 확인했기에)(참고. 요 19:31-33), 창으로 예수님의 옆구리를 찌르니 피와 물이 나왔는데(참고. 요 19:34), 이제 죽으신 예수님은 무덤에 장사되시고, 그 무덤을 군인들이 지킨다. 예수님이 장사되실 때 아리마대 사람 요셉과 여인들이 헌신한다.

50절: 공회 의원으로 선하고 의로운 요셉이라 하는 사람이 있었다.

51절: 요셉은 공회원들의 행사에 찬성하지 않았다. 그는 유대인의 동네 아리마대 사람이요 하나님 나라를 기다리는 자였다. '아리마대'의 정확한 위치 파악은 어렵다. 아마도 구약성경에 나오는 라마(사무엘이 태어난 곳) 혹은 렘피스(오늘날의 Lod)일 것이다. "하나님의 나라를 기다리는 자"라는 표현과 유사한 표현은 2:25(시므온)와 2:38(안나)에 나온다. 그것은 종말론적인 소망을 함의한다. 따라서 누가는 아리마대 요셉을 매우 좋게 평가한다. 네 복음서 모두 요셉을 언급한다. 마태(27:57)는 아리마대 사람 요셉을 "부자"이며 "예수의 제자"라고 간략히 말하지만, 마가(15:43)는 그를 "존경받는 공회원이요 하나님의 나라를 기다리는 자"라고 하며, 누가(23:50-51)는 그를 "공회 의원으로 선하고 의로운 요셉이라 하는 사람"이라고 하고, 종교 지도자들이 예수님을 죽이기로 결의했을 때 "그들의 결의와 행사에 찬성하지 아니한 자"라고 하며, 평소에 "하나님의 나라를 기다리는 자"라고 자세히 설명한다. 그리고 요한(19:38)은 아리마대 요셉이 예수님의 제자이지만 유대인들을 두려워하여 그 사실을 숨겼다고 기술한다.

52절: 요셉은 빌라도에게 가서 예수님의 시체를 달라고 한다. 요셉은 공회원이라는 직위를 이용하여 빌라도에게 부탁했을 것이다. 빌라도가 예수님의 시체를 내어준다. 빌라도는 무죄한 사람을 사형시켰는데, 굳이 시체를 내어주지 않을 이유가 없다고 판단한 것 같다. 게다가 유대인들의 전통을 존중하여 예수님의 시체를 내어주었을 것이다(참고. 신 21:23).

53절: 요셉은 예수님의 시체를 십자가에서 내려 세마포로 싸고 아직 사람을 장사한 일이 없는 바위에 판 무덤에 넣어 둔다. 이 무덤은 요셉 자신과 가족이 묻히기 위해서 준비해 둔 것이었이다(참고. 마 27:60). 바위에 판 무덤은 비쌌다. 이것은 부자의 시신을 매장할 때 사용되었다. 따라서 요셉의 행동은 "그가 죽은 후에 부자와 함께 있었도다"라는 이사야 53:9를 성취하는 일이었다. "아직 사람을 장사한 일이 없는 바위에 판 무덤"은 19:30의 "아직 아무도 타 보지 않은 나귀 새끼"를 생각나게 한다. 예수님은 유대인의 왕으로서 아무도 사용한 적이 없는 것들을 사용하신다. 병행 본문에서 요한(19:39-40)은 한때 밤에 예수님을 찾아왔던 니고데모가 요셉을 도왔다고 말한다. 따라서 요셉과 니고데모는 모두 예수님의 비밀 제자(secret disciple)가 되어 있었던 것 같다.

54절: 여기서 "준비일"은 안식일 전날인 금요일이다. 유월절은 금요일 일몰 때 시작된다. 따라서 '준비일'은 금요일 늦은 오후이다. "안식일이 거의 되었더라"에서 '거의 되었다'('에피포스코')는 일반적으로 '동이 튼다'(dawn)라는 뜻이지만, '시작되려고 한다'라는 의미도 지니고 있다. 따라서 이 문구를 '안식일이 시작되려고 했다'(ESV: "the Sabbath was beginning")라는 뜻으로 이해할 수 있다.

55-56절: 갈릴리에서 예수님과 함께 온 여자들이 뒤를 따라 그 무덤과 그의 시체를 어떻게 두었는지를 본다. 그리고 돌아가서 향품과 향유를 준비하고, 계명을 따라 안식일에 쉰다. 그런데 이에 대해서 복음서들 가운데 약간의 기록 차이가 있다. 누가복음에 따르면, 안식일 직전에 향품과 향유를 준비했는데, 아마 이때 어느 정도 구입했을 것이다. 마가복음 16:1은 안식일이 지난 후에 향품과 향유를 구입했다고 기록하는데, 이때 모자라는 양을 추가로 구입했을 것이다. 유대인들의 전통은 안식일이라도 죽은 자의 장례를 위하여 필요한 것을 구입하는 것을 허용한다(Sabbat 23:5). 계명을 따라 안식일에 쉬었다는 표현은 여인들이 경건했고, 율법을 잘 지켰음을 시사한다.

• 토론과 나눔 •

1. 무리가 빌라도에게 예수님을 고발한 내용은 무엇입니까(2절)?

2. 빌라도는 예수님의 죄목에 대해서 어떤 생각을 지니고 있습니까?

3. 예수님 대신 석방된 바라바는 어떤 인물입니까(18-19절)?

4. 예수님이 십자가에서 돌아가실 때 성소의 휘장이 찢어진 것은 무엇을 상징합니까?

5. 예수님의 죽음을 본 백부장은 예수님에 대해서 어떻게 고백합니까(47절)?

• 핵심과 실천 •

예수님이 고난받으신 이야기는 그분이 어떤 분이신지를 밝히 드러냅니다. 예수님을 향한 권력자들의 심문은 예수님의 정체(그리스도, 왕, 무죄하신 분)를 점점 분명하게 알려주는 역할을 합니다. 성경은 예수님에게 죄가 없으시다는 사실을 강조합니다. 하지만 빌라도는 예수님이 무죄하다는 사실을 알았고 공적으로 선언하나 유대인들의 환심을 사기 위해서 예수님을 넘깁니다. 따라서 그는 큰 잘못을 범합니다. 우리 죄를 없애시기 위하여 죄 없으신 예수님은 십자가에 못 박히십니다. 우리의 죄 사함은 그냥 얻어진 것이 아닙니다.

24장

누가복음 마지막 장인 24장은 예수님의 부활과 승천을 다룬다. 부활하신 예수님은 제자들에게 나타나셔서 사명을 주신 후 하늘로 올라가신다.

LUKE

24:1-12 부활하심

일요일(주님의 날) 아침에 예수님이 부활하신다. 복음서들 모두 일요일에 부활이 일어났다고 기록한다. 일부 제자들이 예수님의 부활을 목격한다.

1절: "안식 후 첫날"은 일요일이다. 일요일은 후대에 '주의 날'(the Lord's day)로 불렸고, 초기 교회는 이날을 예배드리는 날로 지켰다(참고. 행 20:7; 고전 16:2; 계 1:10). 여인들이 향품을 가지고 무덤에 간 것은 예수님이 부활하셨으리라고 생각하지 못한 채 시신에 향품을 바름으로 변함없는 사랑과 충성을 표시하기 위해서였다(참고. 23:56).

2절: 여인들은 돌이 무덤에서 굴려 옮겨진 것을 보았다. 당시 무덤은 동굴 형태로 되어 있었고 시신이 없어지는 것을 방지하기 위해 무덤 입구를 돌로 막아 놓았다(참고. 마 27:60, 66). 따라서 여인들은 무덤으로 향하면서 무덤 문에서 돌을 어떻게 굴려 놓을까를 염려했다(참고. 막 16:3). 그런데 무덤에 도착해 보니 돌이 무덤에서 굴려 옮겨져 있었다. 병행 본문인 마태복음 28:2-4에 따르면, 큰 지진이 나며 하늘에서 천사가 내려와 돌을 굴려 내고 그 위에 앉았다. 아마도 무덤을 지키던 군병들이 놀라서 도망간 후 여인들이 도착한 것으로 보인다.

3절: 여인들이 무덤에 들어가니 예수님의 시체가 보이지 않았다.

4절: "찬란한 옷을 입은 두 사람"은 천사들이다(참고. 24:23; 마 28:2-7; 요 20:12). 마가복음 16:5에는 천사가 한 명이라고 언급되어 있는데, 이는 마가가 두 천사 중 한 명에만 집중했기 때문이다. 천사들이 "찬란한 옷"을 입은 것은 그들이 매우 특별한 존재임을 시사한다.

5절: 여인들이 얼굴을 땅에 대는 것은 신현(theophany) 앞에서의 경외심이다(참고. 1:12).

6절: 과거에 예수님은 갈릴리에서 제자들에게 자신의 죽음과 부활을 말씀하셨는데, 그때 여인들은 제자들과 함께 있으면서 예수님이 말씀하신 것을 들었을 것이다.

7절: 천사들은 예수님이 갈릴리에서 하신 말씀을 상기시킨다(참고. 9:22; 9:44; 18:31-33). "십자가에 못 박히고 제삼일에 다시 살아나야 하리라"라는 말은 예수님의 죽음과 부활이 반드시 있어야 한다는 뜻이다. 하나님이 세우신 계획과 뜻은 반드시 이루어져야 한다.

8절: 여인들은 예수님의 말씀을 기억한다.

9절: 여인들은 무덤에서 돌아가 이 모든 것을 "열한 사도"와 "다른 모든 이"에게 알린다(참고. 마 28:8-10; 요 20:2-9). "열한 사도"는 가룟 유다를 제외한 숫자이다. "다른 모든 이"는 열한 사도 외에 갈릴리에서 올라온 다른 제자들이다. 이들은 사도행전 1:15에 있는 120명을 포함할 것이다. 또한, 엠마오로 가던 두 제자도 여기에 포함될 것이다(참고. 24:14, 22-24).

10a절: 누가는 여인들이 누군지를 가르쳐준다. 그녀들은 '막달라 마리아와 요안나와 야고보의 모친 마리아와 다른 여자들'이다. 따라서 최소한 다섯 명의 여인이 무덤에 갔다. 막달라 마리아는 일곱 귀신이 들렸다가 나은

여인이다(참고. 8:2). 요안나는 헤롯의 청지기 구사의 아내다(참고. 8:3). 마가복음 16:1에 따르면, 이때 무덤에 간 여자들은 "막달라 마리아와 야고보의 어머니 마리아와 살로메"였다. 따라서 요안나는 살로메일 가능성이 있다. "다른 여자들"은 갈릴리에서 온 여자들로서 예수님이 십자가에 달리실 때 옆에 있었을 것이다(참고. 23:49, 55).

10b-11절: 여인들은 천사들의 말을 사도들에게 알리지만, 사도들은 믿지 않는다.

12절: 베드로는 무덤으로 달려가서 몸을 구부려 안을 들여다본다. 요한복음 20:3-6에 따르면, 베드로와 요한이 무덤으로 달려갔고, 요한이 먼저 도착했으나, 베드로가 먼저 무덤 안에 들어갔다. 무덤 안에는 시신을 감았던 세마포만 보인다(참고. 23:53). 세마포만 보인다는 말은 예수님의 몸이 없어지고 몸을 싸고 있던 세마포만 그대로 남아 있다는 뜻이다. 그러자 베드로는 그 된 일을 놀랍게 여기며 집으로 돌아간다. 여기서 '놀랍게 여기는 것'은 의심과(참고. 11:38; 행 13:41) 더불어 긍정적인 반응을 수반한다(참고. 1:21, 63; 2:18, 33; 4:22; 24:41).

24:13-35 엠마오로 가는 길에서 제자들에게 나타나심

이 단락의 병행 본문은 마가복음 16:12-13인데, 매우 짧게 기록되어 있다.

13절: "그날"은 "안식 후 첫날"로서(참고. 1절), 일요일이다. "그들 중 둘"은 열두 제자에 속하지 않는다. 한 사람의 이름은 언급되지 않았으나, 다른 한 사람의 이름은 '글로바'이다(참고. 18절). 이들은 9절에 있는 "다른 모든 이" 가운데 두 사람일 것이다. 이들은 유월절을 보내기 위해서 예루살렘에 왔다가 자기 고향으로 돌아가는 중이었을 것이다. 누가는 엠마오가 예루살렘에서 "이십오 리" 떨어진 곳에 있다고 하는데, 헬라어 원문에는 '60 스타디오스'라고 되어 있다. 이는 약 11km이다. 엠마오의 위치에 대해서 다양한 견해가 제시되었는데, 어딘지 특정하기가 어렵다. 〈특주. 엠마오의 위치〉를 참고하라.

14절: "이 모든 된 일"은 19-24절에 나와 있다.

15절: 그들이 서로 이야기하며 문의할 때 예수님께서 가까이 이르러 그들과 동행하신다.

16절: 그들은 눈이 가려져서 예수님이신 줄 알아보지 못한다. 예수님께서 부활하신 후 전혀 다른 사람으로 변하지는 않았을 것이다. 누가는 그들의 눈이 가려졌다고 말하는데, 눈이 가려진 것은 신적 수동태로 하나님의 섭리 가운데 예수 그리스도를 아는 것이 허용되지 않았음을 뜻한다. 누가복음 9:45와 18:34에도 이와 비슷한 모티프가 있다. 요한복음에서 제자들이 부활하신 주님을 알아보지 못한 곳은 20:14-15와 21:4이다.

17절: 17-27절은 예수님과 두 제자의 대화이다. 예수님은 두 제자에게 가르침을 주신다. 예수님께서 "너희가 길 가면서 서로 주고받고 하는 이야기가 무엇이냐"라고 물으시자 두 사람은 슬픈 빛을 띠고 머물러 선다. 예수 그리스도는 그들이 나누는 대화 내용을 이미 알고 계셨으나, 그들에게 이렇게 물으심으로 그들의 말을 소재로 삼아 교훈을 주려고 하신다.

18절: 두 제자 중 글로바는 "당신이 예루살렘에 체류하면서도 요즘 거기서 된 일을 혼자만 알지 못하느냐"라고 반문한다. 글로바는 누가복음의 독사들에게 알려진 인물로 보인다. 예수님이 십자가에 못 박히신 일은 매우 특별한 사건이어서 모두에게 잘 알려졌다. 따라서 글로바는 사람들이 다 아는 사건을 모르느냐고 한다. 그런데 이것은 아이러니이다. 오히려 글로바가 예루살렘에서 일어난 일을 알지 못한다. 곧 예수님이 부활하신 사실을 모른다.

19절: 예수님은 "무슨 일이냐"라고 반문하신다. 이것은 설명을 도입하는 역할을 한다. 두 제자는 "나사렛 예수의 일이니 그는 하나님과 모든 백성 앞에서 말과 일에 능하신 선지자이거늘"이라는 말로 설명을 시작한다. "나사렛 예수"는 예수님의 이름에 출신지를 붙인 것이다. "하나님과 모든 백성 앞에서 말과 일에 능하신 선지자"라는 어구는 예수님에 대한 긍정적인 묘사이다(참고. 7:16, 39; 9:8, 19), 예수님은 자신을 선지자라고 하셨다(참고. 4:24; 13:33). 하지만 두 제자가 예수님에 관하여 충분하고 완전한 인식을 지녔는지는 확실하지 않다.

20절: 두 제자는 대제사장들과 관리들이 예수님을 사형 판결에 넘겨주어 십자가에 못 박았다고 말한다. 가룟 유다는 예수님을 대제사장들과 관리들에게 예수님을 넘겨주었고, 그들은 예수님을 빌라도에게 넘겨주어서 십자가에 못 박게 했다(참고. 23:1). 이러한 진술을 통해서 누가는 예수님을 죽인 책임이 대제사장들과 관리들에게 있음을 강조한다(참고. 행 5:30).

21절: '이스라엘의 속량'은 이스라엘의 회복(독립)을 가리킨다. 그들은 지금 로마의 식민 지배 아래 있다. 한편, 레위기 25:28, 48에서 '속량'은 집과 신분의 회복을 의미한다. "우리는 이 사람이 이스라엘을 속량할 자라고 바랐노라"라는 말은 사람들이 예수님의 사역을 영적인 관점에서 보지 않고 정치적이며 군사적인 관점에서 보았음을 암시한다. 따라서 그들은 예수님이 죽으신 일로 매우 실망해 있다. "이 일이 일어난 지가 사흘째요"라는 말은 예수님이 죽으신 지 사흘이 되었다는 뜻이다. 그들은 예수님이 사흘째 부활하실 것이라는 말씀을 기억하고 있어야 했다(참고. 9:22; 13:32; 18:33).

22-23절: 두 제자는 어떤 여자들이 무덤에 갔다가 예수님의 시체를 보지 못하고 그분이 다시 살아났다고 말한 천사들만 보았다고 말한다. 이것은 1-12절에 언급된 일을 가리킨다. 여자들은 천사들에게서 들은 말을 열한 사도와 다른 모든 이에게 알렸다.

24절: 두 제자의 말은 12절에 기록된 일을 가리킨다. 여기서 "두어 사람"은 베드로와 요한이다(참고. 요 20:2-10).

25절: 예수님은 두 제자에게 책망 조로 말씀하신다. "선지자들이 말한 모든 것"은 구약성경에 예언된 것을 가리킨다. 예수님의 말씀은 '너희는 성경을 믿고, 성경이 부활에 대해서 말한 것을 들었으면서도 왜 믿지 못하는가'라는 뜻이다.

26절: "…것이 아니냐"라는 문구는 헬라어로 '에데이'(it is necessary)로서 구속 사역의 성취를 위하여 그리스도가 '반드시' 고난을 받으셔야 한다는 사실을 강조한다. 이 가르침은 44-48절에 다시 나온다. 여기서 "영광"은 부활과 승천을 의미한다.

27절: 예수님은 "모세와 모든 선지자의 글"로 시작하여 "모든 성경에" 쓴 바 자신에 관한 것을 자세히 설명하신다. "모세와 모든 선지자의 글"은 구약성경이다. 구약성경은 예수 그리스도에 관하여 예언한다. "모든 성경"은 "모세와 모든 선지자의 글"과 같은 뜻이다.

28절: 제자들이 가려고 하는 마을에 가까이 이르자 예수님은 더 멀리 가려는 것같이 하신다. 이것은 29절에 나오는 숙박 모티프에 대한 복선이다. 즉 예수님이 계속해서 그들에게 말씀을 전하려고 하신 것을 시사한다.

29절: 그들은 날이 저물었으니 유하자고 강권하고, 예수님은 그들과 함께 유하러 들어가신다.

30절: 예수님께서 그들과 함께 음식 잡수실 때 떡을 가지사 축사하시고 떼어 그들에게 주신다. 중세 시대 천주교는 이 본문을 성찬으로 해석하면서 예수님이 떡만 주셨으니 성찬식에서 떡만 먹으면 된다고 주장했다. 그러나 떡은 식사 전체를 제유한다. 예수님은 부활하신 후 제자들과 여러 번 식사하신다(참고. 24:41-43; 요 21:9-15; 행 10:41). 35절에서 보듯이 두 제자는 예루살렘으로 돌아간 후 이 식사를 거론한다.

31절: 제자들의 눈이 밝아져 예수님인 줄 알아보지만, 예수님은 그들에게 보이지 않는다. 헬라어 원문에서 떡을 떼어주시는 행동('에페디두')은 미완료형이고, 눈이 밝아진 현상('디에노이데산')은 아오리스트형이다. 이는 떡을 먹고 있는 동안에 눈이 밝아졌음을 의미한다. 눈이 밝아진 것은 신적 수동태로서 이 일이 주님의 은혜로 이루어졌음을 알려준다(참고. 16절). 그들은 예수님으로부터 가르침을 듣고(참고. 25-27절), 예수님과 함께 식사하면서 은혜를 입자(30절) 눈이 밝아져서 예수님을 알아볼 수 있게 되었다. 그런데 이렇게 눈이 밝아져서 깨닫게 되는 것은 오순절날 보혜사 성령께서 오셔서 하시는 일이다(참고. 요 14:26). 오순절날 성령이 강림하시면 이런 일이 더욱 강하고 자주 일어날 것이다. 두 제자는 이런 일을 미리 경험한다.

32절: "뜨겁지"('카이오')라는 단어는 '불타지'라는 뜻이다. 대부분의 영어 성경은 'burn'으로 번역한다. 이 동사는 현재분사 수동태로서 강렬한 느낌과 감정을 담는다. '성경을 풀어 주신 것'은 성경을 해석해 주신 것을 의미한다(참고. 24:27; 행 17:3). 이것은 성경의 능력을 암시한다. 성경은 사람들 속에서 역사하는 수행력(performative power)을 가지고 있다.

33절: "열한 제자"는 가룟 유다를 제외한 숫자이다. "그들과 함께 한 자들"은 9절의 "다른 모든 이"이다. 엠마오로 가던 두 제자가 마을 가까이 갔다가 예수님과 저녁 식사를 하고 다시 예루살렘으로 돌아온 에피소드를 순서대로 재구성해 보면 다음과 같다. 두 제자는 안식 후 첫날, 곧 일요일 오전(혹은 아침)에 엠마오로 갔고, 일요일 오후에 예수님과 저녁 식사를 했으며, 일요일 저녁에 예루살렘으로 돌아왔다. 따라서 지금은 일요일 저녁이다. 밤이 되었으나 두 제자는 예수님을 만난 소식을 동료들에게 전하기 위해서 예루살렘으로 돌아왔다.

34절: 예루살렘의 제자들은 "주께서 과연 살아나시고 시몬에게 보이셨다"라고 말하고 있었다. 주님은 부활하신 후 여인들에게 보이셨고, 시몬 베드로에게 보이셨으며, 많은 사람에게 보이셨다. 따라서 그들은 예수님의 부활을 믿게 되었다. "시몬에게 보이셨도다"라는 말은 고린도전서 15:5의 "게바에게 보이시고"와 연관된다.

35절: 두 제자는 길에서 된 일과 예수님이 떡을 떼심으로 자기들에게 알려지신 것을 말한다. "길에서 된 일"이란 예수님으로부터 가르침을 받은 일이다(참고. 25-27절). "떡을 떼심으로 자기들에게 알려지신 것"은 예수님이 주신 음식을 먹은 일이다(참고. 30절).

특주 • 엠마오의 위치

엠마오가 어디인지에 대해서 견해 차이가 있다. 크게 세 가지 견해가 제시되었다. 두 번째 혹은 세 번째 견해가 좀 더 타당해 보이나 단정하기가 쉽지 않다.

1) 중세 시대 십자군들은 예루살렘에서 북서쪽으로 12km 떨어진 엘 쿠베이베(el-Qubeibeh)를 엠마오라고 생각했다. 그러나 십자군 전쟁 이전에 이곳은 엠마오로 지칭된 적이 없다.

2) 요세푸스는 예루살렘에서 서쪽으로 6km 떨어진 '암마우스'를 언급한다(Wars 7.6.6.217). 이곳은 오늘날의 쿠오니예(Kuoniyeh)이다. 만일 이곳이 엠마오라면 누가는 대략적인 거리('이십 오리', 헬라어 원문: '60 스타디오스')를 제시한 것이 된다.

3) 유세비우스와 히에로니무스와 소조멘은 예루살렘에서 북서쪽으로 31km 떨어진 '암와스-니코폴리스'(Amwas-Nicopolis)를 지목했다. 그러나 31km는 160 스타디오스인데, 만일 누가복음의 '60 스타디오스'를 '160 스타디오스'로 읽는 독법(필사본)을 따른다면 이곳을 엠마오라고 생각할 수 있을 것이다. 고대인들은 현대인들보다 훨씬 빨리 그리고 멀리 걸었다는 역사적 증거가 많기에 예루살렘에서 이곳까지 하루 만에 왕복하는 것이 어렵지 않았을 것이다.

24:36-49 제자들에게 나타나심

부활하신 예수님이 제자들에게 나타나신다.

36절: "이 말"을 하는 제자들은 열한 제자와 다른 제자들(여자들 포함)과

엠마오에서 돌아온 두 제자이다. 그들은 부활하신 예수님을 만난 경험을 말하고 있다. "너희에게 평강이 있을지어다"라는 문구는 부활하신 예수님의 인사이다(참고. 요 20:19, 26).

37절: "놀라고 무서워하여"란 5절과 같은 현상이다. "그 보는 것을 영으로 생각하는지라"라는 말은 유령으로 생각했다는 뜻이다. 그들 가운데 일부는 부활하신 주님을 이미 만났으나 여전히 믿지 못하고 있다.

38-40절: 예수님은 제자들에게 자신의 정체를 증명하고자 하신다. 예수님은 자신의 육체 부활을 깨닫게 해 주시려고 십자가 못 자국을 그대로 가지고 계신다(참고. 요 20:24-29).

41-43절: 제자들은 너무 기뻐서 아직도 믿지 못하고 놀랍게 여긴다. 이때 예수님은 "여기 무슨 먹을 것이 있느냐"라고 하신다. 제자들은 구운 생선 한 토막을 드린다. 예수님은 그것을 받으셔서 그들 앞에서 잡수신다. 이는 예수님이 완전한 육체적 부활을 이루셨음을 보여준다.

44절: "내가 너희와 함께 있을 때에 너희에게 말한 바"라는 말씀은 예수님이 십자가에 달리시기 전 공생애 기간에 제자들에게 가르치신 것을 가리킨다. "모세의 율법과 선지자의 글"과 "시편"은 구약을 의미한다(참고. 행 13:15; 24:14; 28:22). 예수님 시대에는 구약을 율법과 선지자들과 성문서(성문서의 대표: 시편)로 나누었다. "나를 가리켜 기록된 모든 것이 이루어져야 하리라"라는 말씀은 구약을 기독론적으로 해석해야 할 필요성을 알려준다(참고. 요 5:39).

45절: 예수님은 그들의 마음을 열어 성경을 깨닫게 하신다. 즉 엠마오로 가는 길에서 하신 것처럼 여기서도 제자들의 마음을 열어 성경을 깨닫게 하신다. 성경은 주님이 깨닫게 해 주실 때만 깨달을 수 있다(참고. 시 119:18; 사 29:18-19; 고후 3:14-16).

46-47절: 예수님은 구약을 기독론적으로 해석하여 적용하신다. "그의 이름으로 죄 사함을 받게 하는 회개가 예루살렘에서 시작하여 모든 족속에게

전파될 것"이라는 말씀은 사도행전을 예고하는데, 복음이 예루살렘(유대인)에서부터 모든 족속(이방인)에게 전파될 것을 의미한다.

48절: "이 모든 일"은 46-47절에 요약된 그리스도의 죽음, 부활, 그리고 그리스도의 이름으로 죄 사함을 받게 하는 회개를 가리킨다. 이것은 복음이다. 예수님이 제자들에게 증언하신 것과 마찬가지로 제자들도 모든 사람에게 증언해야 한다(참고. 행 1:8).

49절: "내 아버지께서 약속하신 것"은 오순절에 임하실 성령을 의미한다(참고. 행 1:4-5; 2:33). 이것은 요엘 2:28-29에 예언되었다. 사도행전 2:16-21에서 베드로는 요엘에 기록된 예언을 오순절 사건에 적용한다. "내가 내 아버지께서 약속하신 것을 너희에게 보내리니"라는 말씀은 예수님이 성령을 보내실 것이라는 뜻이다. 요한복음 14:16에서 예수님은 자신이 아버지께 성령을 보내달라고 구하겠다고 하셨고, 요한복음 14:26에서는 아버지께서 예수님의 이름으로 성령을 보내신다고 하셨다. 그런데 요한복음 16:7에서는 "내가 그(성령)를 너희에게로 보내리니"라고 하셨다. 그리고 본문에서 예수님은 자신이 성령을 보내시겠다고 다시금 말씀하신다. 이것은 아버지와 아들의 동등성을 시사한다. 예수님은 아버지와 동등하신 분으로 아버지에게 부탁하셔서 성령을 보내신다. "위로부터 능력으로 입혀질 때까지"란 성령이 오실 때까지를 의미한다(참고. 행 1:8; 10:38). "이 성에 머물라"라는 말씀은 예루살렘에 머물라는 뜻이다(참고. 행 1:4; 2:1). 제자들은 성령의 능력을 받은 후 여러 곳에 가서 복음을 전해야 한다.

24:50-53 승천하심

예수님이 승천하신다. 이 장면은 마가복음 16:19-20에 기록된 것과 조금 다르다. 이는 저자의 목적과 의도에 따른 차이이다. 사도행전 1:9-11에 의하면, 예수님은 부활하신 후 40일 동안 제자들과 함께 계시다가 승천하셨다. 따라서 본문은 예수님이 부활하신 후 40일이 되었을 때 일어난 일이다. 오늘날 교회력에서 승천일은 부활절 후 여섯 번째 주간 목요일이다.

50절: 예수님은 제자들을 데리고 베다니 앞까지 나가셔서 손을 들어 축복하신다. 사도행전 1:12는 예수님이 감람산에서 승천하셨음을 말한다. 베다니는 감람산 동쪽 경사면에 있다(참고. 19:29의 설명). 손을 들어 축복하는 것은 대제사장적 강복 선언이다(참고. 레 9:22). 신약 시대에도 축복할 때 손을 들었다(참고. 딤전 2:8).

51절: 예수님께서 하늘로 올려지신다(참고. 행 1:9-11).

52절: 제자들은 예수님께 경배하고 큰 기쁨으로 예루살렘에 돌아간다. "큰 기쁨으로"라는 단어가 시사하는 것은 모든 의심과 두려움과 의문이 사라졌다는 사실이다.

53절: 제자들은 성전에서 하나님을 찬송한다. 이런 모습은 사도행전 1:13-14와 같다. 사도행전 1:15에 따르면, 이때 모인 무리의 수가 약 120명이었다. 초기 성도들은 자주 성전에서 모였다(참고. 행 2:46; 3:1; 5:21, 42). 누가복음의 서두와 말미는 '성전'을 모티프로 한 수미상관 구조(inclusio)를 형성한다. 누가복음의 앞부분에는 사가랴가 성전에서 분향하는 장면이 나오는데(참고. 1:8-9), 마지막 부분에는 제자들이 성전에서 하나님을 찬송하는 장면이 나온다.

특주 • 예수님의 부활 이후 행적

예수님이 부활하신 후 열한 제자에게 나타나신 일에 관한 기록은 네 복음서에 조금씩 다르게 기술되어 있다. 마태는 갈릴리에서 예수님이 열한 제자를 만나신 것을 말한다(참고. 마 28:16-20). 마가는 장소를 특정하지 않은 채 예수님이 열한 제자를 만나신 것을 언급한다(참고. 막 16:14-18). 누가 역시 장소를 말하지 않고 단지 예수님이 열한 제자에게 나타나신 일을 기록한다. 요한은 다른 복음서들보다 자세히 기록하는데, 예수님이 부활하신 후 열한 제자에게 세 번 나타나셨음을 언급한다. 첫 번째, 도마가 없을 때 나타나셨다(참고. 요 20:19-25). 두 번째, 도마가 있을 때 나타나셨다(참고. 요 20:26-29). 세 번째, 갈릴리에서 열한 제자에게 나타나셨다(참고. 요 21:1 이하, 특히 14절). 이후, 사도행전 1:1-9는 예수님께서 부활하신 후 40일간에 이 땅에서 계시다가 승천하셨음을 말한다.

그러므로 예수님이 부활하신 후의 행적을 재구성하면 다음과 같다. 예수님은 예루살렘에서 십자가에 못 박히신 후 사흘 후에 살아나셨다. 부활하신 예수님은 무덤에서 막달라 마리아에게 처음으로 나타나셨다(참고. 막 16:9; 요 20:11-18). 다음으로, 길에서 여인들에게 나타나셨다(참고. 마 28:9-10). 또한, 엠마오로 가는 두 제자에게 나타나셨다(참고. 막 16:12-13; 눅 24:13-32). 그리고 베드로에게 나타나셨다(참고. 눅 24:34). 이후 예루살렘에서 도마가 없을 때 제자들에게 나타나셨고(참고. 요 20:19-25), 예루살렘에서 도마가 있을 때 제자들에게 나타나셨다(참고. 요 20:26-29). 천사의 지시에 따라 제자들은 갈릴리로 가서 예수님을 기다렸으며(참고. 마 28:7), 예수님은 거기서 나타나셨다(참고. 마 28:16; 요 21:1-25). 더욱이 예수님은 불명확한 시점과 장소에서 500명 이상에게 나타나셨다(참고. 고전 15:6). 이후 제자들은 예루살렘으로 돌아와서 예수님과 함께 지냈으며, 예수님은 부활하신 지 40일 만에 감람산에서 승천하셨다(참고. 눅 24:50-53; 행 1:1-9).

• 토론과 나눔 •

1. "안식 후 첫날"은 언제를 가리킵니까(1절)? 이날을 언급한 이유는 무엇일까요?

2. 예수님의 무덤에 제일 먼저 찾아간 사람은 누구인가요(2, 10절)?

3. 엠마오로 가던 두 제자에게 예수님이 나타나셔서 하신 일은 무엇인가요?

4. 부활하신 예수님이 제자들에게 나타나셔서 하신 말씀은 무엇인가요?

5. "내 아버지께서 약속하신 것"은 누구를 가리킵니까(49절)?

• 핵심과 실천 •

부활하신 예수님은 제자들에게 나타나셔서 말씀을 가르쳐주십니다. 제자들은 말씀을 들을 때 마음이 뜨거워지며 말씀의 의미를 깨닫습니다. 이것은 오순절 성령 강림 이후에 일어날 일을 예시합니다. 예수님은 승천하시기 전에 제자들에게 성령을 기다리라고 하십니다. 성령은 말씀을 이해하게 하며 능력을 수여해 줍니다. 우리는 성령으로 말미암아 말씀을 깨닫고 전할 수 있습니다. 성령과 말씀으로 사명을 온전히 감당할 수 있습니다.

쉬운성경주석 NT03

누가복음

초판 인쇄 2025년 9월 04일
초판 발행 2025년 9월 15일

지 은 이 황원하
발 행 인 이기룡
발 행 처 도서출판 생명의 양식

등록번호 제1998-000132호(1998년 11월 3일)
주 소 서울시 서초구 고무래로 10-5(반포동)
전 화 02-533-2182
팩 스 02-533-2185
홈페이지 www.qtland.com